창세기 1장

한상헌

창세기 1장

발행일 2024년 10월 31일

지은이 한상헌

펴낸이 변지숙

펴낸곳 도서출판 아우룸

주소 서울특별시 마포구 동교로 156-13 동보빌딩

이메일 aurumbook@naver.com

전화 02-383-9997

팩스 02-383-9996

홈페이지 www.aurumbook.co.kr

ISBN 979-11-91184-83-9

창세기 1장

한상헌

아우룸

머리말

이 책은 앞 부분과 바이블리서치 노트 그리고 사경회로 이루어졌다. 앞 부분에는 '창세기 1장을 어떻게 읽고 이해하여야 하는지' 소개하는 글과 '모세가 어떻게 기록했는지' 설명하는 글이 먼저 나온다. 성경을 어떻게 읽어야 하는지 소개하는 글이 앞에 있는 이유가 있다. 성경 강좌를 진행하면서 반복적으로 느낀 것은 이 내용이 어떻게 이제껏 가리워져 있었을까 하는 질문이었다. 유대인 성경학자들의 책에도 종교계의 서적에도 성경에 기록된 내용 이외의 주제였다. 모세가 기록한 내용을 전제하지 않고 현재 시점에서 바라본 학문적 접근이기 때문이라는 답이 나왔다. 왜냐하면 창세기 1장을 단어 하나에서 시작해서 한 구절 한 구절을 자세히 찾으면서 사실들이 풀려나왔기 때문이다. 영어 성경과 원어 성경을 비교하고 원어 성구 사전을 통해 단어를 모두 찾아봤기 때문에 확실하다. 그래서 성경을 자세히 읽어야 한다는 소개 글이 앞에 있다.

모세의 글이라는 제목의 글이 앞 부분에 있는 이유도 비슷하다. 하나님께서 창조하신 내용을 옆에서 본 것처럼 기록한 내용이 창세기 1장이다. 더욱이나 '하나님의 보시기에 좋았더라' 하는 것처럼 하나님의 심정도 포함되어 있다. 창조는 본 사람이 없다. 더욱이나 하나님의 심정은 말씀해 주셔야만 안다. 모세는 창조 훨씬 이후에 아브라함의 후손으로 난 사람이다. 모세는 하나님과 대면하여 대화한 선지자이다. 하나님께서 보여주시고 말씀하신 내용을 모세가 기록한 것이다. 성경을 자세히 읽으면 모두 밝히 기록되어 있다.

그런데 사람들은 쓰여진 내용도 확인하지 않고 결론이 난 듯 논쟁한다. 우주의 기원을 과학으로 주장하는 사람들의 모순은 학설이 자주 바뀌는 것이다. 새로운 천체 관측이 알려지면 기존 학설의 모순이 들어난다. 확고한 이론을 세울 수 없는 아주 취약한 과학 환경을 가지고 있다. 사람이 확인할 수 없는 시간과 공간의 범주를 대상으로 하기 때문이다. 가장 가까이 있는 별까지의 거리가 사 광년이 넘는다고 한다. 태양과 지구 사이 거리의 이십 칠만 배라고 한다. 우주선으로 날아서 도달하기까지 몇 만 년이 걸린다고 한다. 인간은 절대로 도달하지 못한다. 더욱이나 그런 별이 은하계 안에 몇 개나 되는지 은하계는 우주 안에 얼마나 많이 존재하는지 추정 마저도 불가능하다. 광대한 천지 만물을 미세한 부분으로 들여다보면서 하는 실수이다. 사람이 볼 수 있는 하늘의 범위는 한없이 넓은 공간을 바늘 구멍을 통해 보는 것보다도 작다. 결코 셀 수 없는 것이 하늘의 만상이다. 하나님 말씀을 확인하면 알게 되어 있다.

종교계도 고지식한 주장에서 벗어나야 한다. 창조의 연대를 주장하려면 하나님 말씀에 바탕해야 한다. 사람이 쓰고 있는 시간이나 일자 월

년도 등은 해와 달에 의해 정해진다. 창조하신 넷째 날부터 시작되었다. 첫째 날부터 셋째 날까지는 현재 인간이 사용하는 시간 개념으로는 알 수 없는 기간이다. '저녁이 되며 아침이 되니 첫째 날이니라'는 히브리어로 밤과 낮이 아니다. 저녁과 아침이다. 당연히 이십사 시간을 뜻하지 않는다. 그런데 이것을 이십 사 시간이라는 학설 토론 주제로 삼는 신학을 이해할 길이 없다. 성경을 첫 페이지부터 잘못 읽고 있다.

앞에 있는 두 글은 논문으로 치면 서론이라고 할 수 있지만 논문 방식의 글로 쓰지 않았다. 뒤에 이어지는 본론과 결론도 제목은 그렇지만 사실은 좀 다르다.

본론이라는 제목을 달아 놨지만 논문 형식을 말하는 게 아니고 핵심이 이것이라는 의미이다.

결론도 전체를 끝 맺는다는 의미가 아니고 하나님께서 원하시는 것이 무엇인가를 알아야 하는 중요한 내용이라는 뜻이다.

질문은 그 때마다 모은 내용이다. 어떤 순서가 있는 것도 아니다. 한번쯤 깊이 상고해 봐야 할 질문이다. 답을 성경에서 찾아야 한다.

성경을 리서치 하고 가르친 내용 모두를 논문에 쓸 수는 없다. 그렇다고 획기적인 내용만 쓸 수도 없다. 모든 내용 중에서 풀리듯이 이어진 내용을 한 장 한 장 써 내려간 것이 학위 논문이다. 이번에 읽기 쉽도록 정리했다. 어려운 내용은 아니다. 다만 익숙지 않을 뿐이다.

모든 리서치 노트도 두번째 부분에 포함했다. 리서치 노트에서 볼 수 있듯이 많은 내용이 성경 강좌를 거쳐 지나갔다. 이 책에 있는 내용보다 훨씬 많다. 리서치 노트를 학습 자료로 이해해 주기 바란다. 보조 자료로 인식하면 지나칠 수 있다. 한 줄 한 줄 자세히 읽으면 창세기와 성경 전체를 보는 감각에 도움을 될 것이다. 단어와 모든 내용은 빠짐없이 찾고 읽고 정리했다. 글을 쓰는 사람의 하나님을 섬기는 마음이 들어 있다. 읽는 사람이 신실한 마음으로 살펴보기를 바라고 그저 지나치지 않았으면 좋겠다. 그래서 사경회 앞에 배치했다. 물론 언제든지 다시 펼쳐서 보며 공부하기도 바란다. 누군가 창세기 1장을 집중적으로 공부하고 싶다면 메시야성경원 웹사이트에 올려진 바이블 리서치 심층토론에 있는 내용을 들으면서 리서치 노트를 하나도 빠짐없이 들여다보면 된다. 바이블 리서치는 매번 강좌에 맞춰 찾고 정리해서 모인 분들에게 나누어 주었다. 이번에는 날별로 정리했다. 창세기 1장 순서를 따라 정리했기 때문에 집중적으로 공부하는 데는 차이가 없다.

마지막 부분은 나흘 동안 진행한 사경회를 그대로 옮긴 것이다. 녹취해 주고 타자해 준 분들의 수고에 감사한다. 이 글을 다시 읽고 바른 길을 확증한다면 그나마 보답하는 계기가 되지 않을까 기대한다.

진광교회 사경회 내용을 '조금' 정리했다. 조금 정리했다는 의미는 설교한 내용을 가감하고 싶지 않았다는 것이다. 정리하다 보니 그 대화체를 유지하는 게 좋을 것 같다는 생각이 들었다. 당시 사경회가 그대로 생각 났다. 잠재해 있던 많은 기억이 그대로 올라왔다. 부흥회라면 박수를 치고 주여를 외치고 헌금을 위해 기도하고 새벽기도회를 하는 유형으로 인식된다.

그러나 진광교회에서는 사경회로 불렀다. 성경 강해를 위해 모이는 집회가 사경회다. 설교 전에 부탁을 해서 칠판을 놓았다. 제단에서 내려가서 보면대에 성경책을 놓고 서니 교인들이 훨씬 가까이 느껴졌다. 성가대석에서 '야, 노트 없어' 하는 소리가 들렸다. 모든 설교는 노트 없이 한 설교다. 첫날 보니 자리가 듬성듬성 비어 있었다. 다음 날에는 자리가 가득 찼다. 많은 인원이라고 나중에 들었다. 새벽 기도를 안 해서인가 생각했다. 사경회 때 저녁 집회가 길어 지는데 교인들이 새벽 기도회에 오고 또 나가서 일해야 하니 오히려 집중력이 떨어질까 봐 그랬다. 헌금을 위해서도 특별한 기도를 하지 않았다. 상업화된 타락한 예배당이 되지 않기를 바랐다. 후에 들으니 헌금이 많이 들어왔다고 했다. 마지막 날은 많은 사람이 빽빽하게 모였다. 다른 교인들 불러 놓고 자기들은 행사로 지나가면 안되는데 하는 생각도 들었다. 마지막 집회 후에 입구에서 '목사님, 예수께서 그러신 분인 줄 몰랐어요' 하며 기뻐하시던 분이 계셨다. 그 목소리가 귀에 들리는 듯하다.

진광교회 사경회 설교를 읽으면 또 다른 창세기 1장의 신면목을 대하게 될 것이다. 사실에 근거한 내용들이 기다리고 있다. 창조를 과학의 대칭으로만 생각하지 말기를 바란다. 영적 내용으로만 생각하는 우도 범하지 않기를 바란다.

믿음은 하나님의 말씀이 감동으로 밀려오며 예수의 은혜 안으로 이끌려 들어가는 순간이다.

차례

강론

창세기 1장

1 태초에 하나님이 천지를 창조하시니라	1 In the beginning God created the heaven and the earth.
2 땅이 혼돈하고 공허하며 흑암이 깊음 위에 있고 하나님의 신은 수면에 운행하시니라	2 And the earth was without form, and void; and darkness was upon the face of the deep. And the Spirit of God moved upon the face of the waters.
3 하나님이 가라사대 빛이 있으라 하시매 빛이 있었고	3 And God said, Let there be light: and there was light.
4 그 빛이 하나님의 보시기에 좋았더라 하나님이 빛과 어두움을 나누사	4 And God saw the light, that it was good: and God divided the light from the darkness.
5 빛을 낮이라 칭하시고 어두움을 밤이라 칭하시니라 저녁이 되며 아침이 되니 이는 첫째 날이니라	5 And God called the light Day, and the darkness he called Night. And the evening and the morning were the first day.
6 하나님이 가라사대 물 가운데 궁창이 있어 물과 물로 나뉘게 하리라 하시고	6 And God said, Let there be a firmament in the midst of the waters, and let it divide the waters from the waters.
7 하나님이 궁창을 만드사 궁창 아래의 물과 궁창 위의 물로 나뉘게 하시매 그대로 되니라	7 And God made the firmament, and divided the waters which were under the firmament from the waters which were above the firmament: and it was so.

8 하나님이 궁창을 하늘이라 칭하시니라 저녁이 되며 아침이 되니 이는 둘째 날이니라

8 And God called the firmament Heaven. And the evening and the morning were the second day.

9 하나님이 가라사대 천하의 물이 한 곳으로 모이고 뭍이 드러나라 하시매 그대로 되니라

9 And God said, Let the waters under the heaven be gathered together unto one place, and let the dry land appear: and it was so.

10 하나님이 뭍을 땅이라 칭하시고 모인 물을 바다라 칭하시니라 하나님의 보시기에 좋았더라

10 And God called the dry land Earth; and the gathering together of the waters called he Seas: and God saw that it was good.

11 하나님이 가라사대 땅은 풀과 씨 맺는 채소와 각기 종류대로 씨 가진 열매 맺는 과목을 내라 하시매 그대로 되어

11 And God said, Let the earth bring forth grass, the herb yielding seed, and the fruit tree yielding fruit after his kind, whose seed is in itself, upon the earth: and it was so.

12 땅이 풀과 각기 종류대로 씨 맺는 채소와 각기 종류대로 씨 가진 열매 맺는 나무를 내니 하나님의 보시기에 좋았더라

12 And the earth brought forth grass, and herb yielding seed after his kind, and the tree yielding fruit, whose seed was in itself, after his kind: and God saw that it was good.

13 저녁이 되며 아침이 되니 이는 셋째 날이니라

13 And the evening and the morning were the third day.

14 하나님이 가라사대 하늘의 궁창에 광명이 있어 주야를 나뉘게 하라 또 그 광명으로 하여 징조와 사시와 일자와 연한이 이루라

14 And God said, Let there be lights in the firmament of the heaven to divide the day from the night; and let them be for signs, and for seasons, and for days, and years:

15 또 그 광명이 하늘의 궁창에 있어 땅에 비취라 하시고 (그대로 되니라)

15 And let them be for lights in the firmament of the heaven to give light upon the earth: and it was so.

16 하나님이 두 큰 광명을 만드사 큰 광명으로 낮을 주관하게 하시고 작은 광명으로 밤을 주관하게 하시며 또 별들을 만드시고

16 And God made two great lights; the greater light to rule the day, and the lesser light to rule the night: he made the stars also.

17 하나님이 그것들을 하늘의 궁창에 두어 땅에 비취게 하시며

17 And God set them in the firmament of the heaven to give light upon the

	earth,
18 주야를 주관하게 하시며 빛과 어두움을 나뉘게 하시니라 하나님의 보시기에 좋았더라	18 And to rule over the day and over the night, and to divide the light from the darkness: and God saw that it was good.
19 저녁이 되며 아침이 되니 이는 넷째 날이니라	19 And the evening and the morning were the fourth day.
20 하나님이 가라사대 물들은 생물로 번성케 하라 땅 위 하늘의 궁창에는 새가 날으라 하시고	20 And God said, Let the waters bring forth abundantly the moving creature that hath life, and fowl that may fly above the earth in the open firmament of heaven.
21 하나님이 큰 물고기와 물에서 번성하여 움직이는 모든 생물을 그 종류대로, 날개 있는 모든 새를 그 종류대로 창조하시니 하나님의 보시기에 좋았더라	21 And God created great whales, and every living creature that moveth, which the waters brought forth abundantly, after their kind, and every winged fowl after his kind: and God saw that it was good.
22 하나님이 그들에게 복을 주어 가라사대 생육하고 번성하여 여러 바다 물에 충만하라 새들도 땅에 번성하라 하시니라	22 And God blessed them, saying, Be fruitful, and multiply, and fill the waters in the seas, and let fowl multiply in the earth.
23 저녁이 되며 아침이 되니 이는 다섯째 날이니라	23 And the evening and the morning were the fifth day.
24 하나님이 가라사대 땅은 생물을 그 종류대로 내되 육축과 기는 것과 땅의 짐승을 종류대로 내라 하시고 **(그대로 되니라)**	24 And God said, Let the earth bring forth the living creature after his kind, cattle, and creeping thing, and beast of the earth after his kind: and it was so.
25 하나님이 땅의 짐승을 그 종류대로 육축을 그 종류대로 땅에 기는 모든 것을 그 종류대로 만드시니 하나님의 보시기에 좋았더라	25 And God made the beast of the earth after his kind, and cattle after their kind, and every thing that creepeth upon the earth after his kind: and God saw that it was good.
26 하나님이 가라사대 우리의 형상을 따라 우리의 모양대로 우리가 사람을 만들고 그로 바다의 고기와 공중의 새와 육축과 온 땅과 땅에 기는 모든 것을 다스리게 하자	26 And God said, Let us make man in our image, after our likeness: and let them have dominion over the fish of the sea, and over the fowl of the air,

하시고

and over the cattle, and over all the earth, and over every creeping thing that creepeth upon the earth.

27 하나님이 자기 형상 곧 하나님의 형상대로 사람을 창조하시되 남자와 여자를 창조하시고

27 So God created man in his own image, in the image of God created he him; male and female created he them.

28 하나님이 그들에게 복을 주시며 그들에게 이르시되 생육하고 번성하여 땅에 충만하라, 땅을 정복하라, 바다의 고기와 공중의 새와 땅에 움직이는 모든 생물을 다스리라 하시니라

28 And God blessed them, and God said unto them, Be fruitful, and multiply, and replenish the earth, and subdue it: and have dominion over the fish of the sea, and over the fowl of the air, and over every living thing that moveth upon the earth.

29 하나님이 가라사대 내가 온 지면의 씨 맺는 모든 채소와 씨 가진 열매 맺는 모든 나무를 너희에게 주노니 너희 식물이 되리라

29 And God said, Behold, I have given you every herb bearing seed, which is upon the face of all the earth, and every tree, in the which is the fruit of a tree yielding seed; to you it shall be for meat.

30 또 땅의 모든 짐승과 공중의 모든 새와 생명이 있어 땅에 기는 모든 것에게는 내가 모든 푸른 풀을 식물로 주노라 하시니 그대로 되니라

30 And to every beast of the earth, and to every fowl of the air, and to every thing that creepeth upon the earth, wherein there is life, I have given every green herb for meat: and it was so.

31 하나님이 그 지으신 모든 것을 보시니 보시기에 심히 좋았더라 저녁이 되며 아침이 되니 이는 여섯째 날이니라

31 And God saw every thing that he had made, and, behold, it was very good. And the evening and the morning were the sixth day.

2:1 천지와 만물이 다 이루니라

2:1 Thus the heavens and the earth were finished, and all the host of them.

2 하나님의 지으시던 일이 일곱째 날이 이를 때에 마치니 그 지으시던 일이 다하므로 일곱째 날에 안식하시니라

2 And on the seventh day God ended his work which he had made; and he rested on the seventh day from all his work which he had made.

3 하나님이 일곱째 날을 복 주사 거룩하게 하셨으니 이는 하나님이 그 창조하시며 만

3 And God blessed the seventh day, and sanctified it: because that in it he

드시던 모든 일을 마치시고 이 날에 안식하셨음이더라 (창 1:1-2:3)

had rested from all his work which God created and made. (Gen 1:1-2:3, KJV)

수직으로 읽고 수평으로 보기

어떻게 하면 성경을 잘 이해할 수 있을까? 하나님의 말씀을 깊이 있게 깨닫고 싶은 마음은 누구나 가지고 있다.

창세기 1장은 하나님께서 태초에 창조하신 말씀이다. 태초는 시작이다. 시작부터 자세히 읽고 끝까지 의미를 생각해 보는 노력이 필요하다.

수직적으로 읽고 수평적으로 사고한다면 많은 도움이 된다.

수직은 본질이나 대상이 순서를 따라 차례대로 외면에 나타난다. 현상이나 결과를 일반적인 관계로 예측하거나 당연한 사실을 기대하거나 할 수 있다. 하나(1)에 하나(1)를 더하면 둘(2)이 되는 공식이다. 둘이 아니라 하더라도 최소한 하나는 따라온다. 물 한 잔에 다른 한 잔을 따르면 한 잔이 될 수 있다. 하나(1) 더하기 하나(1)가 둘이 아니고 하나(1)가 된다. 큰 잔에 따른다는 전제 아래에서는 그렇다. 최소한 없어지지(0) 않고 존재(1)한다.

수평은 시각을 정면에서 측면으로 돌려야 한다. 보이는(1) 것이 없어진다(0). 다른 물체나 형상이 나타나거나 새로운 의미가 나타난다.

수직과 수평은 공존한다. 그러면서도 다르다. 수직적으로는 당연히 존재한다고 알려진 사실이나 관념이 수평적으로는 존재하지 않거나 수평적 사고에 의해서만 설명이 가능할 수도 있다.

달은 지구와 일직선 상으로 관계를 맺고 있지만 옆으로 움직인다. 곧 바로 연결되어 공전한다. 자전하지 않기 때문에 늘 같은 면만 보인다. 지구는 태양을 회전의 중심으로 두고 궤도를 따라 주기적으로 공전하며 자전도 한다. 지구를 포함한 태양계 혹성들이 태양이라는 별을 중심으로 한 줄에 놓인 관계인데 위치는 늘 다르다. 옆으로 펼쳐진 현상을 관측할 때만 그 관계를 이해할 수 있다. 하늘에 있는 모든 별과 행성이 평면에 있지 않고 흩어져 있어서 측면을 보지 않으면 관계를 알 길이 없는 것과 같다. 시선이 어디를 향하는지에 따라 존재(1)하기도 하고 없어(0) 지기도 한다. 보이지 않는 게 더 많다. 항상 이동하는 땅에서 보는 하늘은 보는 방향에 따라 보이는 게 다르다. 북두성, 오리온자리, 황소자리의 묘성, 황도대의 십이궁을 욥 9:9, 38:31-33 지구에서 멀리 떠난 위치에서 보면 다른 모양으로 보일 수밖에 없다. 하늘에 흩어져 있고 서로 광년의 거리로 떨어져 있기 때문이다. 하늘을 관측하는 천체 망원경 렌즈의 지름이 커지면 보이는 수도 증가한다. 별과 행성이 셀 수 없이 많기 때문이다.

하나님의 말씀도 돌아볼수록 많은 말씀이 보인다. 고정적인 눈으로는 보지 못하던 내용이다. 넓게 보면 훨씬 더 깊은 것이 보인다. 당연한데 당연하지 않게 읽어야 하는 구절도 많다. 우선 예를 들어 보자. 예수를 총독 빌라도에게 고소한 유대인들이 죄목으로 내세운 것이 '유대인의 왕', 눅 23:2이다. 총독이 예수를 심문하면서 "네가 유대인의 왕이냐" 물었다. 눅 23:3, 마 27:11, 막 15:2, 요 18:33 예수께서 "네 말이 옳다"고 시인하셨다. 눅23:3, 마 27:11, 막 15:2 심지어 '유대인의 왕'이심을 자세히 설명까지 하셨다. 요18:33-38 고소 내용을 피고가 인정하면 유죄이다. 그런데 재판장이 고소한 무리에게 예수에게서 죄를 찾지 못했다고 그는 무죄라고 한다. 눅23:13-16 고소한 유대인들이 소란을 피우자 형세가 뒤집힌다. 판결이 바뀐다. 마 27:23-26, 눅 23:18-25 유죄(1)를 시인했는데 무죄(0)가 되고 다시 유죄(1)가 되고 만다. 이상한 일은 또 생긴다. 재판장 총독 빌라도가 죄패를 '유대인의 왕'이라고 써서 붙인다. 마 27:37, 막 15:26, 눅23:38 유대인들이 '자칭 유대인의 왕'이라 쓰라 했지만 빌라도는 쓸 것을 썼다면서 거절한다. 요 19:19 22히브리어, 로마어, 헬라 말로 기록했으니까 예수는 모든 이에게 '유대인의 왕'이시다. 유죄(1)가 참된 사실(1)로 판정되고 만다. 이 내용은 성경 전체 내용을 수직적 사고가 아닌 수평적 사고로 전환해야 이해가 가능하다.

창세기 1장도 마찬가지다. 하나님께서 창조하신 천지와 만물은 보시기에 당연히 좋아야 한다. 그러나 둘째 날에 보시기에 좋았다고 말씀하지 않으신다(0). 셋째 날과 여섯째 날에 두 번씩이나(1 x 2) 보시기에 좋았다고 하신 말씀과 대조적이다. 심지어는 좋아하신 대상도 선별적이다. 더욱이나 창조하시며 하신 모든 일이 다양하게 이루어졌다. 어떤 것은 창조하셨고, 어떤 것은 말씀으로만 하셨고, 어떤 것은 만드셨고, 어떤 것은 지으셨다.

왜 그런지 알 수 있을까? 명쾌한 해석은 성경 전체에 있다, 단어와 내용의 수평적 관계를 살펴보면 수직적 내용이 이해가 가능하다. 창세기에서 시작하신 말씀을 끝에 있는 요한계시록까지 수평적으로 연결해 보면 알파와 오메가, 시작과 끝, 처음과 나중이신 사 41:4, 계 2:8, 21:6, 22:13 하나님의 말씀을 알 수 있다. 창세기 1장의 단어와 내용이 요한계시록까지 펼쳐져 있는 단어와 내용으로 조합되어질 때 넓은 의미와 깊이가 나타난다. 하나님께서 모든 성경을 주신 이유이다. 어떤 단어이든지 하나하나를 성경 전체에 펼쳐진 단어와 함께 찾아봐야 최고의 이해를 얻게 된다. 그러면 형상을 따라 지으심을 받은 내가 하늘 나라의 비밀 속으로 들어 가게 된다.

수평적 이해와 함께 수직적 읽기도 중요하다. 예를 들면, 사람들은 어떻게 칠 일 만에 창조가 가능한지 궁금해한다. 우선 시간에 대한 기록을 보면, 현재 사람이 쓰고 있는 하루는 네째 날에 시작되었다. 창 1:14 하나님께서 해, 달 별들을 넷째 날에 만드셔서 주야, 사시, 일자, 연한이 시작되도록 하셨다. 이 전에는 넷째 날과 같은 시간이 존재하지 않았다. 첫째 날부터 셋째 날까지는 해와 달이 없었다. 지구는 해와 달이 없으면 낮과 밤이나 하루 그리고 일년이라는 시간이 존재하지 않는다. 넷째 날 이전은 현재 알고 있는 하루와 전혀 다르다. 비교할 수 없는 시간 단위이다. 그래서 혼돈이 유발된다. 현재 사용하는 시간 단위로 존재하지 않은 시간을 비교하는 일은 불가능한 일이다. 그런 실수는 비일비재하다. 오랜 시간이 지난 상황으로 이전에 기록된 내용을 비추면 보이지를 않는다. 기록된 말씀이 순서상으로 먼저다. 우선 기록된 내용을 자세히 읽고 내용을 이해해야 한다. 그러면 이루어진 말씀을 하나님의 뜻을 따라 볼 수 있게 된다. 하나님께서 첫째 날부터 셋째 날까지 그리고 넷째 날 이후에 이루신 순서와 관계의 의미를 알게 된다. 읽는 사람이 수직으로 대하면 문장과 직각을 이루지만 조금이라도 각도를 벗어나면 사각으로 남을 가능성이 있다.

모든 하나님 말씀이 그러하지만 창세기 1장은 신비의 말씀이다. 수직적으로 읽고 수평적으로 이해하는 노력이 있으면 하나님께서 가리워진 신비를 밝히 보도록 눈을 여실 것이다.

자세히 읽고 넓게 그리고 깊이 생각하자.

모세의 글

창세기 1장은 모세의 글이다.

모세는 이스라엘 백성을 종살이하던 애굽에서 이끌어낸[출 3:7-10, 미 6:4] 선지자이다.[신 18:15, 행 7:37]

하나님께서 하나님의 산 호렙 떨기나무 가운데서 처음으로 부르실 때 "모세야, 모세야!" 부르셨고 그는 "내가 여기 있나이다"하고 대답했다.[출 3:3, 4] 하나님께서는 모세가 죽을 때까지 그와 말씀하셨다.[신 34:1-7] 백성들은 두려워 하나님께 나가지 못하고 모세가 중간에 서서 하나님의 말씀을 전했다.[신 5:4, 5] 모세는 하나님께서 마주 보고 말씀하시던[신 34:10] 사람이다.

아론과 미리암이 '여호와께서 모세와만 말씀하셨느냐' 하면서 비방한 적이 있다. 하나님께서 들으시고 갑자기 세 사람을 회막으로 부르셔서 말씀하신다. '내 말을 들으라 너희 중에 선지자가 있으면 나 여호와가 이상으로 나를 그에게 알리기도 하고 꿈으로 그와 말하기도 하거니와 내 종 모세와는 그렇지 아니하니 그는 나의 온 집에 충성됨이라 그와는 내가 대면하여 명백히 말하고 은밀한 말로 아니하며 그는 또 여호와의 형상을 보겠거늘 너희가 어찌하여 내 종 모세 비방하기를 두려워 아니하느냐',[민 12:1-8] 하나님의 책망을 들은 미리암은 문둥병이 들려 진밖에서 칠일을 지낸 후에 다시 들어올 수 있었다.

하나님께서 대면하여 말씀하신 선지자는 모세뿐이다.

> 사람이 그 친구와 이야기함 같이 여호와께서는 모세와 대면하여 말씀하시며 모세는 진으로 돌아오나 그 수종자 눈의 아들 청년 여호수아는 회막을 떠나지 아니하니라 (출 33:11)

> 그 후에는 이스라엘에 모세와 같은 선지자가 일어나지 못하였나니 모세는 여호와께서 대면하여 아시던 자요 (신 34:10)

모세는 하나님께 충성된 종이었다.[민 12:7, 히 3:5] 하나님께서 아무도 함께 오르지 못하게 하시고 모세만 산으로 부르셔서[출 34:1-3] 친히 쓰신[신 9:10] 언약의 말씀 십계명 돌판 둘을 주셨다. 모세가 손에 들고 내려올 때 얼굴에 광채가 났다.

모세가 그 증거의 두 판을 자기 손에 들고 시내산에서 내려오니 그 산에서 내려올 때에 모세는 자기가 여호와와 말씀하였음을 인하여 얼굴 꺼

풀에 광채가 나나 깨닫지 못하였더라 (출 34:29)

사람들과 있을 때는 광채나는 얼굴을 수건으로 가렸고 여호와 앞에 들어가 함께 말씀을 할 때는 수건을 벗었다.

> 아론과 온 이스라엘 자손이 모세를 볼 때에 모세의 얼굴 꺼풀에 광채 남을 보고 그에게 가까이 하기를 두려워하더니 모세가 그들을 부르니 아론과 회중의 모든 어른이 모세에게로 오고 모세가 그들과 말하니 그 후에야 온 이스라엘 자손이 가까이 오는지라 모세가 여호와께서 시내 산에서 자기에게 이르신 말씀을 다 그들에게 명하고 그들에게 말하기를 마치고 수건으로 자기 얼굴을 가리웠더라 그러나 모세가 여호와 앞에 들어가서 함께 말씀할 때에는 나오기까지 수건을 벗고 있다가 나와서는 그 명하신 일을 이스라엘 자손에게 고하며 이스라엘 자손이 모세의 얼굴의 광채를 보는 고로 모세가 여호와께 말씀하러 들어가기까지 다시 수건으로 자기 얼굴을 가리웠더라 (출 34:30-35)

모세가 하나님의 말씀을 따라 지은[출 40:33] 광야에 있는 성막은[출 25:1-31:18, 35:1-40:38, 히 9:1-10] 식양과 크기가 정밀하다. 하늘에 있는 성소를[히 9:11, 12] 따라 지은 모형이다.

> 그러므로 하늘에 있는 것들의 모형은 이런 것들로써 정결케 할 필요가 있었으나 하늘에 있는 그것들은 이런 것들보다 더 좋은 제물로 할지니라 그리스도께서는 참 것의 그림자인 손으로 만든 성소

에 들어가지 아니하시고 오직 참 하늘에 들어가사 이제 우리를 위하여 하나님 앞에 나타나시고 (히 9:23, 24)

하나님께서 하늘에 있는 성소를 보여주시고 모세는 그것을 기록했다.

너는 삼가 이 산에서 네게 보인 식양대로 할지니라(출 25:40)

너는 산에서 보인 식양대로 성막을 세울지니라(출 26:30)

모세는 하나님께서 말씀하시고 보여주신 모든 말씀을 자세히 책에 기록했다.[출34:27, 신 30:9] 예수께서도 '모세의 글'[눅 24:27, 44]이라고 하셨다.

이에 모세와 및 모든 선지자의 글로 시작하여 모든 성경에 쓴 바 자기에 관한 것을 자세히 설명하시니라 (눅 24:27)

또 이르시되 내가 너희와 함께 있을 때에 너희에게 말한 바 곧 모세의 율법과 선지자의 글과 시편에 나를 가리켜 기록된 모든 것이 이루어져야 하리라 한 말이 이것이라 하시고 (눅 24:44)

모세의 글이 예수께 관한 기록이다. 예수께서 하신 말씀이다. 창세기 1장도 당연히 모세가 예수를 기록한 글이다. 어떤 내용만 포함하는 게 아니고 전체가 예수를 기록한 글일 때 모든 말씀은 조화를 이룬다.

모세의 글은 유대인에게나 이방인에게나 믿음에 핵심이다.

이는 예로부터 각 성에서 모세를 전하는 자가 있어 안식일마다 회당에서 그 글을 읽음이니라 하더라 (행 15:21)

하나님의 도우심을 받아 내가 오늘까지 서서 높고 낮은 사람 앞에서 증거하는 것은 선지자들과 모세가 반드시 되리라고 말한 것밖에 없으니 (행 26:22)

하나님의 종 모세의 노래, 어린 양의 노래를 불러 가로되 주 하나님 곧 전능하신 이시여 하시는 일이 크고 기이하시도다 만국의 왕이시여 주의 길이 의롭고 참되시도다 (계 15:3)

모세의 글은 절대적이다.[수 23:6, 왕상 2:3, 느 13:1, 단 9:11-13] 하나님께서는 하나님의 깊은 것을[고전 2:10] 모세에게 보여주셨다. 모세의 글은 사람의 기록을 뛰어 넘는다.

하나님께서 보여주시고 모세는 기록한 글이 창세기 1장이다.

네가 어떻게 읽느냐

어떤 율법사가 예수께 "선생님, 내가 무엇을 하여야 영생을 얻으리이까" 물었다.[눅 10:25-28, 마 22:34-40] 예수께서 되물으셨다. "율법에 무엇이라 기록되었으며 네가 어떻게 읽느냐".

예수께서 이르시되 율법에 무엇이라 기록되었으며 네가 어떻게 읽느냐 He said to him, "What is written in the law? What is your reading of it?" (눅 10:26)

헬라어 '읽느냐'는 '인식하다', '인정하다'는 뜻을 포함한다. '네가 읽고 인식하고 인정한 내용이 무엇이냐'로 번역해도 된다.

성경은 기록된 말씀이 있고 읽고 인식한 내용이 있다. 더욱이나 '네가 어떻게 읽느냐'고 물으신 것에서 알 수 있는 것처럼 읽는 사람을 지목하여 확인하는 질문을 하신다. 자기 스스로 가진 이해에 초점이 맞춰진다. 예수를 시험하려던 율법사는[마 22:35, 눅 10:25] 답을 해야 할 상황에 당면했다.

율법사가가 "네 마음을 다하며 목숨을 다하며 힘을 다하며 뜻을 다하여 주 너의 하나님을 사랑하고 또한 네 이웃을 네 몸과 같이 사랑하라 하였나이다"고 말씀드리자 예수께서 "네 대답이 옳도다 이를 행하라 그러면 살리라" 하셨다.[눅 10.27, 28]

모든 사람도 '네가 읽고 인식한 내용이 무엇이냐'는 물으심에 답해야 한다.

성경은 성경으로 읽어야 한다

당연한 말 같지만 상당한 이유가 있다. 먼저 '명철'이라는 단어로 원인을 알아보자. '이해'와 유사한 단어이지만 성경에는 이 단어를 대부분 사용한다. 특히 잠언에 많다. 원어는 이해, 분별, 의미, 지식, 지혜 등의 많은 뜻을 가지고 있다. 번역할 때 모두를 사용할 수 없고 하나만 택해야 한다. 이런 상황에서 최적의 단어를 고르거나 아니면 근접한 다른 단어로 대체해서 적절한 표현을 해야 한다. 한 언어에서 다른 언어로 번역하면서 지나는 필수적인 과정이다. 어떤 한 단어를 골라도 본래 가진 의도를 완전히 표현할 수 없는 한계도 있다. 그래서 성경을 읽는 사람은 '이해' 가 아닌 '명철'로 쓰인 의미를 성경에서 얻어야 한다. 단어가 등장하는 구절이나 앞뒤 구절 그리고 전체적인 연결을 통해 알 수 있다.

다른 이유 중의 하나는 단어가 가진 복합적 용도이다. 영어 operation 은 컴퓨터는 작동, 군대는 작전, 병원은 수술, 자동차는 운전, 기업은 운용이다. 정부 정책을 시행할 때 쓰기도 한다. 군사 전문 서적을 읽으면서 '수술'로 읽으면 안되고 '작전'이라고 읽어야 하는 것과 마찬가지로 성경에 쓰인 일반 단어도 성경이라는 배경에 일치하게 쓰여야 한다. 어떤 경우에는 일반 언어에서 차용했지만 다르게 쓸 수도 있다. '하늘'이 일반인이 보는 하늘보다 더 깊은 표현일 수 있고 '물'이 눈에 보이는 물 이상의 차원에서 과거, 현재, 미래를 내포한 계시일 수도 있다. 동일한 단어이지만 나타내는 영역과 범위는 다를 수 있다. 성경에 사용된 일반 단어를 성경을 통해 그 깊이를 알아봐야 한다. 언어가 가진 특수성 때문이다.

그리고 성경에만 등장하는 단어가 있다. "아담' 같은 인명이나 '에덴' 같은 지명이 그런 예가 된다. '궁창'은 성경을 읽어야 이해된다. '할렐루야' '아멘'같은 단어도 성경에만 쓰인다. 성경과 관련되지 않은 채로 사용하면 어색해지기 십상이다. '천사'는 이제 일반인도 쓰고 있지만 성경에서 유래했다. 구약이나 신약에서 동일하게 '사역자'라는 단어이다. 사역자는 '하나님의 명령을 전하는 전달자'이다. 일반에서 사용하는 뜻과 다르다. 일반인이 사용하면서 원 의미를 벗어나 변천되었다. 그런데 바뀌고 변한 일반적인 의미를 가지고 성경 속의 천사를 이해하려고 하면 앞뒤가 맞지 않아 바르게 알 수 없다. '창조'라는 단어도 일반 용어로 쓰이고 있지만 원전은 성경이다. '창조하신 하나님'을 바탕으로 해야 바르게 알 수 있다. 외부에서 사용하는 용도와는 차이가 있다. 성경을 성경으로 이해해야만 하는 이유이다.

신학대학원은 교과 과정을 흠정역(King James Version)과 New American Standard Version성경을 지정했고 주로 가르쳤다. 학위 논문도 흠정역으로 논술했다. 영어 논문을 한국어와 일치하기 위해서 한글성경의 선택이 필요한데 한국 기독교는 성서공회의 개역성경에 기반하고 있다. 한영대역성경 중에 개역성경과 New King James Version으로 출판된 성경을 비교해 보니 결정이 필요했다. 두 성경 사이에 천 육백 군데는 현저히 다른 것을 발견했다. 사소한 표현 등으로 비교한다면 팔 천 군데가 다르다. 대역이 아니고 두 성경을 함께 묶어 출판해서 그렇다. 흠정역 영어 논문과 한글 개역성경을 대역한다면 다른 표현이 다수 발생할 수 있다. 다행히 흠정역을 한글로 번역한 성경을 발견했지만 한국 교계에 물의를 일으킨 출판사였다. 정확한 대역을 위해 택하기는 했지만 킹 제임스 번역 자체에도 오역이 있다. 사도행전 12장 4절 '이스터가 지나면'은 절대적 오류이다. 사도행전이 쓰일 당시에는 '이스터'가 존재하지 않았다. 명백히 '유월절'이다. 창세기 1장 2절 '태초에 하나님께서 하늘과 땅을 창조하시니라'는 이해하기 어려운 오역이다. 원어는 '하늘들' heaves이다. New King James Version은 바르게 번역했다. 한글 킹 제임스 번역이 출판되어 영어 논문과 한국어 사이에 근접하게 된 점은 다행으로 생각한다. 그러나 오역이나 다른 표현 때문에 필요에 따라 KJV과 NKJV을 번갈아 인용했다. 후에 다른 출판사에서 흠정역을 한글로 번역한 성경이 출간되었다. 읽어 보니 자문에 답한 상세한 내용이 번역에 하나도 반영되지 않았고 첨언이 많았다. 대역한다면 다시 한번 상이한 내용이 되고 만다. 여러 한계를 딛고 한국 교계에 익숙한 한글 개역성경과 첫 번째 흠정역 번역본 한글 킹 제임스 번역을 인용하면서 필요한 부분은 자세히 설명했다. 영어 성구사전은 The Strong's Exhaustive Concordance of Bible, 히브리어는 Masoretic Text, 헬라어는 Received Text를 사용했다. 히브리어 성구사전(Concordance)은 The New Englishman's Hebrew Concordance, 헬라어 성구사전도 The New Englishman's Greek Concordance를 사용했다. 구약과 신약의 고리는 칠십인역((七十人譯, Septuagint)을 활용했다. 히브리어를 습득하지 못한 유대인을 위해 구약을 헬라어로 번역한 성경이다. 신약성경에 인용된 구약성경 구절이 대부분 칠십인역에서 왔다. 연결된 뜻을 이해하는데 매우 유익하다.

본론

창세기 1장을 단어, 관련된 구절, 성경 전체 문맥을 따라 구제적으로 살펴보도록 한다.

창세기 1장의 모든 날들은 유기적으로 연결된다. 첫째 날부터 여섯째 날까지 연결된 말씀을 따라서 차례대로 서술해 보기로 한다. 뒷부분에서 다섯째 날과 여섯째 날 하신 말씀을 다시 다른 날들에 덧붙여 알아보기로 한다.

본론을 '하나님의 신은 수면에 운행하시니라'는 말씀에서부터 시작하기로 한다.

하나님의 신은 수면에 운행하시니라

태초에 하나님이 천지를 창조하시니라 땅이 혼돈하고 공허하며 흑암이 깊음 위에 있고 하나님의 신은 수면에 운행하시니라 (창 1:1-2)

1장 2절 후반절의 '운행하시니라'는 말씀의 히브리어가 가진 의미는;

- 씨를 받기 위한 번식용의, 알을 품다brood
- 날개 따위를 퍼덕거리다(to be relaxed) flutter
- 움직이다move
- 흔들다shaje

등으로 번역될 수 있다.

구약 성경에서 이 단어를 하나님께서 세 번 사용하신 것을 발견할 수 있다.

하나님의 신은 수면에 운행하시니라(NKJV, was hovering, KJV, moved) (창 1:2)

마치 독수리가 그 보금자리를 어지럽게 하며 그 새끼 위에 너풀거리며(NKJV, hovers, KJV, fluttereth) 그 날개를 펴서 새끼를 받으며 그 날개 위에 그것을 업는 것 같이 (신 32:11)

선지자들에 대한 말씀이라 내 중심이 상하며 내 모든 뼈가 떨리며(shake) (렘 23:9)

'그 새끼 위에 너풀거리며'신 32:11와 '떨리니'렘 23:9가 "운행하시니라'와 같은 단어이다.

이 단어가 가지고 있는 의미를 한데 모아 보면 새끼를 모으기 위해 날개를 펴는 독수리처럼 하나님께서 자기 백성을 모으기 위해 활동하시는 의미를 나타내신다.

신명기 32장 말씀을 좀 더 넓혀서 읽어 보면 더욱 상세한 말씀이 있다.

> 여호와의 분깃은 자기 백성이라 야곱은 그 택하신 기업이로다 여호와께서 그를 황무지에서, 짐승의 부르짖는 광야에서 만나시고 호위하시며 보호하시며 자기 눈동자 같이 지키셨도다 마치 독수리가 그 보금자리를 어지럽게 하며 그 새끼 위에 너풀거리며 그 날개를 펴서 새끼를 받으며 그 날개 위에 그것을 업는 것 같이 여호와께서 홀로 그들을 인도하셨고 함께 한 다른 신이 없었도다 **(신 32:9-12)**

예수께서 같은 말씀을 하셨다. 예루살렘을 향해 하시는 말씀 속에 병아리를 날개 아래 함께 모으듯 여러 번 자녀를 모으려 하셨다는 말씀을 하셨다. 이 말씀은 자녀를 모으려 부르시는 간곡한 심정을 전하신 것이다.

> 예루살렘아 예루살렘아 선지자들을 죽이고 네게 파송된 자들을 돌로 치는 자여 암탉이 그 새끼를 날개 아래 모음 같이 내가 네 자녀를 모으려 한 일이 몇 번이냐 그러나 너희가 원치 아니 하였도다 **(마 23:37)**

하나님의 영창 1:2은 '마치 암탉이 자기 병아리를 날개 아래 함께 모으듯이'마 23:37 자녀들을 모으려

- 날개를 "너풀거리며" 그 날개를 펴서 새끼들을 받으려 하시며 **(신 32:11)**
- 떨고/흔들고 **(shake, 렘 23:9)**

계신 것이다.

그러니까 말씀으로 태초에 하나님과 함께 계셨던 예수께서요 1:2 창세기 1장 2절속의 하나님의 뜻과 동일하게 예루살렘을 모으려 하시는 것이다.

예루살렘은 마치 신부가 신랑을 위하여 단장한 것같이 예비된 거룩하고 새로운 하나님의 백성들이다.

> 또 내가 보매 거룩한 성 새 예루살렘이 하나님께로부터 하늘에서 내려오니 그 예비한 것이 신부가 남편을 위하여 단장한 것 같더라 내가 들으니 보좌에서 큰 음성이 나서 가로되 보라 하나님의 장막이 사람들과 함께 있으매 하나님이 저희와 함께 거하시리니 저희는 하나님의 백성이 되고 하나님은 친히 저희와 함께 계셔서 모든 눈물을 그 눈에서 씻기시매 다시 사망이 없고 애통하는 것이나 곡하는 것이나 아픈 것이 다시 있지 아니하리니 처음 것들이 다 지나갔음이러라 **(계 21:2-4)**

마태복음 11장 28절 말씀에 '수고하고 무거운 짐 진자들아, 다 내게로 오라. 그러면 내가 너희에게 쉼을 주리라'하신 것처럼 예수께서는 예루살

렘을 모으려 부르고 계시며, 수고하고 무거운 짐 진 자들에게 쉼을 주리라고 하신다.

수고하고 무거운 짐 진자들을[마 11:28] 마치 암탉이 자기 병아리를 날개 아래 함께 모으듯이 모아서, [마 23:37, 신 32:11] 그들의 눈에서 모든 눈물을 닦아 내시며 다시는 사망이나 슬픔이나 울부짖음이 없고, 고통 없는 영원한 쉼을 주시기를 원해서[계 21:2-4] '하나님의 영은 물들의 표면에서 거니시고' 계신 것이다.

그런데 "거니시더라"는 말씀이 예레미 23장 9절에서는 '떨리니' 하는 말씀으로 사용하셨다. 더욱이나 '선지자들로 인하여 내 안에 있는 내 마음이 상하며 내 모든 뼈가 떨리니' 하시며 '선지자들로 인하여' 하나님의 마음이 상한다고 말씀하고 계신다.

하나님께서는 양무리를 돌아 보지 않는 목자들[렘 23:1,2] 때문에 마음이 상하시지만 수고하고 무거운 짐 진자들에게 쉼을 주시기를 원하시는 하나님의 영은 그들을 구하시기 위해 떨거나 흔드는 일도 하고 계시다는 것이다.

창세기 1장 2절 후반절을 살펴보았다. 이 말씀과 이어진 전반절의 말씀을 자세히 보도록 하자.

땅이 혼돈하고 공허하며 흑암이 깊음 위에 있고

창세기 1장 2절을 읽어 보자.

땅이 혼돈하고 공허하며 흑암이 깊음 위에 있고 하나님의 신은 수

면에 운행하시니라

흠정역은 표현이 조금 다르다.

땅은 형체가 없고 공허하며, 어두움이 깊음의 표면에 있으며, 하나님의 영은 물들의 표면에서 거니시더라

흠정역 말씀 속에는

- 땅
- 어두움 (흑암)
- 깊음
- 하나님의 영 (하나님의 신)
- 물들(수면 - 물들의 표면까지 포함)이 있다.

우선 '깊음'의 의미를 찾아보면서 서로 어떤 관련을 맺고 있는지 살펴보자.

깊음

'깊음'이라는 히브리 단어는 '깊은 물',[출 15:5, 욥 28:14] '큰 물,'[출 15:8] 혹은 '깊음의 물'로도[사 51:10] 번역된다.

후반절 '물들의 표면'은 '깊음의 표면'이다. '깊음'이 '깊은 물' 혹은 '큰 물'이기 때문이다. 그래서 '물들'로 부르신다. '물들'[waters]이라는 히브리어는 물을[water] 복수로 표현한 단어이다. '물'은 셀 수 없는 불가산 명사라서

uncountable noun 복수로 표현할 수 없다. 그런데 이 단어를 셀 수 있는 가산명사countable noun 복수형인 '물들'로 표현한 것은 물이 많거나 큰 상태를 나타내는 히브리어의 독특한 표현이다.

실제로 이 단어는 창세기 6장 17절이나 창세기 9장 11절에서 '홍수'로 번역했다. 즉, 창세기 1장 2절속의 '깊음'은 '많은 물'을 나타내는 것이다. 이사야서 51장 10절에서는 '바다'를 '깊음의 물들(개역성경, 넓고 깊은 물)'이라고 말씀하신다.

창세기 1장 2절의 말씀을 도형으로 표현한다면 다음과 같음을 알 수 있다.

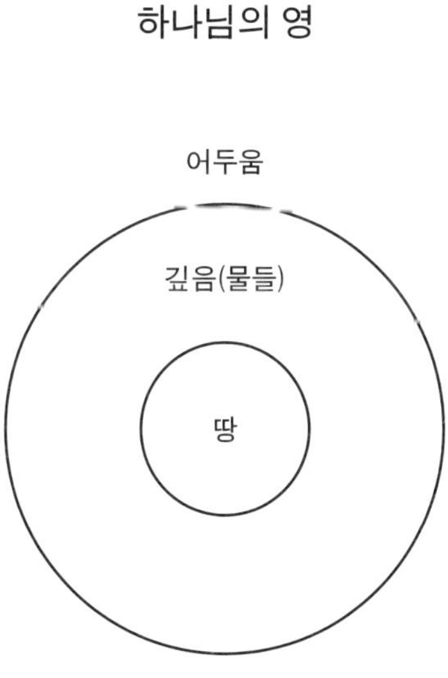

땅을 둥글게 만드시고[사 40:22] 허공에 매다셨는데[욥 26:7] 땅이 물 안에 있었다.[벧후 3:3-14]

지구가 둥글다는 말씀은 선지자 이사야에 의해 성경에 기록되었다. 이사야는 유대인의 왕 웃시야 당시에 활동을 시작했다.[사 1:1.] 기록에 의하면 웃시야왕은 BC 739년에 죽었다. 지구가 둥글다는 사실은 이미 기원전 수백 년 전에 성경에 기록되었다.

> 원형의 지구(the circle of the earth)[1] 위에 앉으신 이가 그 분이시니 그 곳의 거민들이 메뚜기 같으며, 하늘들을 휘장같이 펼치셨으며 그 안에 거할 장막처럼 펴셔서 **(KJV, 사 40:22)**

지구가 허공에 매어 달려 있다는 말씀도 구약성경 욥기에 이미 오래 전에 기록되어 있었다.

> 그는 북쪽을 빈 자리에 펼치시고 땅을 허공에 매다시는도다.
> **(KJV, 욥 26:7)**

성경을 자세히 읽으면 하나님의 창조를 바르게 알 수 있다. 사람들이 고의로 잊으려 하는 문제만 제거하면 조롱하는 자를 벗어날 수 있다. 땅은 '물'안에 있었다.

> 먼저 알 것은 이것이니 마지막 날들에 조롱하는 자들이 와서 그들의 정욕대로 행하며 말하기를 그가 온다는 약속이 어디 있느냐? 조상들이 잠든 이래로 만물은 창조의 시작부터 그대로 있다. 하니

1 (개역성경) 이사야 40장 22절 '그는 땅 위 궁창에 앉으시나니'는 오역이다.

이는 그들이 이것을 고의로 잊으려 함이라. 즉 하나님의 말씀에 의해 하늘들이 옛적부터 있었다는 것과, 땅도 물에서 나왔고 물 안에 있었다는 것이니 이로써 이전에 있던 세상은 물이 범람해서 멸망하였느니라. (KJV, 벧후 3:3-6)

땅이 물속에 있었다는 것은 구름이 땅을 둘러싸고 있었다는 것이다. 구름은 물방울이 되기 전에 수증기가 엉기어 있는 상태이다.

욥기 36장 26절부터 36절까지 말씀을 보기로 하자.

하나님은 크시니 우리가 그를 알 수 없고 그 연수를 계산할 수 없느니라 그가 물을 가늘게 이끌어 올리신즉 그것이 안개 되어 비를 이루고 그것이 공중에서 내려 사람 위에 쏟아지느니라 구름의 펴임과 그의 장막의 울리는 소리를 누가 능히 깨달으랴 그가 번개 빛으로 자기의 사면에 두르시며 바다 밑도 가리우시며 이런 것들로 만민을 징벌하시며 이런 것들로 식물을 풍비히 주시느니라 그는 번개 빛으로 그 두 손을 싸시고 그것을 명하사 표대를 맞추게 하시나니 그 울리는 소리가 풍우를 표시하고 육축에게까지 그 올라오는 것을 표시하느니라

28절 '그것이 공중에서 내려'의 흠정역 번역은 '구름은 수증기를 물방울로 만들어'[2] 이다. 구름이 물방울이다. 둘째 날에 '물 가운데 궁창이 있

2 (개역성경) 욥기 36장 28절 '그것이 공중에서 내려'는 오역이다.

어 물과 물로 나뉘게 하리라' 말씀은 궁창이[하늘, 창 1:8] 구름[물들] 가운데[창 1:6] 있다는 말씀이다.

'땅' 위에 '구름'이 있고 그 위에 '창공', '구름', '어두움'이 있다. 개역성경으로 표현한다면 '땅' 위에 '깊음', '궁창', '깊음' 그리고 '흑암'이 있다.

서로의 관계를 좀 더 살펴보자.

창공, 물, 땅

창공은 흠정역 번역이고 개역성경은 궁창이다. 번역만 다르고 의미는 같다. 물 사이에 있는 창공, 물, 땅의 관계를 둘째 날, 셋째 날, 그리고 노아의 홍수에 관한 말씀으로 상고해 보도록 하자.

> 노아의 생이 육백 세 되던 해 둘째 달, 그 달 십칠일, 그 날에 모든 큰 깊음의 샘들이 터지고 하늘의 창들이 열렸으니 비가 땅에 사십 일 낮과 사십 일 밤을 내렸더라. **(KJV, 창 7:11, 12)**

노아의 홍수를 기록한 창세기 7장 11절 '깊음의 샘들이 터지고'에서 '깊음'은 창세기 1장 2절의 깊은 물, 큰 물 즉 '깊음' 과 같은 히브리 단어이다. 이 '깊음' 다시 말해 '물들'이 둘째 날과 셋째 날을 지나며 형성되어 노아의 홍수 때까지 이어진다.

우선 둘째 날의 모습은 다음과 같다.

하나님께서 말씀하시기를 "물들 가운데 창공이 있으라. 창공으로

> 물들에서 물들을 나누게 하라." 하시니라. 하나님께서 창공을 만드시고 창공 위에 있는 물들에서 창공 아래 있는 물들을 나누시니 그대로 되니라. 하나님께서 창공을 하늘이라 부르시니라. 저녁과 아침이 되니 둘째 날이더라. **(KJV, 창 1:6-8)**

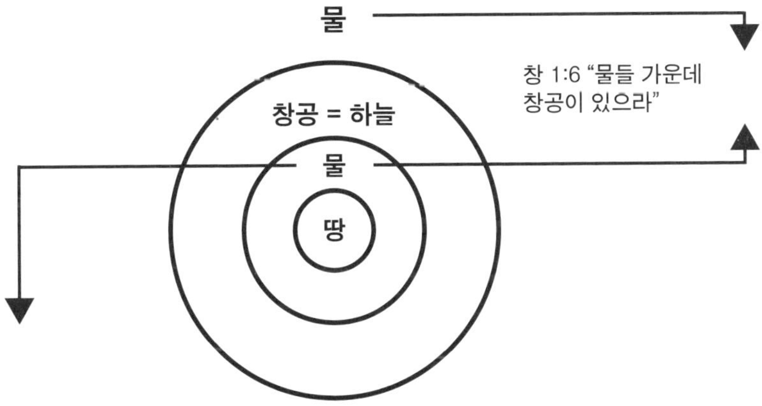

셋째 날에 '창공' 아래의 '물들'이 내려 한 곳으로 모여 바다가 되었고[창 1:10] 드러나 마른 곳은 땅이다.

> 하나님께서 말씀하시기를 하늘 아래의 물들이 한 곳으로 함께 모이고 마른 곳이 드러나라 하시니 그대로 되니라. 하나님께서 마른 곳을 땅이라 부르시고, 물들이 함께 모인 곳을 바다들이라 부르시니라. 하나님께서 보시니 그것이 좋았더라. **(KJV, 창 1:9, 10)**

'하늘 아래'는 '창공 아래'이다.

> 하나님께서 창공을 하늘이라 부르시니라. 저녁과 아침이 되니 둘

째 날이더라. (KJV, 창 1:8)

창공은

- 창공, 하늘(firmament).
- 외견상으로 보아 둥근 하늘(apparently, visible and of the sky).
- 퍼진 공간, 넓은 구역(expanse)을 나타낸다.

창공은 하늘 중의 한 종류이다. 무슨 의미인가 하면 하나님의 말씀 중에 하늘을 하늘들heavens이라고 표현하시기도 하신다. 창세기 1장 1절에 '태초에 하나님께서 하늘과 땅을 창조하시니라' 하시는 말씀의 하늘은 히브리어에서 '하늘들'이다.[3]

성경 전체에서 '하늘'이라고 말씀하시는 내용을 모으면 다음과 같다.

- 주의 거룩한 처소 하늘
  신 26:15
  왕상 8:30
  시 2:4
- 셋째 하늘(the third heaven)
  고후 12:2

3 영어성경 King James Version이나 한글 흠정역이 the heaven(하늘)으로 번역한 것은 오역이다. 히브리어는 the heavens(하늘들)이다. 영어성경 New King James Version은 the heavens(하늘들)로 바르게 옮겼다.

- 천사가 거하는 하늘
  마 18:10
  왕상 22:19

- 천국/하나님 나라
  마 4:17
  마 5:3
  행 28:31
  계 1:9

- 창공
  창 1:8

'하늘들'을 땅에서부터 올려다본다면 외견상으로 보이는 둥근 하늘 혹은 퍼진 공간을 나타내는 창공이 있다. 그 위에 다른 모습을 가진 하늘들이 있다.

셋째 하늘(고후 12:2)

별들도 만드시니라, 하나님께서 그들을 하늘의 창공에 두시고(창 1:16-17)

"낮과 밤을 나누기위하여 하늘의 창공에 광명들이 있으라, 그것들로 하여금 징조와 계절과 날짜와 연도를 위해 있게 하라"(창 1:14)

"땅 위 하늘의 넓은 창공에 새가 날으라"(창 1:20)

땅

'하늘들'을 창공과 함께 요약한다면
- 주의 거룩한 처소 하늘
- 셋째 하늘
- 별을 두신 곳

- 광명들(해, 달)이 있는 곳
- 창공
- 새가 나는 곳이다.

창공은 대기권, 태양계, 우주를 나타낸다. 하나님께서 둘째 날에 물들 가운데에 만드셨다. 물들이 창공 위와 창공 아래로 나뉘어진다. [창1:6] 창공 아래의 물들은 셋째 날에 한 곳으로 모여 바다가[창 1:9, 10] 되었다.

그러면 창공 위에 있는 물들은 어떻게 되었는가?

창공 위에 있는 물들

먼저 '창공 위에 있는 물들'과 '창공 아래에 있는 물들'을 그림으로 나타내면 아래와 같다.

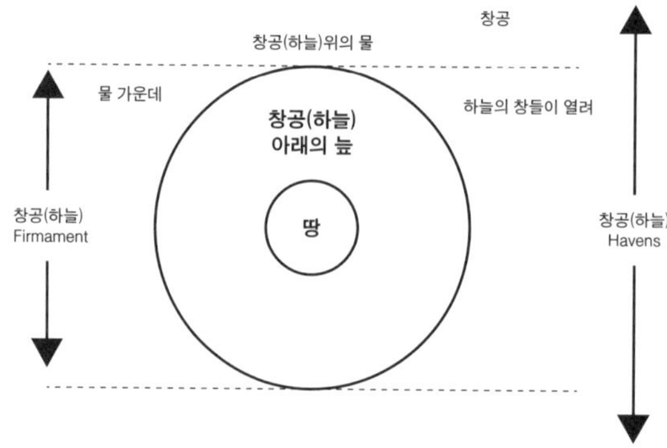

이 상태의 물들을 둘째 날, 셋째 날 그리고 노아 때를 중심으로 다시

간추려 본다.

(둘째 날) 하나님께서 하늘들Heavens, 창 1:1, 2:1, 4중의 하나인 창공을 만드시고, 물들waters, 창 1:2, 6, 7, 9, 10 가운데 있으라 하시고, 창공 위에 있는 물들과 아래 있는 물들을 나누셨다.창 1:7

(셋째 날) 창공하늘 아래의 물을 한 곳으로 모아 바다들이라 부르셨다.창 1:9,10

(노아 때) 큰 깊음깊은 물, 큰 물, 창 1:2, 7:11, 8:2의 샘들을 터지고, 하늘창 1:8의 창이 열리고,창 7:11 창공하늘 위의 물이창 1:7,9이 땅 위에 내렸다.창 7:12

둘째 날에 창공 위의 물들과 아래의 물들로 나누셨고 창공 아래의 물은 셋째 날에 내려 바다가 되었다.창 1:10

창공 위의 물은 노아의 홍수 때에 땅에 쏟아져창 7:11 온 땅을 덮었다.창 7:19, 20 이제 하나님께서 노아를 기억하시고 깊음의 샘과 하늘의 창을 닫으시고 하늘에서 내리던 비를 그치게 하셨다.창 8:2

땅 위에 바람을 지나가게 하시니

천하를 덮은 물은 하나님께서 땅 위에 바람을 지나가게 하셔서 지면의 물을 줄이셨다.

하나님께서는 노아와 그와 함께 방주 안에 있는 모든 생물들과 모든 가축들을 기억하사, 하나님께서 땅 위에 바람을 지나가게 하시니 물이 줄어들더라. **(KJV, 창 8:1)**

지면에 물이 걷히고 땅이 마르자창 8:13, 14 노아가 방주에서 나와 여호와께 제단을 쌓고 번제를 드렸다.창 8:20

주(LORD)[4]께서 그 향기를 맡으시고 **주**(LORD)께서 그 마음속으로 말씀하시기를 내가 다시는 사람으로 인하여 땅을 저주하지 않으리니, 이는 사람의 마음의 계획이 어려서부터 악함이라. 내가 다시는 내가 행한 것과 같이 살아있는 모든 것을 죽이지 아니하리라. 땅이 있는 동안에는 씨 뿌리는 시기와 추수하는 시기와 추위와 더위와 여름과 겨울과 낮과 밤이 그치지 아니하리라. 하시더라. **(KJV 창 8:21, 22)**

하나님께서 노아를 기억하셔서 창 8:1

- 바람으로 물을 말리셨기 때문에 마른 곳이 드러나서 8:13, 14
- 노아가 번제를 드리게 되었고 창 8:20
- '땅을 저주하지 않고 살아있는 모든 것을 죽이지 아니 하시리라'는 약속을 하셨고 창 8:21
- '땅이 씨 뿌리는 시기와 추수하는 시기와 추위와 더위와 여름과 겨울과 낮과 밤이 그치지 않게' 되었다. 창 8:22

---

4 영어 킹 제임스 번역 중에 주(lord)를 대문자(LORD)로 번역한 것은 원어 성경에서 모두 '여호와'이다. 한글 킹 제임스 성경은 굵은 고딕체(주, LORD)로 인쇄해서 주(Lord나 lord)와 구분했다. 개역성경 '여호와' 번역이 정확한 번역이다.

셋째 날과 넷째 날에 하신 말씀이 노아의 홍수를 거치며 마침내 모두 이루어 진 것이다.

(셋째 날) "땅은 풀과 씨 맺는 채소와 각기 종류대로 씨 가진 열매 맺는 과목을 내라." (KJV, 창 1:11)

(노아의 홍수 후) "땅이 씨 뿌리는 시기와 추수하는 시기와" (KJV, 창 8:22)

(넷째 날) "징조와 계절과 날짜와 연도를 위해 있게 하라."(KJV, 창 1:14)

(노아의 홍수 후) "추위와 더위와 여름과 겨울과 낮과 밤이 그치지 아니하리라."[창 8:22]

하나님께서 이루신 창조가 땅 위에서 지금까지 이어지고 있다.

물이 줄어들려면 바람이 지나가야 한다

바람으로 물의 너비가 줄어드는 말씀은 일반적인 이해를 벗어난다. 찬 바람이 불어 물이 일면 부피는 늘어난다. 그런데 하나님께서는 바람으로 물을 줄이셨다.[창 8:1] 욥기 37장 10절 말씀에서도 바람으로 물의 너비가 줄어 든다고 말씀하신다.

> 남쪽에서는 회오리바람이 불어오고 북쪽에서는 찬바람이 불어오리라. 하나님의 입김으로 인하여 서리가 내리고 물의 너비가 줄어드는도다. (KJV, 욥 37:9, 10)

남쪽과 북쪽으로 물의 너비가 줄어든 지구의 현재 모습이다. 바람에 의해 땅 위의 물이 얼은 상태로 모이면서 지면을 덮은[창 7:23] 물의 부피가 줄어 들었다. 온 땅을 덮은 물 위에 바람이 불고 물이 줄어들어[창 8:1] 마른 땅이 드러났다.[창 8:13]

물은 마른 땅에 살던 모든 생물을 죽였다.[창 7:22] 생물이 호흡하며[창 7:15] 생명을 이어 가려면 물 속에서 나와야 하는데 바람이 물을 줄여 준다. 그러면 생명을 이어 갈 수 있게 된다.

바람

히브리어에서나 헬라어에서 성령이라는 단어는 공기의 움직임인 '바람'[wind]이라는 단어에서 왔다. 성령의 어근[語根]은 '바람'이다.

사도행전 2장 오순절에 모두가 성령으로 충만해질 때 갑자기 하늘에서 거친 강풍 같은 소리가 났다는 것과[행 2:1-4] 예수님께서 '사람이 물과 성령으로 태어나지 아니하면 하나님의 나라에 들어갈 수 없느니라' 말씀하시며[요 3:5] '바람이 임의로 불매 네가 그 소리를 들어도 어디서 오며 어디로 가는지 알지 못하나니 성령으로 난 사람은 다 이러하니라'[요 3:8] 하신 것에서 알 수 있듯이 성령은 바람이다.

성령께서 바람으로 '물들'이 줄어들게 하시고[창 8:1] '마른 땅'이 드러나도록 하셔서[창 8:13] 땅이 '열매' 맺을 수 있도록 하시는 것이다.[창 8:22]

물

물은 창세기에서[창 1:2] 요한계시록까지[계20:13, 22:1] 널리 말씀하셨다.

물은 성령과 피와 함께 그리스도와 믿음에 관계를 맺고 있다.

> 물은 예수 그리스도의 부활하심으로 인하여 이제 우리를 구원하는 모형이니, 곧 침례라. **(이것은 육체의 더러움을 제거하는 것이 아니라 하나님을 향한 선한 양심의 응답이라.) (KJV 벧전 3:21)**

> 형제들아, 이제 나는 너희가 모르는 것을 원치 아니하노니, 이는 우리 조상들이 모두 구름 아래 있었고, 모두 바다를 통과하였으며 모두 구름과 바다 속에서 모세에게 침례를 받았고 또 모두 같은 영적 음식을 먹었으며 모두 같은 영적 음료를 마셨으니, 이는 그들을 따랐던 그 영적 반석에서 나온 것을 마셨으며, 그 반석은 그리스도셨느니라. **(KJV 고전 10:1-4)**

> 모세가 바다 위로 그의 손을 뻗쳤더니 주께서 밤새도록 강한 동풍으로 바다를 뒤로 물러가게 하시어 바다로 마른 땅이 되게 하시니 물이 갈라졌더라. 이스라엘 자손들은 바다 한가운데를 통과하여 마른 땅 위로 갔는데 물이 그들에게 오른쪽과 왼쪽으로 벽이 되었더라. **(KJV출 14:21,22)**

> 그 병사들 중 하나가 창으로 주의 옆구리를 찌르니 거기서 피와

물이 나오더라. 그리하여 이것을 본 사람이 증거하였으니 그의 증거는 참 되도다. 그 사람은 자기가 진실을 말한 것을 알더라. 이는 너희로 믿게 하려는 것이라. **(KJV 요 19:34, 35)**

예수께서 하나님의 아들이심을 믿는 자 외에 세상을 이기는 자가 누구뇨? 이분은 물과 피로 오신 예수 그리스도시니, 물로만이 아니라 물과 피로니라. 증거하시는 이는 성령이시니, 성령은 진리이시기 때문이라. **(KJV, 요일 5:5, 6)**

물과 성령으로 거듭나지 아니하면 하나님 나라에 들어 갈 수 없다고 말씀하신다.

예수께서 대답하시기를 진실로 진실로 내가 너에게 말하노니, 사람이 물과 성령으로 태어나지 아니하면 하나님의 나라에 들어갈 수 없느니라. 육신으로 난 것은 육이요, 또 성령으로 난 것은 영이니라. **(KJV, 요 3:5, 6)**

예수님께서 세례를 받으시고 물에서 올라오시니 하늘이 열리고 하나님의 성령이 비둘기 같이 내려 그의 위에 임하셨다.[마 3:16, 막 1:9-10, 눅 3:21-22, 요 1:29-34]

흑암이 깊음 위에 있고

창세기 1장 2절의 '깊음'[the deep]은 '물이 깊은 곳까지 차 있는 심연[深淵]' 즉 '깊은 물'이다. 그 깊은 물 위에 흑암이[黑暗, 대단한 어두움] 덮고 있다.

'어두움[흑암]이 깊음[물들]의 표면에 있다(KJV)'는 땅이 물에 덮여 어두운 상태로 있는 모양이다. 땅이 많은 물 아래 있고 어두움이 덮고 있으면 열매를 맺을 수가 없다. 믿음의 측면에서도 '어두움'은 열매 없는 일이다.

> 열매 없는 어두움의 일들에 관여하지 말고 오히려 그것들을 책망하라. **(엡 5:11)**

믿음의 경계선으로 '어두움'과 '빛'을 말씀하시기도 한다.

> 너희가 한때는 어두움이었으나 이제는 주 안에서 빛이니 빛의 자녀들로서 행하라. **(엡 5:8)**

하나님의 신은 수면에 운행하시니라

창세기 1장 2절 '하나님의 신[神]'은 '하나님의 영[靈]'이다. 흠정역은 '하나님의 영은 물들의 표면에서 거니시더라'이다. '하나님의 영[성령]은 깊음[물들]의 표면[수면, 水面]에 운행하신다'로 표현할 수 있다. '운행[運行]하시니라[거니시더라]'는 '움직이다, 떠다니다, 흔들다'는 의미를 가지고 있다.

흑암이 덮힌 물의 표면에서 성령이 운행하고 계신데 땅은 깊은 물 밑에 있다. 땅이 드러나려면 물이 걷혀야 한다. 땅을 빛으로 드러나게 하기 위해 바람[성령]이 물의 표면에서 움직이고 있다.

물 속에서 예수께서 올라 오시자 성령이 임하신 것처럼 물에서 나와야 성령이 임하는 것이다.

> 예수께서 침례를 받으시고 곧 물에서 올라오실새 하늘이 열리고 하나님의 성령이 비둘기 같이 내려 자기 위에 임하심을 보시더니 **(마 3:16)**

> 곧 물에서 올라 오실새 하늘이 갈라짐과 성령이 비둘기 같이 자기에게 내려오심을 보시더니 **(막 1:10)**

땅이 열매를 맺을 수 있는 상태로 바뀌는 과정이다. 셋째 날에 하나님께서 '열매 맺는 나무를 내라[창 1:12]' 명하셨지만 실제로 씨를 뿌리고[심음, seeding] 거두는[거둠 harvest] 결실은 홍수 이후이다.[창 8:22] 거둠은 씨를 뿌리고 농사한 결실을 거두는 추수이다.[막 4:29]

성령께서 땅이 열매를 맺을 수 있도록 운행하시며 기다리고 계신다. 물론 빛 되시는 예수께서[요 1:4-14, 11:9-10, 딤전 6:14-16, 창 1:3-4] 함께 기다리신다. 사람은 어두움에서 빛으로 나와야 한다.

> 이것이 정죄라. 즉 빛이 세상에 왔으나 사람들이 빛보다는 오히려 어두움을 더 사랑하니 이는 그들의 행위가 악하기 때문이라. 악을 행하는 자 는 누구나 빛을 미워하며 빛으로 오지 아니하나니, 혹 자기의 행위가 책망받을까 함이라. 진리를 행하는 자는 빛으로 오나니, 이는 하나님 안에서 행한 자기의 행위를 나타내고자 함이라고 하시더라. **(KJV, 요 3:19-21)**

'하나님의 영이 물들의 표면을 거니시더라'[창 1:2]하시는 말씀의 '거니시더라'는 말씀이 떨리다, 흔들다[shake]는 의미를 포함한다는 것은

- 하나님의 영[성령]이 물들의 표면에서 흔드셔서
- 땅이 열매를 맺을 수 있도록[창 1:11-12, 8:22]
- 하나님의 말씀이 마침내 이루어진다[창 1:11-12, 14-15, 8:22]는 것이다.

물이 가지는 다른 측면을 살펴보자.

죽은 것들은 물 아래서 형성되었고

'물 밑'은 상징적으로 '죽은 자들'이 사는 곳이다. '살았다'는 것과 '죽었다'는 것은 단순한 표현을 넘어선다.

> 죽은 것들은 물 아래서 형성되었고, 그 곳에 거주하는 자들도 그러하도다 (KJV, 욥 26:5)

> 바다도 그 안에 있던 죽은 자들을 넘겨주고 또 사망과 지옥도 그들 안에 있던 죽은 자들을 넘겨주니 그들이 각자 자기들의 행위에 따라 심판을 받으며 사망과 지옥도 불 못에 던져지니 이것이 둘째 사망이라. (KJV, 계 20:13, 14)

> 그들은 전에 노아의 날에 방주를 예비하는 동안 하나님께서 오래 참고 기다리셨을 때에 순종하지 아니하던 자들이라. 방주에서 물

로 말미암아 구원을 받은 사람이 몇 명뿐이니 곧 여덟 혼들이라. **(KJV, 벧전 3:20)**

노아의 날에 일어났던 것같이 인자의 날에도 그러하리라. 노아가 방주에 들어가던 날까지 그들은 먹고, 마시고, 장가가고, 시집가고 하였으나, 홍수가 나서 그들을 다 진멸시켰느니라. **(KJV, 눅 17:26, 27)**

'먹고 마시고 장가가고 시집가는' 일은 세상 사는 모두가 가는 과정이다. 그런데 그 길을 가다가 보는 방향을 바꾸면 전혀 다른 세상을 보게 된다. 물 속에서 바라보는 어두운 세상이 아닌 밝은 빛이 보이는 물 밖이 있다. 당연히 기다리고 있는 분이 계신다.

하나님께서 물들을 나누신[창 1:6] 둘째 날만 "하나님의 보시기에 좋았더라"는 말씀이 없다.

새 하늘과 새 땅이 올 때에 물들이 함께 모인 바다들[창 1:10]은 더 이상 존재하지 못한다.

또 내가 새 하늘과 새 땅을 보니, 처음 하늘과 처음 땅은 사라지고 바다도 더이상 있지 아니하더라. **(KJV 계 21:1)**

땅

땅에 관한 말씀을 상고해보자.

성경에서는 땅이 4가지로 표현되어 진다.

1. 땅(earth). 창세기 1장 1절 "태초에 하나님께서 하늘과 땅을 창조하시니라"의 땅을 '지구' 혹은 '대지'로 표현할 수도 있다.

   창 1:1, 2, 10, 11, 12, 15, 17, 20, 22, 24, 25, 26, 28, 29,30,
   2:1, 4, 5, 6, 4:11, 12, 14

2. 흙(ground). 창세기 2장 5절의 땅은 '흙' '지면' '땅'을 나타내는 ground이다.

   창 2:5, 6, 7,9, 19, 4:2, 3, 10, 12, 5:29

3. 먼지(dust). 창세기 2장 7절은 '땅의 흙'으로 흙, 먼지, 진토이다.

   창 2:7, 3:14, 19

4. 지경(land). 창세기 1장 9절의 '마른 곳'은 '땅', '곳', '지경'인데 일정한 경계 또는 구분되어 지는 지역을 나타낸다.

   창 1:9, 10, 2:11, 12, 13, 4:16, 7:22

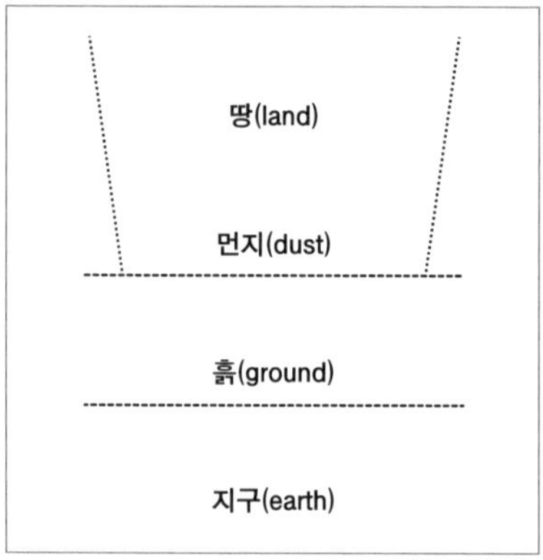

땅이나 흙으로 표현되었으나 넷으로 나뉘어진 땅에 대한 말씀을 몇 군데 찾아보도록 한다. 부득이 영어를 병기하여 그 서로 다름을 구분해 본다.

> "태초에 하나님께서 하늘과 땅(earth)을 창조하시니라. (KJV 창 1:1)
>
> 들의 모든 초목이 땅에 있기 전이었으며 들의 모든 채소도 자라기 이전이었으니, 이는 주(여호와) 하나님께서 땅(earth) 위에 비를 주시지 않았으며 또 땅(ground)을 경작할 사람도 없었음이더라. (KJV 창 2:5)
>
> 주(여호와) 하나님께서 땅(ground)의 흙(dust)으로 사람을 지으시고, 그의 콧구멍에다 생명의 호흡을 불어넣으시니 사람이 살아 있는 혼이 되었더라." (KJV 창 2:7)
>
> 하나님께서 말씀하시기를 하늘 아래의 물들이 한 곳으로 함께 모이고 마른 곳(land)이 드러나라. 하시니 그대로 되니라. (KJV 창 1:9)

> 롯이 아브람에게서 갈라진 후에, 주(여호와)께서 아브람에게 말씀하시기를 이제 네 눈을 들어 네가 있는 곳에서부터 북쪽과 남쪽과 동쪽과 서쪽을 바라보라. 이는 네가 보는 모든 땅(land)을 내가 네게 줄 것이며 네 씨에게 영원히 주고 내가 네 씨를 땅(earth)의 티끌(dust) 같게 하리니, 사람이 땅(earth)의 티끌(dust)을 셀 수 있다면 네 씨도 셀 수 있으리라. (KJV 창 13:14-16)

> 너는 네 아비와 네 어미를 공경하라. 그리하면 주(여호와) 너의 하나님께서 네게 준 땅(land) 위에서 네 날들이 길 것이라. (KJV 출 20:12)

땅을 지구(earth)라 한다면 그 위에 땅의 표면(ground)이 있고 그 위에 먼지(dust)가 있다. 사람은 먼지로 만들어 졌다. 같은 땅이라 해도 일정한 경계(land)를 나타내기도 한다.

땅(지구)

지구(earth)를 나타내는 '땅'은 밑 부분과 위 부분으로 구분된다. 욥기 28장 5절 말씀을 보도록 하자.

> 땅으로 말하자면, 그 곳에서 빵이 나오나 그 밑에는 불처럼 솟구침이 있으며 (KJV 욥 28:5)

지구의 밑 부분에는 불처럼 솟구치는 것이 있다. 또한 지구의 위 부분에서는 빵이 나온다. 땅을 갈아서 농사를 짓는 일을 '빵이 나온다'로 말씀하셨다.

사람이 농사를 지어 추수하는 빵이 나오는 부분을 '흙'이나 '땅'(ground)라고 한다.

> 카인(가인)은 땅(ground)을 경작하는 자였더라. (KJV창4:2)

> 또 땅(ground)을 경작할 사람도 없었음이더라. (KJV 창2:5)

땅(지경)

'지경'은 일정한 구역(land)을 나타내는데 '곳', '지경' 혹은 '땅' 이라고도 부른다.

> 하나님께서 말씀하시기를 하늘 아래의 물들이 한 곳으로 함께 모이고 마른 곳(land)이 드러나라. 하시니 그대로 되니라. 하나님께서 마른 곳(land)을 땅이라 부르시고, 물들이 함께 모인 곳을 바다들이라 부르시니라. 하나님께서 보시니 그것이 좋았더라. (KJV 창 1:9, 10)

> 첫 번째의 이름은 피손인데 금이 있는 하윌라의 온 땅(land)을 둘렀으며 그 땅(land)의 금은 좋고 그 곳에는 델리엄과 얼룩마노도 있더라. 두 번째 강의 이름은 기혼인데 에디오피아의 온 땅(land)을 둘렀더라. (KJV 창 2:11-13)

여호와께서 아브람에게 "네가 보는 모든 땅(land)을 네게 줄 것이며"창

13:15라고 하신 말씀이나, 십계명중 다섯째 계명 "너는 네 아비와 네 어미를 공경하라. 그리하면 여호와[주] 너의 하나님께서 네게 준 땅(land)위에서 네 날들이 길 것이라"[출 20:12] 하신 말씀 중의 땅은 모두 일정한 경계[boundary]가 주어진 땅이다. 여호와 하나님께서 자기 백성에게 주시는 일정한(정해진) 지역이다.

마태복음 5장 5절 "온유한 자는 복이 있나니, 그들이 땅을 기업으로 받을 것임이요." 하시는 말씀 중 땅은 헬라어에서 흙(soil)이지만 광의로는 일정한 지역(region)을 나타낸다. 창세기 13장 15절과 출애굽기 20장 12절의 땅(land)과 같다.

흙(먼지)

먼지 혹은 흙으로 불리는 dust는 여호와 하나님께서 사람을 만드신 것이다.

> 주 하나님께서 땅(ground)의 흙(dust)으로 사람을 지으시고, 그의 콧구멍에다 생명의 호흡을 불어넣으시니 사람이 살아 있는 혼(a living soul)이 되었더라. (KJV 창 2:7)

이 먼지[dust]는 선과 악을 아는 지식의 나무에서 나는 것[창 2:17]을 먹은 사람과 뱀과 그리고 죽음과 연관된다.

여호와 하나님께서 먼지를 뱀의 먹이로 주셨다.

> 주 하나님께서 그 뱀에게 말씀하시기를 네가 이것을 행하였으니 너는 모든 가축과 들의 모든 짐승보다 저주를 받아 네 배로 다닐 것이며 네 평생토록 흙(dust)을 먹을지니라. (KJV 창 3:14)

먼지로 지어진 인간은 땀을 흘려야 빵을 먹을 것이고 죽으면 먼지로 돌아간다.

> 또 하나님께서 아담에게 말씀하시기를 네가 네 아내의 음성에 귀를 기울인 까닭에 내가 네게 명하여 말하기를 너는 그것을 먹지 말라고 한 그 나무의 열매를 먹었으니, 너로 인하여 땅(ground)은 저주를 받고 너는 너의 전 생애 동안 고통 중에서 그 소산을 먹으리라. 또 땅(ground)은 네게 가시나무와 엉겅퀴를 낼 것이요 너는 들의 채소를 먹을 것이며 네가 땅(ground)으로 돌아갈 때까지 네 얼굴에 땀을 흘려야 빵을 먹으리니, 이는 네가 땅(ground)에서 취해졌음이라. 너는 흙(dust)이니 너는 흙(dust)으로 돌아갈 것이니라. 하시니라. (KJV 창 3:17-19)

> 모든 육체는 함께 멸망하고 인간은 다시 흙(dust)으로 돌아갈 것이라. (KJV 욥 34:15)

> 주께서 얼굴을 숨기시면 그들은 곤란해지며, 주께서 그들의 숨을 거두어 가시면 그들이 죽어서 그들의 흙(dust)으로 돌아가나이다. (시 104:29)

모두가 한 곳으로 가나니, 모두가 흙(dust)에서 왔고 모두가 흙(dust)으로 다시 돌아 가도다. (KJV 전 3:20)

그때에 흙(dust)은 예전에 있던 대로 땅(ground)으로 돌아가고 영은 그것을 주셨던 하나님께로 돌아가리라. (KJV 전 12:7)

너는 흙(dust)이니 흙(dust)으로 돌아갈 것이니라

사람이 흙(dust)으로 지어지고 흙(dust)으로 다시 돌아간다는 것은 모든 사람이 죽으면 한 줌 흙으로 변하는 것으로 보아 사실이다.

더욱이나 사람의 식물을 통해서 보아도 또한 그러하다.

식물

하나님께서 사람에게 주신 식물은 순서적으로 다음과 같다.

맨 먼저 사람은 **채식**이 주어졌다.

하나님께서 말씀하시기를 보라 내가 온 지면 위에 씨 맺는 모든 채소와 씨를 내는 나무의 열매가 있는 모든 나무를 너희에게 주노니 그것이 너희에게 먹을 것이 되리라 땅의 모든 짐승과, 공중의 모든 새와 생명이 있어 땅 위를 기어 다니는 모든 것들에게 내가 모든 푸른 채소를 먹을 것으로 주노라 하시니 그대로 되니라. (KJV 창 1:29, 30)

다음으로 **육식**인데 노아의 홍수 이후이다.

> 살아서 움직이는 모든 것은 너희에게 먹을 것이 되리라 내가 모든 것을 푸른 채소같이 너희에게 주었느니라 그러나 고기를 생명과 더불어 즉 거기에 있는 피 째 먹지 말지니라 내가 반드시 너희 생명의 피를 찾으리니 모든 짐승의 손과 사람의 손에서도 내가 그것을 찾을 것이며 모든 사람의 형제의 손에서도 내가 그 사람의 생명을 찾으리라 사람의 피를 흘리는 사람은 사람에 의해서 자기의 피도 흘려지게 되리니 이는 주께서 하나님의 형상대로 사람을 지으셨음이라. **(KJV 창 9:3-6)**

율법이 주어지면서 **제한된 육식**이 허락된다.

> 나는 주 너희 하나님이라 그러므로 너희는 스스로 성결케 하여 거룩하게 될지니라 이는 내가 거룩함이라 또한 너희는 땅 위에 기어다니는 어떤 종류의 기는 것으로 스스로를 더럽히지 말지니라 이는 내가 너희의 하나님이 되려고 이집트 땅에서 너희를 데리고 나온 주임이라 그러므로 너희는 거룩하라 이는 내가 거룩함이라. 이것이 짐승과 조류와 물에서 움직이는 모든 생물과 땅 위에 기어다니는 모든 생물들에 대한 법이니 불결한 것과 깨끗한 것 먹을 수 있는 짐승과 먹을 수 없는 짐승 사이에 차별을 두는 것이라 하시니라. **(KJV 레 11:44-47)**

예수께서 오셔서 **모든 식물**을 깨끗하다고 하셨다.

주께서 그들에게 말씀하시기를 너희도 그렇게 깨닫지 못하겠느냐? 무엇이나 밖에서 사람 안으로 들어가는 것은 그 사람을 더럽힐 수 없다는 것을 알지 못하겠느냐? 이는 그것이 사람의 마음속으로 들어가는 것이 아니라, 배로 들어가서 뒤로 나가기 때문이니 모든 음식은 깨끗하니라고 하시더라. (KJV 막 7:18, 19)

음식 때문에 하나님의 일을 망치지 말라. 사실은 모든 것이 깨끗하지만 남을 실족케 하며 먹는 그 사람에게는 그것이 악이니라. (KJV 롬 14:20)

이제 성령께서 분명히 말씀하시기를 마지막 때에 어떤 자들이 믿음에서 떠나 미혹하는 영들과 마귀들의 교리들을 따르리라. 하셨으니 그들 자신의 양심이 화인으로 마비되어 위선으로 거짓을 말하리라. 혼인을 금하고 음식을 삼가라고 명하리니, 이 음식은 하나님께서 진리를 믿고 아는 사람들이 감사함으로 받도록 지으신 것이라. (KJV 딤전 4:1-3)

땅에서 온 식물

사람이 먹는 모든 식물은 채식이든 육식이든, 땅에서 온 것이다.

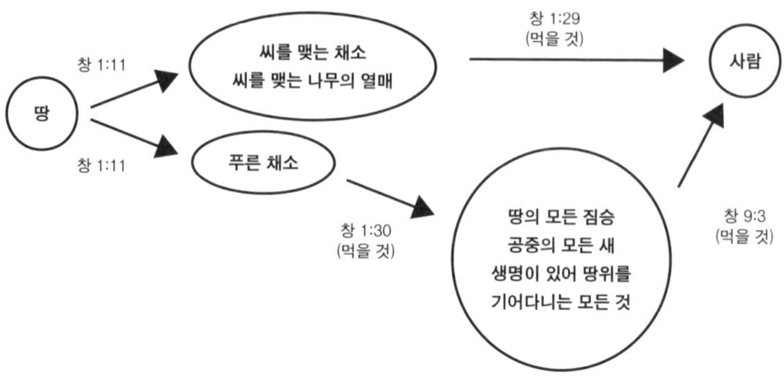

사람이 먹는 **채식** '씨를 맺는 채소'나 '씨를 내는 나무의 열매'는 모두 땅에서 난 것이다.

육식도 사실은 마찬가지다. 하나님께서 사람에게 **육식**으로 주신 '땅의 모든 짐승'과 '공중의 모든 새'와 '생명이 있어 땅 위를 기어 다니는 모든 것'들은 '푸른 채소'를 먹는다.[창 1:30] '푸른 채소'는 땅에서 난 것이다. 땅에서 난 '푸른 채소'가 짐승이나 새가 섭취해서 육체로 변형된다. 사람은 그것을 육식으로 섭취한다. 육식은 땅에서 난 것들이 변형된 것이고 사람이 섭취하면 그것이 사람의 육체가 된다.

그러니까 사람이 죽어서 땅에 묻히면 어느 세월이 지난 다음에는 사람의 육체와 땅이 구분할 수 없이 같아진다. 사람이 흙으로 만들어 졌기 때문이다.[창 2:7]

육체를 가진 사람의 날들

흙(dust)으로 지어진 사람이 음식을 먹으며 살면서 땅(ground)위에서 활동할 수 있는 기간은 70년 내지 80년이다.

노아의 홍수 이전에는 깊음의 샘들이 있었고 하늘의 창들이 닫혀 있었을 뿐만 아니라[창 /:11] 추위와 더위와 여름과 겨울의 변화가 없었기 때문에[창 8:22] 사람이 9백69년까지 살 수 있었다.[창 5:27]

그러나 하나님께서 육체를 가진 사람의 날들을 120년이 되게 하셨다.

> 주께서 말씀하시기를 내 영이 항상 사람과 다투지는 않으리니, 이는 그도 육체임이라. 그래도 그의 날들이 일 백 이십 년이 되리라. 하시니라. (KJV 창 6:3)

실제로 창세기 11장 10절부터 26절까지의 말씀을 보면 홍수 후에 노아의 아들 셈과 그의 아들들과 딸들의 날들이 현저하게 줄어들었다.

그러나 이 1백20년마저도 줄어들었다.

> 우리의 연수가 칠십이요 강건하면 팔십이어도 그 연수의 힘은 수고와 슬픔이니, 그것이 곧 끊어지면 우리가 멀리 날아가나이다. (KJV 시 90:10)

이제는 칠십 살을 살거나 건강하면 팔십 살을 살게 된다.

수고와 슬픔

시편 90편 10절은 모세의 기도이다. '사람의 연수가 칠십이요 강건하면 팔십이어도 그 연수의 힘은 수고와 슬픔이고 그 연수가 다하면(끊어지면) 멀리 날아간다'고 기도했다.

또 모세는 시편 90편 9절에서는 "우리의 모든 날이 주의 진노 가운데 지나가며, 우리의 연수가 한갓 이야기처럼 지나가나이다."라고도 했다.

사망과 눈물과 애통하는 일들

더욱이나 사람에게는 사망이 있고 눈물과 애통하는 일들도 있다.

> 너희가 내일 일어날 일을 알지 못하나니 너희 생명이 무엇이냐? 잠깐 보이다가 사라지는 안개니라. (KJV 약 4:14)

> 한 번 죽는 것은 사람들에게 정해진 것이고 그 뒤에는 심판이 있는 것같이 그리스도께서도 많은 사람의 죄들을 담당하시려고 한 번 드려지셨고, 두 번째는 자기를 바라는 자들을 구원에 이르게 하시려고 죄 없이 나타나시리라. (KJV 히 9:27, 28)

> 이제 나의 날들이 전령보다도 더 빨라 달아나 버리니 좋은 일을 보지 못하는 도다. 그 날들은 빠른 배들처럼 지나가 버리고 먹이를 향해 달려드는 독수리 같도다. (KJV 욥기 9:25, 26)
> 사람으로 말하면, 그의 날들은 풀과 같고, 그의 번영은 들의 꽃과

같아서 바람이 그 위를 지나가면 사라지나니, 그 자리가 그것을 더 이상 알지 못하리라. (KJV 시 103:15, 16)

주여, 사람이 무엇이기에 주께서 그를 알아주시나이까! 인자가 무엇이기에 주께서 그를 존중하시나이까? 사람은 헛것과 같고 그의 날들은 지나가는 그림자 같나이다. (KJV 시 144:3, 4)

너는 내일을 자랑하지 말라. 하루 동안에 무슨 일이 일어날는지 네가 알 수 없음이라. (KJV 잠 27:1)

나무에는 소망이 있나니, 베일지라도 다시 싹이 나서 연한 가지가 끊이지 아니하며 그 뿌리가 땅에서 늙고 그 줄기가 땅에서 죽어도 물의 기운을 통하여 움이 돋고 식물처럼 가지가 나오는 도다. 그러나 사람은 죽으면 소멸되나니, 참으로 사람이 숨을 거두면 그가 어디 있는가 (KJV욥 14:7-10)

나의 날들이 베틀의 북보다도 빠르니 소망 없이 지나가는 도다. 오, 내 생명이 바람 같음을 기억하소서. 내 눈이 다시는 좋은 것을 보지 못하리이다. (KJV 욥 7:6, 7)

웃는 자일지라도 그 마음은 슬프고 그 즐거움의 끝은 근심이니라. (KJV 잠 14:13)

생명과 호흡을 친히 주시는 하나님

사람의 생명은 창조주 하나님께서 주시기도 하고 취하기도 하신다.

> 세상과 그 안에 있는 만물을 지으신 하나님은 하늘과 땅의 주이시니, 그 분은 사람의 손으로 만든 성전들에는 계시지 아니하시며 또한 무슨 필요한 것이 있어서 사람의 손으로 섬김을 받아야 되는 것도 아니시니, 이는 그 분이 친히 만민에게 생명과 호흡과 만물을 주심이라. 또 하나님께서는 인류의 모든 족속을 한 피로 만드시어 온 지면에 살게 하시고, 미리 계획하신 시기와 그들이 거주하는 경계를 정하셨으니 이는 주를 찾게 하려 함이라. 사람들이 하나님을 찾아 나서면 만날 수 있으리니, 그 분은 실로 우리 각 사람에게서 멀리 떨어져 계시지 아니하도다. **(KJV 행 17:24-27)**

> 그러자 무리 가운데서 한 사람이 주께 말씀드리기를 선생님, 내 형제에게 말씀하셔서 유산을 나와 함께 나누라 하소서라고 하니 주께서 그에게 말씀하시기를 이 사람아, 누가 나를 너희 위에 재판관이나 재산 나누는 사람으로 세웠느냐라고 하시니라. 또 그들에게 말씀하시기를 주의하고, 탐심을 조심하라. 이는 사람의 생명이 자기가 소유한 것의 풍부함에 있지 않음이라고 하시고 한 가지 비유로 그들에게 말씀하시기를 어떤 부자의 땅이 수확을 많이 내는지라. 그가 속으로 생각하여 말하기를 내 곡식을 쌓아 둘 곳이 없으니 내가 어떻게 할까? 하고 말하기를 내가 이렇게 하리라. 내 창고들을 헐고 더 큰 것으로 지어서 거기에 나의 모든 곡물과 물건들

을 쌓아두리라. 그리고 나서 내 혼에게 말하기를, 내 혼아, 네가 여러 해 동안 쓸 물건들을 많이 쌓아두었으니 편히 쉬고, 먹고, 마시고, 즐거워하라 하리라. 하였느니라. 그러나 하나님께서 그에게 말씀하시기를 너 어리석은 자야, 오늘 밤 네 혼을 네게서 앗아가리니 그러면 네가 장만한 그것들이 누구의 것이 되겠느냐? 하시니라. 그러므로 자신을 위하여는 보물을 쌓아 두고 하나님 앞에 부요하지 못한 자는 다 이러하니라고 하시더라. **(KJV 눅 12:13-21)**

오 주여, 인생의 길이 그 사람 안에 있지 아니함을 내가 아나이다. 그의 걸음을 인도하는 것이 걷는 그 사람 안에 있지 아니하나이다. **(KJV 렘 10:23)**

사람의 걸음은 주께로부터 비롯되나니, 사람이 어찌 자기의 길을 알 수 있으랴? **(KJV 잠 20:24)**

주여, 나의 종말과 내 날들의 수치가 어떠한지 나로 알게 하시어 내가 얼마나 연약한지 알게 하소서. 보소서, 주께서 내 날들을 손 너비만큼 주셨으므로 내 연수가 주 앞에서는 없는 것 같사오니, 진실로 가장 좋은 상태에 있는 모든 사람도 다 헛될 뿐이니이다. 셀라. 진실로 사람마다 헛된 그림자같이 걸어다니며, 진실로 그들이 헛되이 분주하니, 재물을 쌓으나 누가 그것을 가질지 알지 못하나이다. 주여, 이제 내가 무엇을 기다리겠나이까? 나의 소망은 주께 있나이다. **(KJV 시 39:4-7)**

그러나 이제 짐승들에게 물어 보라. 그들이 너를 가르치리라. 공중의 새들에게 물어 보라. 그들이 너에게 말해 주리라. 아니면 땅에게 고하라. 그리하면 그것이 네게 가르쳐 주리라. 또 바다의 고기들도 네게 선포하리라. 이것들 중 그 어느 것이 주께서 이 일을 이루신 줄 알지 못하겠느냐? 모든 생물의 혼과 모든 인류의 호흡이 그의 손안에 있느니라. (KJV 욥 12:7-10)

위선자가 성공했다 해도 하나님께서 그의 혼을 취해 가시면 그의 소망이 무엇이겠느냐? (KJV 욥 27:8)

주께서 얼굴을 숨기시면 그들은 곤란해지며, 주께서 그들의 숨을 거두어 가시면 그들이 죽어서 그들의 흙(dust)으로 돌아가나이다. (KJV 시 104:29)

종신토록 수고하여야 그 소산을 먹으리라

하나님께서 또한 땅(dust)에서 취해진 사람이 땅(ground)으로 돌아갈 때까지 '얼굴에 땀을 흘려야 빵을 먹을 수 있다'[창 3:19]고 말씀하셨다.

노동하는 자는 자신을 위하여 일하나니, 이는 그의 입이 그에게 요구함이라. (KJV 잠 16:26)

세상에 있는 인간에게는 정해진 시간이 있지 아니하냐? 그의 날들이 품꾼의 날들과 같지 아니하냐? 종이 날 저물기를 열심히 갈망하고 품꾼이 자기 품삯을 기다리듯이 나도 허무한 몇 달을 보내게 되었으며 지루한 밤들이 내게 정해졌구나. 내가 누울 때 말하기를 내가 언제 일어나며 언제 밤이 지나갈까? 하며 내가 새벽까지 이리저리 많이 뒤척거리는 도다. (KJV 욥 7:1-4)

역경은 티끌에서 오는 것이 아니요 고생도 땅에서 생겨난 것이 아니지만 불티가 위로 날아가는 것과 같이 사람은 고생하려고 태어나느니라. (KJV 욥 5:6, 7)

내 슬픔을 전부 달아보고 내 재앙을 다 저울에 놓아 보았으면! 지금 그것은 바다의 모래보다도 더 무거우므로 내 말들이 삼켜졌느니라. (KJV 욥 6:2, 3)

내 혼이 내 삶에 지쳤으니 내가 내 불평을 나 자신에게 두고 내 혼이 괴로움 가운데 말하리라. (KJV 욥 10:1)

내가 해 아래서 심한 악이 있음을 보았나니, 곧 소유주들을 위해 간수된 재물이 그들에게 해가 되는 것이라. 그러한 재물이 악한 수고로 말미암아 망하나니 그가 아들을 낳아도 그의 손에 아무 것도 없느니라. 그가 모태에서 나올 때 벌거벗었으니 그가 왔던 그대로 돌아가며 수고하여 얻은 것은 아무 것도 손에 가지고 가지 못하리라. 이것 역시 심한 악이라. 그가 왔던 그대로 가리니 바람을 위해 수고한 그에게 무슨 이익이 있으랴? 그가 또한 평생을 어두움 속에서 먹으며, 많은 슬픔과 분노가 그의 병과 더불어 있느니라. (KJV 전 5:13-17)
하나님께서 어떤 사람에게 재산과 부요와 존귀를 주셔서 그가 바라는 모든 것에 그의 혼을 위해 아무 것도 부족함이 없게 하셨도다. 그러나 하나님께서 그에게 그것을 향유할 능력을 주지 않으시므로 타인이 그것을 향유하니, 이것도 헛되고 악한 병이니라. (KJV 전도서 6:2)

흙(dust)으로 지어진 사람이 이 땅 위에 살다가 창조주이신 하나님께서 호흡을 취해 가시면[욥 12:10] 홀연히 땅[ground]으로 돌아가야 한다.[창 3:19]

사람은 헛것과 같고 그의 날도 지나가는 그림자 같은데 [시104:4] 그나마도 수고와 슬픔과 병을 피할 수 없다. 그래서 창세기 1장 2절의 말씀에서 땅은 형체가 없고 공허하다고 말씀하신다. 흙에서 와서 흙으로 돌아갈 인생도 그러하다.

하나님은 사람을 왜 그렇게 창조하셨을까?

하나님의 창조

하나님께서 창조하신 방법은 피조물마다 다르다. 창조하신 것이 있고, 만드신 것이 있고, 지으신 것이 있고, 말씀하신 것이 있다.

o 창조하신 것

- 하늘과 땅[창 1:1]

- 큰 고래들, 물들에서 풍성하게 나온 움직이는 모든 생물, 날개 있는 모든 새들[창1:21]
- 사람 (남자와 여자) [창 1:27]

o 만드신 것

- 창공[창 1:7]
- 두 가지 큰 광명, 별들[창 1:16]
- 보기에 즐겁고 양식으로 좋은 모든 나무, 생명나무, 선과 악의 지식의 나무[창 2:9]
- 들의 짐승들/뱀 [창 3:1]
- 가숙 옷 [창 3:21]
- 사람 [창 1:26]

o 지으신 것

- 들의 여러 짐승, 공중의 여러 가지 새[창 2:19]
- 사람[창 2:7]

o 말씀으로 하신 것

- 빛[창 1:3]
- 풀, 씨를 맺는 채소, 열매 맺는 씨를 가진 과실수[창1:11]

히브리어가 갖는 의미

다른 방법들을 설명하는 히브리어의 의미는 다음과 같다.

o 창조하시니라[create]

- (절대적 의미로) 창조하다
- (권한을 가지고) (나무를) 찍어내다
- 선택하다
- 먹이다(형식적인 절차로서)
- 명확한 형태를 주다
- 형성하다

o 만드시니라[made]

- 행하다 또는 만들다
- 성취하다
- 생산하다
- 정하다
- 제정하다

o 지으시니라[form]

- 형성하다

- 만들다
- 짜맞추다

o 말씀하시니라[say]

- 말하다
- 확언하다
- 명하다
- 명령하다
- 선언하다

'창조'는 다양하게 번역할 수 있는데 무언가 '새로운 시작' 그리고 '만들다'는 '모양을 바꾼다'의 뜻이 담겨있다.

'지으시니라' 하신 말씀이 어떤 틀[shape]에다 밀어 넣는다[squeezing]는 의미를 가지고 있는데 하나님께서 여섯째 날에 사람[창 2:7]과 짐승과 새[창 2:9] 만을 그런 방법을 택하셨다.

- 여호와[주] 하나님께서 땅[ground]의 흙[dust]으로 사람을 지으셨고[창 2:7], 짐승과 새도 땅[ground]으로부터 지으셨다.
- 하나님께서 사람이나 짐승이나 지면[the face of all the earth]에서 나는 것을 먹을 것으로 주셨다.[창 1:29,30]
- 사람도 죽고 짐승도 죽는다.[전 3:19]

하나님께서 사람이나 짐승이나 어떤 틀에다 밀어 넣으신 것이다.

내가 사람들의 아들들의 지위에 관하여 내 마음속에 말하기를 하나님께서 그들을 드러내시리니, 그들은 자신들이 짐승들이라는 것을 볼 것이라. 하였도다. 이는 사람들의 아들들에게 닥치는 일이 짐승들에게도 닥침이니, 곧 한 가지 일이 그들에게 닥치는 도다. 하나가 죽는 것처럼 다른 것도 죽으니, 정녕, 그들 모두가 한 호흡을 가졌도다. 그러므로 사람이 짐승보다 월등함이 없으니, 이는 모든 것이 헛됨이라. 모두가 한 곳으로 가나니, 모두가 흙에서 왔고 모두가 흙으로 다시 돌아가도다. **(KJV전 3:18-20)**

그럼에도 불구하고 사람과 짐승사이에는 확실하게 다른 것이 있다.

사람과 짐승

하나님께서 사람은 짐승과 만물을 다스리게 하셨다.

하나님께서 노아와 그의 아들들에게 복을 주시며 그들에게 말씀하시기를 다산하고 번성하여 땅을 다시 채우라. 너희를 두려워함과 너희를 무서워함이 땅의 모든 짐승들과 공중의 모든 새들과 땅 위에서 움직이는 모든 것들과 바다의 모든 고기들에게 미치리니, 그들이 너희 손에 넘겨졌음이라. **(KJV 창 9:1, 2)**

주의 손가락으로 지으신 주의 하늘들과 주께서 정해 놓으신 달과 별들을 내가 생각해 보니 사람이 무엇이기에 주께서 그를 마음에 두시며 인자가 무엇이기에 주께서 그를 돌보시나이까? 주께서 그를 천사들보다 조금 낮게 지으셨으며 영화와 존귀로 그에게 관을

씌우셨나이다. 주께서는 그로 하여금 주의 손으로 지으신 작품들을 다스리게 하셨으며, 만물을 그의 발아래 두셨으니 곧 모든 양과 수소와 들의 짐승들이며, 공중의 새와 바다의 물고기와 해로를 다니는 모든 것들이니이다. (KJV 시 8:3-8)

사람에게는 하나님께서 생명의 호흡을 불어넣으셨다.

주 하나님께서 땅의 흙으로 사람을 지으시고, 그의 콧구멍에다 생명의 호흡을 불어넣으시니 사람이 살아 있는 혼이 되었더라. (KJV 창 2:7)

짐승은 땅으로 내려 가고 사람은 위로 올라간다.

사람의 영은 위로 올라가고 짐승의 영은 땅 아래로 내려가는 것을 누가 알리요? (KJV 전 3:21)

짐승처럼 사는 사람

여호와 하나님께서 사람과 짐승을 구분하시고, 사람에게 말씀하시기를 다스리라고 하셨는데, 하나님의 뜻을 따라 살지 않으면 하나님 앞에 멸망하는 짐승과 같다.

사람이 존귀에 처해 있어도 깨닫지 못하면 멸망하는 짐승들과 같도다. (KJV 시 49:20)

그러나 그들은 자기들이 알지 못하는 것들을 비방하고 또 사나운 짐승들처럼 본능적으로 아는 것들로 자신들을 부패시키느니라. **(KJV 유다서 1:10)**

아리따운 여인에게 분별이 없는 것은 마치 돼지 코에 금 고리 같으니라. **(KJV 잠 11:22)**

실로, 하늘에서 황새는 자기의 정한 때를 알고 산비둘기와 두루미와 제비는 그들이 오는 때를 지키나 내 백성은 주의 심판을 모르는도다. **(KJV 렘 8:7)**

만일 그들이 주요 구주이신 예수 그리스도를 아는 지식을 통해 세상의 오염에서 피했다가 다시 거기에 말려들고 패배하면 그들의 나중 결과가 처음보다 더 악화되나니 의의 길을 알고 난 뒤에 그들에게 전수된 거룩한 계명을 저버리는 것보다는 알지 못했던 편이 더 나았으리라. 참된 잠언대로 그들에게 이루어진 것이니 개가 스스로 토해 낸 것에 다시 돌아가고 또 돼지는 씻고 나서 진창 속에서 뒹군다. 하였도다. **(KJV 벧후 2:20-22)**

훈계를 사랑하는 자마다 지식을 사랑하나, 책망을 싫어하는 자는 짐승과 같으니라. **(KJV 잠 12:1)**

사람이 짐승처럼 산다는 것을 요약하면 다음과 같다.

- 짐승과는 달리 존귀에 처해 있으나 깨닫지 못한다.
- 알지 못하는 것을 비방한다.
- 본능적으로 아는 것으로 자신을 부패시킨다.
- 분별이 없다.
- 자기의 정한 때를 모른다.
- 여호와(주) 하나님의 심정을 모른다.
- 주 예수 그리스도를 아는 지식을 통해 세상의 오염에서 피했다가 다시 세상의 오염에 말려들고 패배한다.
- 하나님의 책망을 싫어한다.

사람이 짐승처럼 살면 안 된다는 것은 당연한 일이다. 더욱이나 하나님께서 짐승을 지으심[창 2:19] 혹은 만드심[창 1:25]의 방법만을 사용하셨으나 사람은 지으심[창 2:7], 만드심[창 1:26]외에도 창조하심[창 1:27]까지도 베푸셨기 때문이다.

하나님의 사람을 창조하심 속에는 하나님의 사람에 대한 뜻이 남겨 있다.

사람을 창조하심

창세기 1장 26절에서 28절까지의 말씀을 통해 하나님의 뜻을 상고해보자.

하나님께서 말씀하시기를 우리의 형상대로(in our image) 우리의 모습을 따라(after our likeness) 사람을 만들자(make). 그리하여 그들로 하여금 바다의 고기와, 공중의 새와, 가축과, 모든 땅과, 땅 위를 기어다니는 모든 기는 것을 다스리게 하자. 하시니라. 그리하여 하나님께서 자신의 형상대로 사람을 창조하시니(created), 곧 하나님의 형상대로 그를 창조하셨으며, 그들을 남자(male)와 여자(female)로 창조하시니라. 하나님께서 그들에게 복을 주시고(blessed), 하나님께서 그들에게 말씀하시기를 다산하고 번성하며 땅을 다시 채우고 그것을 정복하라. 그리고 바다의 고기와, 공중의 새와, 땅 위에서 움직이는 모든 생물을 다스리라. 하시니라.

하나님께서 남자와 여자를 창조하시고 복을 주신 말씀이 사람에게 위로가 되고 하나님께 감사하게 된다.

그러나 '다산하고 번성하며 땅을 다시 채우고 정복하라'하시는 말씀이나 '바다의 고기와, 공중의 새와, 가축과, 모든 땅과, 땅 위를 기어다니는 모든 기는 것을 다스리라'는 말씀이 현실적으로 실현되고 있느냐 하는 질문이 생긴다. 스스로에게 적용해 보면 상당한 거리감이 느껴진다.

더욱이나 창세기 말씀을 계속해서 읽어가다 보면 '하나님의 형상대로 하나님의 모습을 따라' 만들어진 사람이 하나님께서 금하신 '선과 악의 지식을 아는 나무'에서 나는 것을 먹고 에덴의 동산에서 나오게 된다.[창2:4-3:24] 카인이 아우 아벨을 달려들어 죽이기도 한다.[창4:1-24] 여호와께서 사람을 지으신 것을 후회하시기도 하신다.[창 6:1-18]

노아 때에 이르러서는 모든 육체가 땅 위에서 그 행위를 부패시킨다.[창6:12] 여호와께서 창조한 모든 사람을 지면에서 멸망시키겠다고 말씀하신다.[창 6:7]

홍수로 인해 모든 것들이 죽었다. 노아의 가족만 제외되었다.[창 6:11-8:22]

사람이 완전하지 않다. 하늘과 땅도 완전하지 않다.

하늘과 땅

하나님께서 계시하신 말씀의 결과로 조명해 보면 창세기 1장 1절에서 창조하신 현재의 하늘들과 땅은 영원히 존재하지 않는다. 하나님께서 성경의 여러 부분에서 미리 말씀하셨다.

> 또 내가 새 하늘과 새 땅을 보니, 처음 하늘과 처음 땅은 사라지고 바다도 더 이상 있지 아니하더라. **(KJV 계21:1)**

> 너희 눈을 하늘들로 들어올리고, 그 아래로 땅을 살펴보라. 이는 하늘들이 연기같이 사라져 버릴 것이요, 땅이 옷처럼 낡아지며 거기에 거하는 자들은 같은 모양으로 죽으리라. 그러나 나의 구원은 영원할 것이며 나의 의는 폐기되지 아니하리라. **(KJV 사51:6)**

> 그 날들의 환난 후에 즉시 해가 어두워지며, 달이 그 빛을 내지 아니하며, 별들이 하늘에서 떨어지고, 또 하늘들의 권능들이 흔들릴 것이라. **(KJV마24:29)**

> 그러나 현재 있는 하늘들과 땅은 그 동일한 말씀으로 보존되어 있으되 경건치 아니한 자들의 심판과 멸망의 날에 불사르려고 간수

되어진 것이니라. 사랑하는 자들아, 주께는 하루가 천 년 같고 천 년이 하루 같은 이 한 가지를 잊지 말라. 주의 약속은 어떤 사람들이 더디다고 생각하는 것같이 더딘 것이 아니라 오직 우리에 대하여 오래 참으시어 아무도 멸망하지 않고 다 회개에 이르게 하려 하심이라. 그러나 주의 날이 밤에 도둑같이 오리니 그 날에는 하늘들이 굉장한 소리를 내며 사라지고 우주의 구성 요소들이 맹렬한 불로 녹아내리며 땅과 그 안에 있는 일들이 타버릴 것이라. 그 때 이 모든 것이 녹아지리니 너희가 모든 거룩한 행실과 경건에 있어 어떠한 사람들이 되어야겠느뇨? 하나님의 날이 오기를 고대하고 열망하라. 그때는 하늘들이 불에 타서 녹아 버리고 우주의 구성 요소들도 맹렬한 불에 녹아질 것이나 우리는 그의 약속대로 의가 거하는 새 하늘들과 새 땅을 기다리도다. 그러므로 사랑하는 자들아, 너희가 이런 것을 기다리고 있으니 점 없고 흠 없이 평강 가운데서 그 분께 발견되도록 힘쓰라. **(KJV벧후3:7-14)**

보라, 주께서 그의 처소에서 나오시며 내려오시어 땅의 산당들을 밟으실 것이요, 산들이 그 분 아래서 녹고 골짜기들이 갈라지되 불 앞에 밀초같이, 비탈에 쏟아져 내리는 물같이 되리니, 이것은 모두가 야곱의 죄과 때문이요, 이스라엘 집의 죄들 때문이라. 야곱의 죄과가 무엇이냐? 사마리아가 아니냐? 유다의 산당들이 무엇이냐? 그것들은 예루살렘이 아니냐? **(KJV미 1:3-5)**

산들이 그의 앞에서 진동하며 작은 산들이 녹아내리고 땅이 그의 임재 앞에서 타나니, 실로 세상과 그 안에 거하는 모든 것이로

다. 누가 그의 분노 앞에 설 수 있느냐? 누가 그의 분노의 열기 속에 거할 수 있느냐? 그의 격노함이 불처럼 쏟아지고 바위들이 그에 의하여 던져지는도다. (KJV나1:5-6)

새 하늘과 새 땅

하나님께서는 새 하늘과 새 땅을 창조하실 것이다.

보라, 내가 새 하늘들과 새 땅을 창조하나니, 이전 것이 기억되거나 생각나지 아니할 것이라. 그러나 너희는 내가 창조하는 것으로 영원히 기뻐하고 즐거워하라. 보라, 내가 예루살렘을 즐거움으로 창조하고 그 백성을 기쁨으로 창조하노라. (KJV사65:17-18)

주가 말하노라. 내가 만들 새 하늘들과 새 땅이 내 앞에 항상 있는 것같이 너희 씨와 너희 이름도 항상 있으리라. (KJV 사 66:22)

하나님께서는 사람도 새롭게 창조하시기를 원하신다.

그리스도 예수 안에서는 할례나 무 할례가 아무 효력이 없으되 오직 새로운 피조물뿐이니라 .(KJV갈6:15)

내가 또 너희에게 새 마음을 주고 너희 안에 새 영을 넣으리라. 내가 너희 육체에서 돌 같은 마음을 제거하고 살 같은 마음을 주리라. (KJV 겔 36:26)

> 그러므로 누구든지 그리스도 안에 있으면 새로운 피조물이라. 옛 것들은 지나갔으니, 보라, 모든 것이 새롭게 되었도다. (KJV고후 5:17)

> 주께서 주의 영을 보내시어 그들이 창조되었으니, 주께서 지면을 새롭게 하시나이다. (KJV시 104:30)

사람은 어떻게 다시 창조될 것인가?

우리의 형상대로

창세기 1장에서 창조된 사람과 새롭게 창조된 사람과는 어떻게 다른가?

창 1장 26절은 '형상(image)대로 모습(likeness)을 따라 만들자(make)'이다. 창 1장 27절은 '형상(image)대로 창조(create)하시니'이다.

'창조'와 '만드심'이 다른 것처럼 '형상'과 '모습'도 다르다.

하나님의 형상대로 사람을 창조하셨다고 하시는 말씀은;

- **첫째,** 그리스도이신 예수께서 하나님의 형상이시라는 것이다.

> 그는 보이지 않는 하나님의 형상이시며, 모든 피조물의 첫 태생이시니 (KJV골 1:15)

그들 가운데 이 세상의 신이 믿지 않는 자들의 마음을 어둡게 하여 하나님의 형상이신 그리스도의 영광스러운 복음의 광채가 그들에게 비치지 못하게 하느니라. **(KJV고후 4:4)**

이 마지막 날들에 그의 아들을 통하여 우리에게 말씀하셨으니, 이 아들을 만물의 상속자로 세우시고 또 그를 통하여 그 분께서 세상들을 지으셨느니라. 그는 하나님의 영광의 광채 시며 그 분의 인격의 정확한 형상이시고, 그의 능력의 말씀으로 만물을 붙들고 계시며, 친히 우리의 죄들을 정결케 하시고 높은 곳에 위엄 있는 분의 오른편에 앉으셨으니 그는 이처럼 천사들보다 더 월등하게 되셔서 그들보다 훨씬 뛰어난 이름을 유업으로 받으셨느니라. **(KJV히 1:2-4)**

· **둘째,** 사람을 하나님의 형상이신 예수 그리스도와 일치하게 하려고 하신다는 것이다.

우리가 알거니와 하나님을 사랑하는 자들과 그 분의 목적에 따라 부름 받은 자들에게는 모든 일이 합력 하여 선을 이루느니라. 그 분께서는 미리 아신 자들을 자기 아들의 형상과 일치하게 하시려고 또한 미리 정하셨으니, 이는 그를 많은 형제 가운데서 첫 태생이 되게 하려 하심이니라. **(KJV롬 8:28-29)**

'우리의 형상대로(in our image)'의 '우리'는 복수이다. '형상'은 하나님과 그리스도 예수의 형상이다.

단수와 복수의 하나님

창세기 안에 하나님은 복수와 단수가 있다.

- El-o-heem은 복수로서의 하나님이신 데 184번 쓰였다.
- Eloah는 단수로서의 하나님이신 데 19번 쓰였다.

단수로서의 하나님(Eloah)은 창세기 14장 18절이 처음이다. 그러니까 창세기 1장 속의 하나님은 모두 복수로서의 하나님(Elih-heem)이신 것이다.

복수로서의 하나님이시라는 것은 아버지이신 하나님과 아들이요 말씀이신 예수님께서 하나이시고 또한 일치하신다는 것이다.

> 예수께서 하나님의 아들이심을 믿는 자 외에 세상을 이기는 자가 누구뇨? 이분은 물과 피로 오신 예수 그리스도시니, 물로만이 아니라 물과 피로니라. 증거하시는 이는 성령이시니, 성령은 진리이시기 때문이라. 이는 하늘에서 증거하시는 이가 세 분이시니, 아버지와 말씀과 성령이시요, 이 세 분은 하나이시라. (KJV요일 5:5-7)

> 태초에 말씀이 계셨고, 그 말씀이 하나님과 함께 계셨으니, 그 말씀은 하나님이셨느니라. 그 말씀이 태초에 하나님과 함께 계셨느니라. 만물은 그에 의하여 지은 바 되었으며, 이미 지음 받은 것 가운데 그가 없이 지어진 것은 아무 것도 없더라. (KJV요 1:1-3)

내 양들은 내 음성을 들으며 나는 그들을 알고 그들은 나를 따르느니라. 내가 그들에게 영생을 주노니 그들은 영원히 멸망하지 않을 것이며, 또 아무도 그들을 나의 손에서 빼앗지 못할 것이니라. 그들을 나에게 주신 내 아버지는 만유보다 더 위대하시니, 아무도 내 아버지 손에서 그들을 빼앗아 갈 수 없느니라. 나와 내 아버지는 하나이니라고 하시니 (KJV요 10:27-30)

하나님의 아들

야케의 아들 아굴은 잠언에서 하나님의 아들의 이름이 무엇인지 네가 말할 수 있느냐고 묻는다.

야케의 아들 아굴의 말씀들, 곧 예언이라. 그 사람이 이디엘, 곧 이디엘과 우칼에게 말하였더라. 실로 나는 어느 누구보다도 야만적이요, 내게는 사람의 명철이 없느니라. 나는 지혜도 배우지 못하였고 거룩한 것들에 대한 지식도 없느니라. 하늘에 올라가셨다가 내려오신 분이 누구신가? 바람을 자기의 주먹 안에다 모으시는 분이 누구신가? 옷으로 물들을 싸매신 분이 누구신가? 땅의 모든 끝들을 정해 놓으신 분이 누구신가? 그 분의 이름은 무엇이며, 그 분의 아들의 이름이 무엇인지 네가 말할 수 있느냐? (KJV잠 30:1-4)

여호와께서 그 아들에게 입 맞추라고 하신다.

내가 칙령을 선포하리라. 주께서 내게 말씀하시기를 너는 내 아들이라. 오늘 내가 너를 낳았노라. 내게 구하라. 그러면 내가 너에게 이방을 네 유업으로, 땅 끝을 네 소유로 주리라. 네가 그들을 철장으로 깨뜨릴 것이며 토기장이의 질그릇같이 부수리라. 하셨도다. 그러므로, 오 너희 왕들아, 이제 현명해지라. 너희 땅의 재판관들아, 교훈을 받을지어다. 두려움으로 주를 섬기고 떨림으로 즐거워하라. 그 아들에게 입 맞추라. 그렇지 않으면 그가 노하실 것이요, 그가 조금만 격분하셔도 너희가 그 길에서 망하리라. 그를 신뢰하는 모든 사람은 복이 있도다. **(KJV시 2:7-12)**

하나님의 아들을 믿는 자는 자기 안에 그 증거가 있고, 하나님을 믿지 아니하는 자는 하나님을 거짓말쟁이로 만드나니 이는 하나님께서 그 아들에 관하여 주신 증거를 믿지 아니하기 때문이라. 또 증거는 이것이니, 하나님께서 우리에게 영생을 주신 것과, 이 생명이 그의 아들 안에 있다는 것이라. 그 아들이 있는 자는 생명이 있고 하나님의 아들이 없는 자는 생명이 없느니라. **(KJV요일 5:10-12)**

예수께서 하나님의 아들이시다.

하나님의 아들이 가지신 권세

하나님의 아들이신 예수께서 사람의 아들로 이 세상에 오심으로 받으신 권세 중에 죄들을 사하시는 것과 심판이 있다.

· 죄를 사하시는 권세

그녀가 한 아들을 낳으리니 너는 그의 이름을 예수라 하라. 이는 그가 자기 백성을 그들의 죄들에서 구원할 것이기 때문이니라고 하니라. (KJV마 1:21)

예수께서 그들의 생각을 아시고 말씀하시기를 어찌하여 너희가 너희 마음에 악한 생각을 하느냐? 네 죄들이 용서받았느니라고 말하는 것과 일어나서 걸어가라고 말하는 것 중 어느 것이 더 쉽겠느냐? 그러나 인자가 땅 위에서 죄들을 용서하는 권세를 가진 것을 너희로 알게 하려 함이라. 하신 후 (중풍병자에게 말씀하시기를) 일어나 네 침상을 들고 네 집으로 가라고 하시니 그가 일어나서 자기 집으로 가더라. (KJV 마 9:4-7)

예수께서 일어시시어 그 여인 외에는 아무도 없는 것을 보시고 여인에게 말씀하시기를 여인아, 너를 고소하던 자들이 어디에 있느냐? 아무도 너를 정죄하지 않더냐고 하시니 그 여인이 말씀드리기를 주여 아무도 정죄하지 않았나이다라고 하더라. 예수께서 그녀에게 말씀하시기를 나도 너를 정죄하지 않노라. 가라, 그리고 더 이상 죄를 짓지 말라. 고 하시니라. (KJV요 8:10-11)

· 심판하시는 권세

또 아버지께서는 아들에게 심판하는 권세를 주셨으니 이는 그가

인자이심이라 (KJV요 5:27)

아버지께서는 아무도 심판하지 아니하시고 모든 심판을 아들에게 맡기셨나니 이는 모든 사람이 아버지를 존경한 것과 마찬가지로 아들을 존경하게 하려 함이라. 그 아들을 존경하지 않는 자는 그를 보내신 아버지를 존경하지 않는 것이라. (KJV요 5:22-23)

그러므로 내가 하나님과 주 예수 그리스도, 곧 그가 나타나실 때와 그의 왕국에서 산 자들과 죽은 자들을 심판하실 분 앞에서 네게 명하노니 (KJV딤후 4:1)

선지자들의 예언

하나님의 아들이신 예수께 대해서는 하나님께서 선지자(예언자)들을 통하여 다양한 방법으로 말씀하셨다.

전에는 선지자들을 통하여 우리 조상들에게 여러 번에 걸쳐 다양한 방법으로 말씀하신 하나님께서 (KJV 히1:1)

선지자들을 통해 다양하게 구약에 미리 예언하신 말씀과 그대로 이루어진 신약의 말씀을 찾아보도록 한다.

· **미리 보낸 선지자를 통해 예수께서 이 땅에 오실 길을 예언하심**

보라, 내가 내 사자를 보내리니, 그가 내 앞에서 길을 예비하리라. 또 너희가 찾고 있는 주가 갑자기 자기 성전에 오리니, 곧 너희가 기뻐하는 언약의 사자니라. 보라, 그가 오리라. 만군의 주가 말하노라. **(KJV말 3:1)**

보라, 내가 주의 크고 무서운 날이 오기 전에 선지자 엘리야를 너희에게 보내리니 **(KJV말 4:5)**

광야에서 외치는 자의 음성이 있어 너희는 주의 길을 예비하라. 사막에서 우리 하나님의 대로를 곧게 하라. 모든 골짜기는 솟아오를 것이며 모든 산과 작은 산은 낮아질 것이라. 구부러진 곳이 곧게 되며 울퉁불퉁한 곳들이 평탄케 되리라. 주의 영광이 나타나게 될 것이며 모든 육체가 그것을 함께 보리니, 이는 주의 입이 그것을 말씀하셨음이라. 하는도다. **(KJV사 40:3-5)**

· **예언하신 하나님의 말씀대로 예수께서 오심**

그 때에 침례 요한이 이르러 유대 광야에서 전파하여 가로되 회개하라 천국이 가까웠느니라 하였으니 저는 선지자 이사야로 말씀하신 자라 일렀으되 광야에 외치는 자의 소리가 있어 가로되 너희는 주의 길을 예비하라 그의 첩경을 평탄케 하라 하였느니라. **(KJV마 3:1-3)**

광야에 외치는 자의 소리가 있어 가로되 너희는 주의 길을 예비하라 그의 첩경을 평탄케 하라 기록된 것과 같이 침례 요한이 이르러 광야에서 죄 사함을 받게 하는 회개의 침례를 전파하니 온 유대 지방과 예루살렘 사람이 다 나아가 자기 죄를 자복하고 요단 강에서 그에게 침례를 받더라. **(KJV막 1:3-5)**

티베리오 카이사가 집권한 지 십오 년째 되던 해에 폰티오 빌라도가 유대의 총독이요, 갈릴리의 영주는 헤롯이고, 그의 아우 빌립은 이투레와 트라코니티 지방의 영주이며, 루사니아가 아빌레네의 영주로 있고 안나스와 카야파가 대제사장들로 있을 때에 하나님의 말씀이 광야에 있는 사카랴의 아들 요한에게 임하였더라. 그가 요단 강 주변에 있는 온 지방에 가서 죄들을 사함받은 것으로 인하여 회개의 침례를 전파하니 이는 선지자 이사야의 말씀의 책에 기록된 바와 같이 "광야에 외치는 자의 음성이 있어 말하기를 주의 길을 예비하고 그의 길을 곧게 하라. 골짜기마다 메워지고 산과 언덕마다 낮아지며 굽은 곳들이 곧아지고 험한 길들이 평탄하여지며 모든 육체가 하나님의 구원을 보리라."고 하였더라. **(KJV눅 3:1-6)**

또 이것이 요한의 증거라. 유대인들이 예루살렘에서 제사장들과 레위인들을 보내어 그에게 묻기를 "네가 누구냐?"고 하였더니 요한이 시인하고 부인하지 아니하였으니, 시인하기를 "나는 그리스도가 아니라."하더라. 그들이 묻기를 "그러면 네가 무엇이냐, 네가 엘리야냐?"고 하니 그가 말하기를 "나는 아니라."고 하자 그러면 "네가 그 선지자냐?"고 하니 그가 대답하기를 "아니라."고 하더라. 그러므로 그들이 그에게 말하기를 "네가 누구냐? 우리로 우리를 보낸 자들에게 가서 답변하게 하라. 너는 네 자신을 무엇이라고 하느냐?"고 하니 그가 말하기를 "나는 선지자 이사야가 말한 것처럼 '주의 길을 곧게 하라.'고 광야에서 외치는 자의 음성이라."고 하더라. 보냄을 받은 자들은 바리새인들로부터 왔더라. 그들이 그에게 묻고 말하기를 "네가 그 그리스도도 아니요, 엘리야도 아니요, 그 선지자도 아니라면 어찌하여 네가 침례를 주느냐?"고 하니 요한이 그들에게 대답하여 말하기를 "나는 물로 침례를 주지만 너희가 알지 못하는 한 분이 너희 가운데서 계시는데 내 뒤에 오시는 그 분은 나보다 앞선 분이며 나는 그 분의 신발끈을 풀 자격도 없느니라."고 하더라. **(KJV요 1:19-27)**

· 유다 지파에 태어나심

예수께서 이 땅에 오실 것은 단순히 선지자들을 통해 오실 것만 예언된 것이 아니고 유다 지파에서 나실 것까지 자세히 예언하셨다.

홀이 유다에게서 떠나지 않을 것이며 실로가 올 때까지 입법자가 그의 발 사이에서 떠나지 아니하리니 그에게 백성의 모임이 있을지어다. **(KJV창49:10)**

내가 그를 보나 지금이 아니며 내가 그를 바라보나 가깝지 않도다. 한 별이 야곱에게서 나올 것이며 한 홀이 이스라엘에서 일어나서 모압의 구석구석을 쳐서 셋의 모든 자손들을 멸망시키리라. 에돔이 소유가 될 것이요 세일도 그의 원수들을 위한 소유가 될 것이며, 이스라엘은 용감히 행동하리라. 통치권을 가지신 이가 야곱에게서 나와서 그 성읍에 남은 자를 진멸하시리라 하더라. (KJV민24:17-19)

구속주가 시온에게, 야곱 안에서 허물로부터 떠난 자들에게 오시리라. 주가 말하노라. 나에게는, 이것이 그들과 함께한 나의 언약이라. 주가 말하노라. 네 위에 있는 나의 영과 네 입에 둔 내 말들이 네 입에서와, 네 씨의 입에서와, 네 씨의 씨의 입에서 이제부터 영원토록 떠나지 아니하리라. 주가 말하노라. (KJV사 59:20,21)

“주가 말하노라. 보라 그 날들이 오면 내가 이스라엘 집과 유다 집과 더불어 새 언약을 맺으리니” (KJV렘31:31)

하나님께서 미리 말씀하신 대로 유다 지파에 나셨다.

아브라함은 이삭을 낳고, 이삭은 야곱을 낳고, 야곱은 유다와 그의 형제들을 낳고, 유다는 다말에게서 파레스와 사라를 낳고, 파레스는 헤스론을 낳고, 헤스론은 아람을 낳고, 아람은 아미나답을 낳고, 아미나답은 낫손을 낳고, 낫손은 살몬을 낳고, 살몬은 라합에게서 보아스를 낳고, 보아스는 룻에게서 오벳을 낳고, 오벳은 이새를 낳고, 이새는 다윗왕을 낳으니라. 다윗왕은 우리아의 아내였던 여인에게서 솔로몬을 낳고, 솔로몬은 르호보암을 낳고, 르호보암은 아비아를 낳고, 아비아는 아사를 낳고, 아사는 여호사밧을 낳고, 여호사밧은 요람을 낳고, 요람은 웃시아를 낳고, 웃시아는 요담을 낳고, 요담은 아하스를 낳고, 아하스는 히스키야를 낳고,

히스키야는 므낫세를 낳고, 므낫세는 아몬을 낳고, 아몬은 요시아를 낳고, 바빌론으로 잡혀갈 무렵에 요시아는 여코냐와 그의 형제들을 낳으니라. 바빌론으로 잡혀간 후에 여코냐는 스알디엘을 낳고, 스알디엘은 스룹바벨을 낳고, 스룹바벨은 아비웃을 낳고, 아비웃은 엘리아킴을 낳고, 엘리아킴은 아소르를 낳고, 아소르는 사독을 낳고, 사독은 아킴을 낳고, 아킴은 엘리웃을 낳고, 엘리웃은 엘르아살을 낳고, 엘르아살은 맛단을 낳고, 맛단은 야곱을 낳고, 야곱은 마리아의 남편 요셉을 낳았으니, 마리아에게서 그리스도라 하는 예수가 나시니라. **(KJV마 1:2-16)**

말하기를 "유대인의 왕으로 태어나신 분이 어디 계신가? 우리가 동방에서 그의 별을 보고 그 분께 경배드리러 왔노라."고 하니라. **(KJV마 2:2)**

예수 자신은 약 삼십세가 되어 사역을 시작하셨고, 요셉의 아들로 **(알려졌던 바)** 요셉은 헬리의 아들이요, 헬리는 맛닷의 아들이요, 맛닷은 레위의 아들이요, 레위는 멜키의 아들이요, 멜키는 얀나의 아들이요, 얀나는 요셉의 아들이요, 요셉은 맛타디아의 아들이요, 맛타디아는 아모스의 아들이요, 아모스는 나훔의 아들이요, 나훔은 에슬리의 아들이요, 에슬리는 낙개의 아들이요, 낙개는 마앗의 아들이요, 마앗은 맛타디아의 아들이요, 맛타디아는 세메이의 아들이요, 세메이는 요셉의 아들이요, 요셉은 유다의 아들이요, 유다는 요안나의 아들이요, 요안나는 레사의 아들이요, 레사는 수룹바벨의 아들이요, 수룹바벨은 스알디엘의 아들이요, 스알디엘은 네리의 아들이요, 네리는 멜키의 아들이요, 멜키는 앗디의 아들이요, 앗디는 코삼의 아들이요, 코삼은 엘마담의 아들이요, 엘마담은 엘의 아들이요, 엘은 요세의 아들이요, 요세는 엘리에서의 아들이요, 엘리에서는 요림의 아들이요, 요림은 맛닷의 아들이요, 맛닷은 레위의 아들이요, 레위는 시므온의 아들이요, 시므온은 유다의 아들이요, 유다는 요셉의 아들이요, 요셉은 요난의 아들이요, 요난은 엘리아킴의 아들이요, 엘리아킴은 멜레아의 아들이요, 멜레아는 메난의 아들이요, 메난은 맛타다의 아들이요, 맛타다는 나단의 아들이요, 나단은 다윗의 아들이요, 다윗은 이새의 아들이요, 이새는 오벳의 아들이요, 오벳은 보아스의 아들이요, 보아스는 살몬의 아들이요, 살몬은 낫손의 아들이요, 낫손은 아미나답의 아들이요, 아미나답은 아람의 아들이요, 아람은 헤스론의 아들이요, 헤스론은 파레스의 아들이요, 파레스는 유다의 아들이요, **(KJV눅 3:23-33)**

그들에게서 허물을 발견하고 그가 말씀하시기를 "보라, 그 날들이 오리라. 주가 말하노라. 내가 이스라엘 집과 유다 집과 더불어 새 언약을 맺으리라. 내가 그들의 조상의 손을 잡아 이집트 땅에서 인도하여 내던 날에 그들과 세운 언약과 같지 아니하니, 이는 그들이 내 언약 속에 머물러 있지 아니하므로 내가 그들을 돌아보지 아니하였음이라. 주가 말하노라. **(KJV히 8:8,9)**

· 다윗의 자손으로 나심

유다 지파 중에서도 다윗의 자손으로[마 1:1, 계 22:16] 나신다. 이새는 다윗의

아비이다.[룻 4:17]

이새의 줄기에서 한 싹이 나며 그의 뿌리들에서 한 가지가 자랄 것이라. 주의 영이 그의 위에 머물리니, 지혜와 명철의 영이요, 계획과 능력의 영이며, 지식과 주를 두려워하는 영이라. (KJV사 11:1,2)

그 날에 이새에게서 한 뿌리가 있어 백성의 깃발로 서리니, 이방인들이 그것을 찾을 것이며 그의 머무는 자리가 영화로우리라. (KJV사 11:10)

살몬은 라합에게서 보아스를 낳고, 보아스는 룻에게서 오벳을 낳고, 오벳은 이새를 낳고, 이새는 다윗왕을 낳으니라. 다윗왕은 우리아의 아내였던 여인에게서 솔로몬을 낳고, (KJV마 1:5,6)

엘리아킴은 멜레아의 아들이요, 멜레아는 메난의 아들이요, 메난은 맛타다의 아들이요, 맛타다는 나단의 아들이요, 나단은 다윗의 아들이요, 다윗은 이새의 아들이요, 이새는 오벳의 아들이요, 오벳은 보아스의 아들이요, 보아스는 살몬의 아들이요, 살몬은 낫손의 아들이요, (KJV눅 3:31,32)

이 복음은 그의 아들 예수 그리스도 우리 주에 관한 것으로, 그는 육신으로는 다윗의 씨에서 나셨으며 (KJV롬 1:3)

또 다시 이사야가 말하기를 "이새의 뿌리, 곧 이방인들을 다스리기

위하여 일어나시는 이가 있으리니 이방인들이 그에게 소망을 두리라."고 하였느니라. (KJV롬 15:12)

나 예수는 교회들에 관한 이런 일을 너희에게 증거하기 위하여 나의 천사를 보내었노라. 나는 다윗의 뿌리요 자손이며 또 빛나는 새벽별이라." 하시니라. (KJV계 22:16)

· 처녀에게 태어나심

그러므로 주께서 친히 한 표적을 너희에게 주시리라. 보라, 한 처녀가 임신하여 아들을 낳으리니 그의 이름을 임마누엘이라 하리라. (KJV사 7:14)

"보라, 처녀가 잉태하여 한 아들을 낳으리니 그의 이름을 임마누엘이라 하리라." 하셨으니, 이를 해석하면 '우리와 함께 하시는 하나님' 이라. 그 후 요셉이 잠에서 깨어 일어나 주의 천사가 그에게 분부한 대로 행하여 그녀를 자기 아내로 삼았고 그녀가 첫 아들을 낳기까지 그녀를 알지 아니하였다가 낳으니 그의 이름을 예수라 하더라. (KJV마 1:23-25)

그 후 여섯째 달에 하나님께서 천사 가브리엘을 나사렛이라고 하는 갈릴리의 한 마을에 보내시어 다윗의 가문에 요셉이라고 하는 남자와 정혼한 한 처녀에게로 가게 하시니 그 처녀의 이름은 마리아더라. 그 천사가 그녀에게 와서 말하기를 "기뻐하라. 은총을 받은 자여, 주께서 너와 함께 하시니 너는 여자 중에서 복받은 자로다."라고 하니 그녀가 천사를 보고 그가 전하는 말에 몹시 당황하여 이런 인사가 어떻게 된 것인가 생각하고 있을 때에 그 천사가 그녀에게 말하기를 "마리아야, 두려워 말라. 이는 네가 하나님의 은총을 받았음이니라. 보라, 네가 너의 태 안에 임신하여 한 아들을 낳으리니 그의 이름을 예수라 하라. 그는 위대하게 될 것이며, 지극히 높으신 분의 아들이라 불리울 것이요, 또 주 하나님께서 그에게 그의 조상 다윗의 보좌를 주실 것이며 그는 야곱의 집안을 영원히 통치할 것이요 그의 왕국은 무궁하리라."고 하니라. 마리아가 그 천사에게 말하기를 "내가 남자를 모르는데 어찌 이런 일이 있을 수 있겠나이까?"라고 하니 그 천사가 대답하여 그녀에게 말하기를 "성령께서 너에게 임하실 것이며 지극히 높으신 분의 능력이 너를 덮으리니, 그러므로 너에게서 탄생하실 거룩한 이는 하나님의 아들이라 불리우리라. 보라, 너의 사촌 엘리사벳도 그 늙은 나이에 아들을 배있는데 잉태하지 못한다 하던 그녀가 이미 여섯 달이 되었느니라. 하나님께는 불가능한 일이 전혀 없느니라."고 하더라. 그때 마리아가 말하기를 "보소서, 주의 여종이오니 당신의 말씀대로 이루어지이다."라고 하니, 그 천사가 그녀를 떠나가니라.
(KJV눅 1:26-38)

내가 너와 여자 사이에, 또 네 씨와 그녀의 씨 사이에 적의를 두리니, 그녀의 씨는 너의 머리를 부술 것이요, 너는 그의 발꿈치를 부술 것이라. 하시고**(KJV창 3:15)**

그 때가 차니 하나님께서 자기 아들을 보내시어 여자에게서 나게 하시고 율법 아래 나게 하신 것은 **(KJV갈 4:4)**

자녀들이 피와 살에 참여하는 자인 것같이 그 역시 같은 모양으로 동일한 것에 참여하신 것은 자신의 죽음을 통하여 죽음의 세력을 가진 자, 곧 마귀를 멸망시키며 또 죽음을 두려워하므로 평생을 노예로 속박되어 있는 자들을 놓아주시려 함이니라. **(KJV히 2:14,15)**

하늘에 큰 이적이 나타났으니 한 여인이 해로 옷입었고, 달은 그녀의 발 밑에 있으며, 머리에는 열두 별이 있는 면류관을 썼는데 아이를 밴 그 여인이 산고로 울부짖으며 출산하려 함으로 아파하더라. 하늘에 또 다른 이적이 나타났으니, 보라, 커다란 붉은 용 한 마리가 있는데 일곱 머리와 열 뿔이 있고 그 머리들 위에는 일곱 왕관이 있더라. 그런데 그의 꼬리로 하늘의 별 삼분의 일을 끌어다가 땅에 던지더라. 또 그 용이 그 아이가 태어나자마자 삼키려고 출산하려는 그 여인 앞에 서 있더라. 그녀가 사내 아이를 낳았는데 이 아이는 모든 민족들을 철장으로 다스릴 자라. 그녀의 아이가 하나님과 그의 보좌 앞으로 들려올라 가더라. 그 여인은 광야로 도망하였는데 그 곳에는 그들이 그녀를 일천이백육십 일 동안 부양하려고 하나님께서 그녀를 위하여 마련해 놓으신 곳이 있더라. 또 하늘에 전쟁이 있으니 미카엘과 그의 천사들이 용을 대항하여 싸우고 용과 그의 천사들도 싸우나 그들이 이기지 못하여 하늘에서 더이상 있을 곳을 찾지 못하더라. 그리하여 그 큰 용이 쫓겨나니 그는 마귀라고도 하고 사탄이라고도 하는 옛 뱀, 곧 온 세상을 미혹하던 자라. 그가 땅으로 쫓겨나고 그의 천사들도 그와 함께 쫓겨나더라. 또 내가 들으니, 한 큰 음성이 하늘에서 말하기를 "이제 구원과 능력과 우리 하나님의 나라와 그리스도의 권세가 임하는도다. 이는 우리 형제들을 우리 하나님 앞에서 밤낮 고소하던 그 고소자가 쫓겨났기 때문이니라. 그들이 어린 양의 피와 자기들이 증거한 말로 그를 이겼으니, 그들은 죽기까지 자기들의 생명을 사랑하지 아니하였도다. 그러므로 너희 하늘들과 그 안에 거하는 너희는 즐거워하라. 땅과 바다에 사는 자들에게는 화 있으리라! 이는 마귀가 자기 때가 얼마 남지 않았음을 알고 크게 분노하며 너희에게로 내려갔음이라."고 하더라. 그 용이 자기가 땅으로 쫓겨난 것을 알고서 사내 아이를 출산한 그 여인을 박해하더라. 그 때 그 여인이 큰 독수리의 두 날개를 받았는데, 이는 그녀가 광야에 있는 자기 처소로 날아가서 그 곳에서 그 뱀의 낯을 피하여 한 때와 두 때와 반 때를 부양받으려 함이더라. 그 뱀이 여인 뒤에다 자기 입에서 물을 홍수같이 쏟아 그 여인을 홍수에 떠내려가게 하려 하되 그 땅이 그 여인을 도와 그 입을 벌려 용이 그 입에서 쏟은 홍수를 삼켜 버리더라. 그러자 그 용이 여인에게 분노하여 여인의 씨 가운데 남은 자들, 즉 하나님의 계명들을 지키며 예수 그리스도의 증거를 가진 자들과 싸우려고 나가더라. **(KJV계 12:1-17)**

· 베들레헴에 태어나심

그러나 베들레헴 에프라타야, 네가 비록 유다의 수천 가운데서 작을지라도 이스라엘을 통치할 자가 너로부터 내게로 나오리라. 그

의 나오심은 옛부터 요, 영원부터였느니라. **(KJV미 5:2)**

이제 헤롯왕 때에 예수께서 유대의 베들레헴에서 태어나셨으니, 보라, 동방으로부터 현자들이 예루살렘에 와서 말하기를 "유대인의 왕으로 태어나신 분이 어디 계신가? 우리가 동방에서 그의 별을 보고 그 분께 경배드리러 왔노라."고 하니라. 헤롯왕이 이 말을 듣고 온 예루살렘과 더불어 불안해하며 백성의 모든 대제사장들과 서기관들을 함께 모으고 그리스도가 어디서 태어나겠느냐고 물으니 그들이 말하기를 "유대의 베들레헴이오니, 이는 선지자에 의하여 이렇게 기록된 바 '너 유대 땅 베들레헴은 유다의 통치자들 가운데서 가장 작지 아니하도다. 이는 너에게서 한 다스리는 자가 나와 내 백성 이스라엘을 통치할 것임이라.'고 하였음이니이다." 하니라. **(KJV마 2:1-6)**

당시에 카이사 아우구스토로부터 한 칙령이 내려온 세상이 조세 등록을 하게 되었는데 **(이 등록은 쿠레뇨가 시리아의 총독이었을 때 처음 실시된 것이었더라.)** 그때 모든 사람이 각기 자기의 고향으로 등록하러 가니라. 요셉도 갈릴리 나사렛 성읍에서 유대 다윗의 성읍, 즉 베들레헴이라는 곳으로 가니 **(이는 그가 다윗 가문의 계열이기 때문이더라.)** 그가 자기와 정혼한 아내 마리아와 함께 등록하러 갔는데, 그녀는 아이로 인하여 배가 불렀더라. 그들이 그 곳에 있는 동안 날이 차서 그녀가 해산하게 되었더라. 그리하여 그녀가 자기의 첫 아들을 낳아 그를 포대기로 싸서 구유에 누이니 이는 여관에 그들이 들 방이 없었기 때문이라. 그때 그 고을에 목자들이 있었는데 들에서

묵으면서 밤에 양떼를 지키더라. 그런데, 보라, 주의 천사가 그들 위에 임하시고 주의 영광이 그들을 두루 비추니, 그들이 몹시 두려워하더라. 그 천사가 그들에게 말하기를 "두려워 말라. 보라, 이는 내가 너희에게 큰 기쁨의 좋은 소식을 알림이니 이것은 모든 백성을 위한 것이라. 이는 오늘 다윗의 고을에서 너희에게 구주가 나셨으니, 그 분은 주이신 그리스도시니라. 이것이 너희에게 표적이니 너희는 포대기에 싸여 구유에 누워 있는 아기를 보리라."고 하더라. 그때 갑자기 수많은 하늘의 군사들이 그 천사와 함께 있어 하나님을 찬양하여 말하기를 "지극히 높은 곳에서는 하나님께 영광이요, 땅 위에는 화평이요, 사람들에게는 호의로다."라고 하고 그 천사들이 그들을 떠나 하늘로 간 후 목자들이 서로 말하기를 "우리가 베들레헴까지 가서 주께서 우리에게 알게 하신 이런 일이 일어나는가 보자." 하고 그들이 황급히 가서 마리아와 요셉과 구유에 누워 있는 그 아기를 보더라. 그들이 이 일을 보고 나서 천사가 그 아기에 관하여 그들에게 한 말을 널리 알렸더니 목자들이 말한 그런 일에 대해서 들은 모든 사람이 놀라더라. 그러나 마리아는 이 모든 말을 마음 속에 간직하고 되새겨 보더라. 목자들은 듣고 본 것이 자기들에게 말한 것과 같으므로 그 모든 일로 인하여 하나님께 영광을 돌리고 찬양을 드리며 돌아가더라. **(KJV눅 2:1-20)**

성경에 그리스도는 다윗의 씨에서 나오며, 또 다윗이 살던 베들레헴 마을에서 나온다고 말하지 아니하였느냐?"고 하더라. **(KJV요 7:42)**

· 나귀 새끼인 어린 나귀를 타심

오 시온의 딸아 크게 기뻐하라. 오 예루살렘의 딸아, 소리지르라. 보라, 네 왕이 네게 오시나니 그는 공의로우시며 구원을 지니셨고, 겸손하시며 나귀를 타시니 나귀의 새끼인 어린 나귀니라. **(KJV슥 9:9)**

그들이 예루살렘에 가까이 와서 올리브 산 근처 벳파게에 이르렀을 때 예수께서 두 제자를 보내시며 그들에게 말씀하시기를 "너희 맞은편 마을로 가라. 그러면 곧 나귀 한 마리가 그 새끼와 함께 매여 있는 것을 보리니 풀어서 내게로 끌고 오라. 만일 누가 너희에게 무슨 말을 하거든 '주께서 그것들을 쓰신다.'고 말하라. 그러면 그 사람이 즉시 보내리라." 하시더라. 이 모든 일이 일어난 것은 선지자를 통하여 말씀하신 것이 이루어지게 하려 함이라. 말하기를 "너희는 시온의 딸에게 말하라. 보라, 너의 왕이 네게 오시나니 그는 온유하여 나귀와 나귀 새끼인 어린 수나귀 위에 타셨도다" 하였더라. 그 제자들이 가서 예수께서 그들에게 명령하신 대로 행하여 그 나귀와 나귀 새끼를 끌고 와서 그 나귀들 위에 자기들의 옷을 얹고 그 위에 주를 태우더라. 아주 큰 무리가 자기들의 옷을 길에 펴고 또 다른 사람들은 나무 가지를 꺾어다가 길에 깔더라. 그 무리가 앞서 가고 뒤따르며 소리질러 말하기를 "다윗의 아들에게 호산나! 주의 이름으로 오시는 분은 복이 있도다. 지극히 높은 곳에서 호산나!"라고 하더라. **(KJV마 21:1-9)**

그 다음날, 명절에 온 많은 무리가 예수께서 예루살렘에 오신다는 말을 듣자 종려나무 가지들을 들고 주를 맞이하러 가서 "호산나, 주의 이름으로 오시는 이스라엘의 왕은 복이 있도다."라고 외치더라. 예수께서 어린 나귀 한 마리를 찾아서 그 위에 타시니 기록되기를 "시온의 딸아, 두려워 말라, 보라, 너의 왕이 나귀 새끼를 타고 오시도다."라고 함과 같더라. 제자들이 이 일들을 처음에는 깨닫지 못하다가 예수께서 영화롭게 되신 그때서야 이 일들이 주에 관하여 기록되고 그들이 이 일들을 주께 행한 것인 줄 기억하더라. **(KJV요 12:12-16)**

· 손과 발이 찔리움을 당하심

개들이 나를 에워싸고 악인의 무리들이 나를 둘러쌌으며 그들이 내 손과 내 발을 찔렀나이다. **(KJV시 22:16)**

어떤 자가 그에게 말하기를 네 두 손에 이 상처들은 무엇이냐? 하면 그가 대답하기를 이 상처들은 내 친구들의 집에서 받은 상처라. 하리라. **(KJV사야 53:5)** 그러나 그는 우리의 허물로 인하여 상처를 입었고, 그는 우리 죄악으로 인하여 상하였도다. 우리의 화평을 위한 징계가 그에게 내려졌고, 그가 맞은 채찍으로 우리가 치유 되었도다. **(KJV슥 13:6)**

그들이 주를 십자가에 못 박은 후 주의 옷을 제비뽑아 나누었으니 이는 선지자를 통하여 "그들이 그들 중에서 나의 옷을 나누고 또 나의 속옷을 놓고 제비뽑았나이다."라고 하신 말씀이 이루어지게

하려 함이더라. **(KJV마 27:35)**

그들은 주를 십자가에 못 박고 그의 옷을 나누는데 각자 어떤 것을 가질까 하여 제비를 뽑더라. **(KJV막 15:24)**

그들이 갈보리라 하는 곳에 와서 거기에서 주를 십자가에 못 박고, 그 행악자들도 하나는 오른편에, 하나는 왼편에 못 박더라. **(KJV눅 23:33)**

이 말씀을 하신 후 자기 손과 발을 그들에게 보여 주시더라. **(KJV눅 24:40)**

그때 병사들이 예수를 십자가에 못 박고 나서 주의 겉옷을 들고 네 조각으로 나누어 각자 한 조각씩 가지며, 또한 주의 속옷도 가지니, 그 속옷은 잇지 않고 위로부터 통으로 짠 것이라. **(KJV요 19:23)**

또 다른 성경에도 말하기를 "그들은 자기들이 찌른 그를 보리라." 고 하였느니라. **(KJV요 19:37)**

그러므로 다른 제자들이 그에게 말하기를 "우리가 주를 보았다."고 하나 그가 그들에게 말하기를 "내가 주의 손에 있는 못자국을 보고, 또 내 손가락으로 그 못자국에 대어 보고, 나의 손으로 주의 옆구리에 넣어 보기 전에는 결코 믿지 않겠노라."고 하더라. **(KJV요 20:25)**

그가 친히 나무에 달린 자신의 몸으로 우리의 죄들을 담당하셨으니, 이는 우리가 죄들에는 죽고 의에는 살게 하려 하심이니라. 그가 채찍에 맞음으로 너희가 낫게 되었느니라. **(KJV벧전 2:24)**

· 어린 양으로 몸을 드리심

주께서는 희생제와 예물을 바라지 않으시고, 주께서 내 귀들 열어주셨으며, 번제와 속죄제도 요구하지 아니하셨나이다. 그때 내가 말하였나니, 보소서, 내가 왔나이다. 나에 관하여 기록한 것이 두루마리 책에 있나이다. 오 나의 하나님이여, 내가 주의 뜻 행하기를 기뻐하오니, 정녕, 주의 법이 나의 마음속에 있나이다. **(KJV 시 40:6-8)**

그가 억압을 당하고 고난을 당하여도 그의 입을 열지 아니하였으니, 그가 어린양처럼 도살장으로 끌려가며, 또 털 깎는 자들 앞의 양이 말없듯이 그가 자기 입을 열지 아니하는도다. **(KJV사 53:7)**

그가 읽고 있는 성경 구절은 이것이니, 즉 "그는 도살할 양처럼 끌려갔고 또 털 깎는 자 앞에 잠잠한 어린 양 같이 그의 입을 열지 아니하더라. 그가 굴욕 중에 부당한 재판을 받았으니, 누가 그의 세대를 선포하리요? 이는 그의 생명이 이 땅에서 끊어졌음이로다." 이었더라. 그 내시가 빌립에게 대답하여 말하기를 "당신께 부탁하노니 선지자의 이 말은 누구에 관한 것이뇨, 자신이뇨 아니면 다른 사람이뇨?" 하니 빌립이 입을 열어 이 성경에서 시작하여 그에게 예수를 전하니라. **(KJV행 8:32-35)**

그러므로 그가 세상에 오실 때에 말씀하시기를 "주께서는 희생제물과 예물을 바라지 아니하시고 나를 위하여 한 몸을 예비하셨도다. 주께서 죄로 인한 번제와 희생제는 기뻐하지 아니하셨으니 그때 내가 말씀드리기를 '오 하나님이여, 보소서, **(두루마리 책에 나에 관하여 기록한 것과 같이)** 주의 뜻을 행하려고 내가 왔나이다.' 하였노라." 하셨도다. 위에 말씀하시기를 희생제물과 예물과 번제와 속죄제는 바라지도 아니하시고 기뻐하지도 아니하신다고 하셨으니, 이것들은 율법에 따라 드려진 것이라. 그때에 말씀하시기를 "오 하나님이여, 보소서, 주의 뜻을 행하려고 내가 왔나이다." 하셨으니, 첫 번째 것을 폐하심은 두 번째 것을 세우려 하심이라. 그 뜻에 따라 한 번 예수 그리스도의 몸을 드리심으로 우리가 거룩하게 된 것이라. **(KJV히 10:5-10)**

· 옷을 제비뽑음

그들이 그들 가운데서 내 겉옷을 나누고 내 속옷을 제비뽑나이다. **(KJV시 22:18)**

그들이 주를 십자가에 못 박은 후 주의 옷을 제비뽑아 나누었으니 이는 선지자를 통하여 "그들이 그들 중에서 나의 옷을 나누고 또 나의 속옷을 놓고 제비뽑았나이다."라고 하신 말씀이 이루어지게 하려 함이더라. **(KJV마 27:35)**

그들은 주를 십자가에 못 박고 그의 옷을 나누는데 각자 어떤 것을 가질까 하여 제비를 뽑더라. **(KJV막 15:24)**

그때 예수께서 말씀하시기를 "아버지시여, 저들을 용서해 주옵소서. 그들은 자기들이 하는 것을 알지 못하나이다."라고 하시더라. 그리고 그들은 주의 옷을 나누고 제비를 뽑더라. (KJV눅 23:34)

그때 병사들이 예수를 십자가에 못 박고 나서 주의 겉옷을 들고 네 조각으로 나누어 각자 한 조각씩 가지며, 또한 주의 속옷도 가지니, 그 속옷은 잇지 않고 위로부터 통으로 짠 것이라. 그러므로 그들이 서로 말하기를 "그것을 찢지 말고 누가 가질 것인지 제비를 뽑자." 하니 이는 '그들이 자기들끼리 내 옷을 나누고 내 속옷도 제비를 뽑나이다.'고 말한 성경을 이루려 함이라. 그러므로 그 병사들이 이런 일들을 하더라. (KJV요 19:23,24)

· **부활하심**

이는 주께서 내 혼을 지옥에 버려 두지 아니하시며, 주의 거룩하신 이로 썩어짐을 보지 않게 하실 것임이니이다. (KJV시 16:10)

이는 다윗이 그에 관하여 말하기를 '내가 주를 항상 내 앞에서 미리 뵈었으니, 이는 그 분께서 내 오른편에 계시어 나로 요동치 못하게 하심이라. 그러므로 내 마음이 즐거워하였고, 내 혀가 기뻐하였으며, 또한 나의 육체도 소망 속에 안식하리니 이는 주께서 내 혼을 지옥에 내버려 두지 아니하시며, 또 주의 거룩하신 분이 부패되는 것을 보지 않게 하실 것이기 때문이라. 주께서 나에게 생명의 길들을 알게 해 주셨으니, 주께서 나를 주의 임재하심 속에서 기쁨으로 충만케 하시리로다.'라고 하였느니라. 형제 여러분, 내가 조상 다윗에 관하여 자유로이 말할 수 있는 것은 그가 죽어 장사되어서 그의 묘가 오늘까지 우리 가운데 있음이라. 그러므로 그가 선지자가 되어 육신을 따라 그의 후손 중에서 그리스도를 일으키시어 그의 보좌에 앉게 하신다는 맹세를 하나님께서 자기에게 하신 것을 알고 그가 미리 앞을 내다봄으로 그리스도의 부활에 관하여 말하되 '주의 혼이 지옥에 내버려지지 않았으며, 또 주의 육신도 부패되는 것을 보지 못하였도다.' 하였느니라. 이 예수를 하나님께서 일으키셨으니, 우리 모두가 그 일에 관한 증인이라. **(KJV행 2:25-32)**

하나님께서 예수를 다시 살리심으로써 그들의 자녀인 우리에게 어떻게 이것을 이루셨는가를 선포하노라. 시편 둘째 편에도 기록되었듯이 '너는 내 아들이라, 오늘 내가 너를 낳았노라.' 하셨고 그를 죽은 자들로부터 일으키사 다시는 썩어질 것으로 돌아가지 않게 하셨나니, 그러므로 말씀하시기를 '내가 다윗의 확실한 자비를 너희에게 주리라.' 하셨으며 또 시편 다른 곳에서도 말씀하시기를 '주께서 주의 거룩한 이로 썩어짐을 보지 않게 하시리이다.' 하셨느니라. 다윗은 그의 당대에 하나님의 뜻을 따라 섬기다가 잠들어 그의 조상 곁에 묻혀 썩어짐을 보았으나 하나님께서 다시 살리신 그는 썩어짐을 보지 않았느니라. **(KJV행 13:33-37)**

내가 받은 것을 먼저 너희에게 전달하였나니, 이는 성경대로 그리스도께서 우리의 죄들로 인하여 죽으시고 장사되셨다가 성경대로 셋째 날에 다시 살아나셔서 게바에게 보이시고, 그 후에 열두 제

자에게와 그 후에는 오백 명이 넘는 형제들에게 일시에 보이셨는데, 그들 중 대부분은 지금도 살아 있으나 더러는 잠들었느니라. 그 후에 야고보에게 보이셨고, 그 후에는 모든 사도에게 그리고 맨 마지막에는 달을 채우지 못하고 태어난 자 같은 나에게도 보이셨느니라. **(KJV고전 15:3-8)**

· 대제사장이심

주께서 맹세하셨으니 후회하지 아니하시리라. 너는 멜키세덱의 계열에 따른 영원한 제사장이라. 하셨도다. **(KJV시 110:4)**

이와 같이 그리스도께서도 대제사장이 되려고 스스로 영화롭게 하지 않으셨고, 오직 그에게 "너는 내 아들이라, 오늘 내가 너를 낳았도다."라고 말씀하신 분께서 하셨느니라. 또 그가 다른 곳에서도 말씀하시기를 "너는 멜키세덱의 계열에 따른 영원한 제사장이라."고 하셨느니라. 그는 육체로 계시는 날들 동안 자기를 죽음에서 구원하실 수 있는 분께 심한 통곡과 눈물로 기도와 간구를 드렸고 하나님께서는 그의 두려워하심을 인하여 들으셨느니라. 그가 아들이면서도 고난받은 일들로 순종을 배워서 온전하게 되심으로 자기에게 순종하는 모든 사람에게 영원한 구원의 근원이 되셨고 하나님께는 멜키세덱의 계열에 따른 대제사장으로 칭함을 받았느니라. **(KJV히 5:5-10)**

이는 그가 증거하시기를 "주께서는 멜키세덱의 계열에 따라 영원히 제사장이시라."고 하셨음이라. **(KJV히 7:17)**

(그들은 맹세 없이 제사장들이 되었으나 이분은 자기에게 말씀하신 그 분에 의하여 맹세로 된 것이니 "주께서 맹세하셨으니 후회하지 아니하시리라. 주께서는 멜키세덱의 계열에 따라 영원히 제사장이시라." 하셨도다.) **(KJV히 7:21)**

히브리서 대부분이 예수께서 대제사장이심을 증거한다. 3장 1절부터 10장 39절까지 모두 '대제사장이신 예수를 깊이 생각하라'[히 3:1]는 말씀으로 이루어 진다.

· 반석이심

그는 성소가 되실 것이나, 이스라엘 두 집에는 넘어지는 돌과 거침이 되는 반석이 되실 것이며 예루살렘의 거민에게는 함정과 올무가 되시리라. **(KJV사 8:14)**

기록된 바와 같이 "보라, 내가 시온에 걸려 넘어지게 하는 돌과 거치는 반석을 두노니, 누구든지 그를 믿는 자는 부끄러움을 당하지 아니하리라." 하였느니라. **(KJV롬 9:33)**

모두 같은 영적 음료를 마셨으니, 이는 그들을 따랐던 그 영적 반석에서 나온 것을 마셨으며, 그 반석은 그리스도셨느니라. **(KJV 고전 10:4)**

또 실족하게 하는 돌과 거치는 반석이 되었느니라고 하였으니 곧

불순종함으로 말씀에 실족하는 자들에게니라. 그들은 또한 그렇게 되기로 정해진 것이라. (KJV벧전 2:8)

· **모퉁이 돌이심**

건축자들이 버린 돌이 모퉁이의 머릿돌이 되었나니 이는 주께서 행하신 것이요, 우리 눈에 놀라운 것이로다. (KJV시118:22,23)

그러므로 주 하나님이 이같이 말하노라. 보라, 내가 시온에 한 돌을 기초로 두었나니 시험받은 돌이요 귀한 모퉁잇돌이며 단단한 기초라. 믿는 자는 다급하게 되지 아니하리라. (KJV사 28:16)

예수께서 그들에게 말씀하시기를 "너희는 성경에서 '건축자들이 버린 돌이 모퉁이의 머릿돌이 되었도다. 이는 주께서 하신 일이라. 우리 눈에 기이하도다.' 하신 말씀을 읽어 보지 못하였느냐? (KJV마 21:42)

너희는 이 성경을 읽어 보지 못하였느냐? 곧 '건축자들이 버린 돌이 모퉁이의 머릿돌이 되었도다. 이것은 주께서 하신 일이니 우리 눈에 기이한 것이로다.' 하였느니라."고 하시니라. (KJV막 12:10,11)

또 주께서 그들을 보시고 말씀하시기를 "그러면' 건축자들의 버린 돌이 모퉁이의 머릿돌이 되었다.'고 기록된 것이 무슨 뜻이냐? 그 돌 위에 떨어지는 사람은 부서지겠고, 또 그 사람 위에 그 돌이 떨어지면 그를 갈아 가루로 만들리라."고 하시니라. (KJV눅20:17,18)

너희 모두와 이스라엘 모든 백성은 알지니, 너희가 십자가에 처형하였고 하나님께서 죽은 자들로부터 살리신 나사렛 사람 예수 그리스도의 이름으로 이 사람이 온전하여져서 너희 앞에 서게 되었느니라. 이 분은 너희 건축자들이 쓸 데 없다고 제쳐 놓은 돌이었지만 모퉁이의 머릿돌이 되었느니라. 그러므로 다른 이에게는 구원이 없나니, 이는 하늘 아래서 우리가 구원을 받을 수 있는 다른 이름을 인간에게 주신 적이 없음이라."고 하더라. **(KJV행 4:10-12)**

너희는 사도들과 선지자들의 기초 위에 세워졌으며 예수 그리스도께서 친히 귀중한 모퉁잇돌이 되셨고 그 분 안에서 건물 전체가 함께 맞추어져 주 안에서 거룩한 성전으로 자라가며 또한 그 분 안에서 너희도 성령을 통하여 하나님의 거처로 함께 지어져 가고 있는 것이니라. **(KJV엡 2:20-22)**

그러므로 성경에도 이런 말씀이 있으니 "보라, 내가 택한 귀중한 모퉁잇돌을 시온에 두노니 그를 믿는 사람은 수치를 당하지 아니하리라."고 하였느니라. **(KJV벧전 2:6)**

· 구원하심

이제 자기의 종을 삼으시려고 태로부터 나를 조성하신 주께서 야곱을 다시 자기에게로 데려오시려고 말씀하시느니라. 이스라엘이 모이지 않았지만 아직도 내가 주의 눈에 존귀하게 될 것이며 내 하나님이 나의 힘이 되시리라. 그가 또 말씀하셨도다. 네가 나의 종이 되어 야곱의 지파들을 일으키며 이스라엘의 보존된 자들을 돌아오게 하는 것은 쉬운 일이라. 내가 또한 너를 이방인들에게 빛으로 주리니 네가 땅 끝까지 나의 구원이 되리라. **(KJV사 49:5,6)**

주 하나님의 영이 내게 임하셨으니, 이는 주께서 내게 기름을 부으사 온유한 자에게 기쁜 소식들을 전파하게 하셨으며, 그가 나를 보내시어 마음이 상한 사람들을 싸매고 포로된 자에게 자유를, 갇힌 자에게 감옥이 열림을 선포하며 주의 기뻐 받으시는 해를 선포하고, 우리 하나님의 복수의 날을 선포하며, 모든 슬픈 자를 위로하고 시온에서 슬퍼하는 자들을 정하여 그들에게 재 대신 아름다움을, 슬픔 대신 기쁨의 기름을, 무거운 영 대신 찬양의 의복을 주어 그들로 주의 심으신 의의 나무들이라 불리게 하여 주께서 영광을 받으시려는 것이라. **(KJV사 61:1-3)**

선지자 이사야의 책을 드리니 그 책을 펴시고 이같이 기록된 부분을 찾으시더라. "주의 영이 내게 임하시니 이는 가난한 자들에게 복음을 전하게 하시려고 내게 기름을 부으심이라. 그가 나를 보내셨으니 이는 마음이 상한 자를 치유케 하시며, 포로들에게 구원을 선포하고, 눈먼 자를 보게 하고, 짓밟힌 자들을 해방시켜 주고 주의 기뻐 받으시는 해를 전파하게 하심이라."고 하시고 책을 덮으신 후 그것을 맡은 자에게 다시 주고 앉으시니, 회당에 있는 모든 사람의 눈이 그에게로 주목되더라. 주께서 그들에게 말씀하기 시작하시어 "이 성경이 오늘날 너희 귀에 이루어졌느니라."고 하시니 **(KJV눅 4:17-21)**

이는 주께서 우리에게 명하시기를 '내가 너를 이방인들의 빛으로 세웠으니, 너는 땅 끝까지 구원을 베풀라.' 하였음이라." 하더라. **(KJV행 13:47)**

· 빛이 되심

그럼에도 불구하고 그 침침함이 괴로움을 당하던 때만큼은 되지 않을 것이니 그가 스불룬 땅과 납탈리 땅을 처음에는 가볍게 괴롭히셨다가, 그 후에 요단 건너 민족들의 갈릴리에 있는 해변 길에서 더욱 가혹하게 괴롭히셨을 때라. 흑암에서 행하던 백성이 큰 빛을 보았으며, 죽음의 그림자의 땅에 거하는 자들 위에 빛이 비치었도다. **(KJV사 9:1,2)**

이제 예수께서 요한이 감옥에 갇힌 것을 들으시고 갈릴리로 떠나가시더라. 나사렛을 떠나 스불룬과 납탈리 지경의 해변에 있는 카퍼나움에 가서 거하시니 이는 선지자 이사야를 통하여 말씀하신 것을 이루려 함이니, 말씀하시기를 "요단강 저편, 이방인들의 갈릴리, 해변길의 스불룬 땅과 납탈리 땅아, 흑암에 앉은 백성들이 큰 빛을 보았고, 또 죽음의 땅과 그늘에 앉은 자들에게 빛이 비추었도다." 하셨느니라. **(KJV마 4:12-16)**

태초에 말씀이 계셨고, 그 말씀이 하나님과 함께 계셨으니, 그 말씀은 하나님이셨느니라. 그 말씀이 태초에 하나님과 함께 계셨느니라. 만물은 그에 의하여 지은 바 되었으며, 이미 지음받은 것 가운데 그가 없이 지어진 것은 아무것도 없더라. 그 분 안에 생명이 있었으니 그 생명은 사람들의 빛이라. 그 빛이 어두움 속에 비치어도 어두움은 그것을 깨닫지 못하더라. 하나님께로부터 보내심을 받은 사람이 있었으니 그의 이름은 요한이라. 그가 증인으로 왔으니 빛에 관하여 증거하려 함이며, 모든 사람이 그를 통하여 믿게 하려 함이더라. 그 사람은 그 빛이 아니었고 그 빛에 관하여 증거하라고 보내심을 받았더라. 세상으로 들어오는 모든 사람에게 비치는 참 빛이 있었으니 그가 세상에 계셨고 세상이 그에 의하여 지은 바 되었으나 세상은 그를 알지 못하더라. 그가 자기 백성에게 오셨으나 자기 백성이 그를 영접하지 아니하더라. (KJV요 1:1-11)

이것이 정죄라. 즉 빛이 세상에 왔으나 사람들이 빛보다는 오히려 어두움을 더 사랑하니 이는 그들의 행위가 악하기 때문이라. (KJV 요 3:19)

또 내가 너희에게 새 계명을 쓰노니, 이는 그 분과 너희에게 참된 것이라. 이는 어두움이 지나갔고 이제 참 빛이 빛나고 있기 때문이라. (KJV요일 2:8)

· 죄를 사하심

주가 말하노라. 그러나 이것이 내가 이스라엘 집과 더불어 맺을 언약이 되리니, 그 날들 이후로 나는 내 법을 그들 속에 두며 그들의 마음속에 기록하여, 나는 그들의 하나님이 되고 그들은 나의 백성이 되리라. 그러면 그들은 각기 자기 이웃과 각기 자기 형제에게 말하기를 주를 알라고 더 이상 가르치지 아니하리니, 이는 그들 모두가, 즉 그들 가운데 작은 자로부터 큰 자에 이르기까지 나를 알기 때문이요, 내가 그들의 죄악을 용서할 것이며 그들의 죄를 더 이상 기억하지 아니할 것임이라. 주가 말하노라. **(KJV렘 31:33-34)**

그 분에 대하여 모든 선지자도 증거하기를 "누구든지 그를 믿는 자는 그의 이름으로 말미암아 죄들의 사함을 받으리라."고 하였느니라. **(KJV행 10:43)**

이는 내가 그들의 죄들을 없앨 때 그들에 대한 나의 언약이 이것임이니라." 함과 같으니라. **(KJV롬 11:27)**

그들에게서 허물을 발견하고 그가 말씀하시기를 "보라, 그 날들이 오리라. 주가 말하노라. 내가 이스라엘 집과 유다 집과 더불어 새 언약을 맺으리라. 내가 그들의 조상의 손을 잡아 이집트 땅에서 인도하여 내던 날에 그들과 세운 언약과 같지 아니하니, 이는 그들이 내 언약 속에 머물러 있지 아니하므로 내가 그들을 돌아보지 아니하였음이라. 주가 말하노라. 그 날들 이후에 내가 이스라엘 집과 세울 언약이 이것이라. 주가 말하노라. 내가 내 율법들을 그들의 생각에 두고 그들의 마음에 그것들을 기록하리라. 나는 그들에게 하나님이 되고 그들은 내게 백성이 되리라. 그들이 자기 이웃이나 형제에게 일일이 가르쳐 주를 알라고 하지 아니하리니, 이는 그들이 가장 작은 자로부터 가장 큰 자에 이르기까지 다 나를 알게 될 것이기 때문이라. 내가 그들의 불의에 대하여 자비를 베풀며 그들의 죄들과 불법들을 다시는 기억하지 아니할 것이라."고 하셨느니라. 그가 말씀하시기를 "새 언약이라."고 하셨으니, 그가 먼저 것은 옛 것이 되게 하신 것이라. 이제 낡아지고 오래된 것은 사라져 가느니라. (KJV히 8:8-13)

그것에 관하여 성령께서도 우리에게 증거자가 되셨으니, 이는 그 후에 그가 미리 말씀하시기를 "그 날들 이후로 내가 그들과 세울 언약이 이것이라. 주가 말하노라. 내가 나의 법들을 그들의 마음 속에 두고 그들의 생각에 그 법들을 기록하리라. 또 그들의 죄들과 불법들을 다시는 기억하지 아니하리라."고 하셨음이라. (KJV히 10:15-17)

· **심판하심**

(다윗의 시)주께서 내 주께 말씀하시기를, 내가 네 원수들을 네 발판으로 삼을 때까지 너는 나의 오른편에 앉아 있으라. 하셨나이다. (KJV시 110:1)

내가 드높이는 나의 종을 보라. 나의 택한 자, 그 안에서 내 혼이 기뻐하는도다. 내가 나의 영을 그에게 두었으니 그가 이방인들에게 심판을 가져오리라. 그는 외치지 아니하며 음성을 높이지 아니하며 그의 음성이 길거리에서 들리지도 않게 하리라. 그는 상한 갈대를 꺾지 아니하며 연기 나는 심지를 끄지 아니하고, 그는 심판을 진리로 가져오리라. 그가 땅에 심판을 세우기까지는 쇠하거나

낙담하지 아니할 것이니, 섬들이 그의 율법을 기다리리라. (KJV사 42:1-4)

내가 스스로 맹세하였으며, 그 말이 의로움으로 내 입에서 나갔으니 되돌아오지 아니하리라. 나에게 모든 무릎이 꿇을 것이며 모든 혀가 맹세하리라. (KJV사 45:23)

"보라, 내가 택한 나의 종, 나의 사랑하는 자를, 그 안에서 내 혼이 기뻐하노라. 내가 내 영을 그에게 두리니 그가 이방인들에게 심판을 보이리라. 그는 다투지도 아니하고 울부짖지도 아니할 것이요, 또한 아무도 그의 음성을 길거리에서 들을 수 없으리라. 상한 갈대를 꺾지 아니할 것이며, 연기나는 심지도 끄지 아니하리니, 그가 심판하여 승리할 때까지 하리라. 또 이방인들이 그의 이름을 신뢰하리라." 하신 것이라. (KJV마 12:18-21)

'주께서 내 주께 말씀하시기를, 내가 네 원수들을 네 발판으로 삼을 때까지 너는 나의 오른편에 앉아 있으라.' 하였겠느냐? (KJV마 22:44)

다윗 자신도 성령에 의하여 말하기를 '주께서 내 주께 말씀하시기를 내가 네 원수들을 네 발판으로 삼을 때까지 너는 나의 오른편에 앉아 있으라고 하셨나이다.'라고 하였느니라. (KJV막 12:36)

내가 네 원수들을 네 발판으로 삼을 때까지 너는 나의 오른편에

앉아 있으라 하셨나이다.'라고 하였느니라. (KJV눅 20:43)

다윗은 하늘들로 올라가지 못하였으나 스스로 말하기를 '주께서 내 주께 말씀하시기를 내가 네 원수들을 네 발판으로 삼을 때까지 너는 내 오른편에 앉아 있으라 하셨도다.' 하였으니 (KJV행 2:34,35)

하나님께서 나사렛 예수께 성령과 능력으로 기름 부어 주셔서 그가 두루 다니시면서 선한 일을 행하시며 마귀에게 억압받는 모든 자를 치유하셨으니, 이는 하나님께서 그와 함께 계심이라. 우리는 그가 유대인들의 땅과 예루살렘에서 행하신 모든 일의 증인이라. 그들이 그를 죽여서 나무에 매달았으나 하나님께서 그를 셋째 날에 살리셔서 드러나게 보여 주셨으니 모든 백성에게 한 것이 아니요 하나님께서 미리 택하신 증인들에게 한 것이니, 곧 그가 죽은 자들로부터 살아나신 후 그와 함께 먹고 마신 우리에게 하신 것이라. 그리하여 주께서 우리에게 명령하사 사람들에게 전파하게 하시고, 또 하나님께서 산 자와 죽은 자의 심판자로 지정하신 이가 바로 그 분임을 증거하게 하셨느니라. (KJV행 10:38-42)

그런데 너는 어찌하여 네 형제를 판단하느냐? 어찌하여 네 형제를 업신여기느냐? 우리가 모두 그리스도의 심판석 앞에 서리라. 이는 기록된 바 "주가 말하노라. 내가 살아 있으니 모든 무릎이 내게 꿇을 것이요, 모든 혀가 하나님께 자백하리라."고 하였음이라. 그러므로 우리 각 사람이 하나님께 자신들에 관해 직접 설명하리라. (KJV롬 14:10-12)

이로 인하여 하나님께서는 그를 지극히 높이시고 모든 이름 위에 있는 한 이름을 그에게 주사 하늘에 있는 것이나 땅 위에 있는 것이나 땅 아래 있는 것이나 모든 무릎을 예수의 이름에 꿇게 하시고 모든 혀가 예수 그리스도를 주라 시인하여 하나님 아버지께 영광을 돌리게 하셨느니라. **(KJV빌 2:9-11)**

선지자(**예언자**)들이 예수께 관한 예언을 전했고 이루어졌다. 더욱이나 예수께서는 그리스도이시다.

그리스도이신 예수

그리스도는 하나님의 아들이다.[마 16:16, 요 20:31]

히브리어로는 메시야[Messiah, 단 9:25,26]이고, 헬라어는 메시아[Messiah, 요 1:41, 4:25]이다. 발음은 조금 다르지만 뜻은 모두 '기름 부음을 받은 자' 이다. 모든 언어에서 서로 비슷하게 발음하고 그리고 모두 동일한 의미로 쓰인다.

하나님께서 십자가에 죽임을 당하고 장사된 예수를[고전 15:3-4] 다시 살려 일으키셔서 그리스도가[행 2:32-36, 롬 1:4, 벧전 1:3] 되게 하셨다.

너희 이스라엘 사람들아, 이 말씀들을 들으라. 너희 자신도 아는 바와 같이 나사렛 예수는, 하나님께서 그를 통하여 너희 가운데서 행하신 능력과 이적과 표적으로 너희에게 확증되신 분이니라. 하나님의 정하신 뜻과 미리 아심을 따라 내어주신 그를 너희가 붙잡아 무법자들의 손을 빌어 십자가에 못박아 죽였으나 하나님께서 그를 사망의 고통에서 풀어 살리셨으니, 이는 그가 사망에 매여 있을 수 없었기 때문이라. 이는 다윗이 그에 관하여 말하기를

> 내가 주를 항상 내 앞에서 미리 뵈었으니, 이는 그 분께서 내 오른편에 계시어 나로 요동치 못하게 하심이라. 그러므로 내 마음이 즐거워하였고, 내 혀가 기뻐하였으며, 또한 나의 육체도 소망 속에 안식하리니 이는 주께서 내 혼을 지옥에 내버려두지 아니하시며, 또 주의 거룩하신 분이 부패되는 것을 보지 않게 하실 것이기 때문이라. 주께서 나에게 생명의 길들을 알게 해 주셨으니, 주께서 나를 주의 임재 하심 속에서 기쁨으로 충만케 하시리로다.

라고 하였느니라. 형제 여러분, 내가 조상 다윗에 관하여 자유로이 말할 수 있는 것은 그가 죽어 장사되어서 그의 묘가 오늘까지 우리 가운데 있음이라. 그러므로 그가 선지자가 되어 육신을 따라 그의 후손 중에서 그리스도를 일으키시어 그의 보좌에 앉게 하신다는 맹세를 하나님께서 자기에게 하신 것을 알고 그가 미리 앞을 내다봄으로 그리스도의 부활에 관하여 말하되 주의 혼이 지옥에 내버려지지 않았으며, 또 주의 육신도 부패되는 것을 보지 못하였도다. 하였느니라. 이 예수를 하나님께서 일으키셨으니, 우리 모두가 그 일에 관한 증인이라. 그러므로 그가 하나님의 오른손으로 높임을 받고, 또 아버지로부터 성령의 약속을 받아서 지금 너희가 보고 듣는 이것을 부어 주셨느니라. 다윗은 하늘들로 올라가지 못하였으나 스스로 말하기를

> 주께서 내 주께 말씀하시기를 내가 네 원수들을 네 발판으로 삼을 때까지 너는 내 오른편에 앉아 있으라 하셨도다.

하였으니 그러므로 이스라엘의 온 집이 분명히 알 것은 너희가 십자가에 처형한 이 예수를 하나님께서 주와 그리스도가 되게 하신 것이라고 하더라. (KJV행 2:22-36)

그리스도는 사람을 단번에 변화시키신다

우선 그리스도를 따르는 무리를 핍박하던 사람이 바뀌어 달라진다.

주의 제자들에 대하여 위협과 살기를 내뿜던 사울이[행 9:1] 성령으로 충만케 하심을 받아[행 9:17] 예수께서 그리스도라고 전파하는 것이 한 예다.

한편 사울은 여전히 주의 제자들에 대하여 위협과 살기를 내뿜으며 대제사장에게 가서 다마스커스의 여러 회당에 보낼 서신을 청하니, 이는 그 도에 속한 자를 보면 남자든지 여자든지 잡아서 예루살렘으로 데려오려 함이더라. 그가 길을 떠나 다마스커스에 가까이 왔을 때 갑자기 하늘로부터 한 줄기 빛이 그를 둘러 비추는지라. 그가 땅에 엎드려 그에게 말하는 음성을 들으니 "사울아, 사울아, 네가 왜 나를 박해하느냐?"고 하시더라. 그러자 그가 말하기를 "주여, 당신은 누구시니이까?"라고 하니, 주께서 말씀하시기를 "나는 네가 박해하는 예수라. 가시채를 걷어차는 것이 네게 고통이라."고 하시더라. 그가 떨며 놀라서 말하기를 "주여, 내가 어떻게 하기를 원하시나이까?"라고 하니, 주께서 그에게 말씀하시기를 "일어나서 성읍으로 들어가라. 그러면 네가 행할 일을 말해 줄 자가 있을 것이라."고 하시더라. 한편, 그와 동행하던 사람들은 음성은 들으나 아무도 보지 못한 채 말없이 서 있더라. 사울이 땅에서 일어나 눈은 떴으나 아무도 보지 못하는지라. 동행자들이 그의 손을 이끌고 다마스커스로 데려갔더라. 그가 사흘 동안을 보지 못하고, 또 먹지도 마시지도 아니하더라. 다마스커스에 아나니아라고 하는 한 제자가 있었는데, 주께서 그 사람에게 환상 가운데 말씀하시기를 "아나니아야" 하시니, 그가 말하기를 "주여, 보소서. 내가 여기 있나이다." 하니 그때 주께서 그에게 말씀하시기를 "일어나 곧은 길이라고 하는 거리로 가서 유다의 집에서 타소 사람인 사울을 찾으라. 보라, 그가 기도하고 있느니라. 그가 환상 속에서 아나니아라 하는 사람이 와서 자기에게 안수하여 다시 보게 하는 것을 보았느니라." 하시니 아나니아가 대답하기를 "주여, 내가 이 사람에 대하여 여러 사람으로부터 듣기로는 그가 예루살렘에서 주의 성도들에게 갖은 악한 짓을 행하였으며 여기에서도 그가 대제사장들로부터 주의 이름을 부르는 모든 사람을 잡으라는 권한을 받았다 하더이다."라고 하더라. 그러나 주께서 그에게 말씀하시기를 "가라, 이는 그가 이방인들과 왕들과 또 이스라엘 자손들 앞에서 내 이름을 증거하기 위하여 내가 선택한 그릇이라. 그가 나의 이름을 위하여 얼마나 큰 일들로 고통을 받을 것인가를 내가 그에게 보여 주겠노라."고 하시니 아나니아가 길을 떠나서 그 집에 들어가 그에게 안수하며 말하기를 "형제 사울아, 주, 곧 네가 오던 길에서 네게 나타나신 예수께서 나를 보내셨으니, 이는 너로 보게 하시며 성령으로 충만케 하려 하심이라."고 하니 즉시 그의 눈에서 비늘 같은 것이 떨어지면서 곧 보게 된지라, 그가 일어나서 침례를 받더라. **(KJV행 9:1-18)**

예수를 저항하는 일은 대단히 힘든 일이다. 거역하고 버티던 사울을 향해 예수께서 말씀하신다. 가시채를 걷어 차는 것처럼 힘든 괴로움이라고 하신다.행9:5, 26:14 가시채는 가축 특히 소를 모는 데 쓰인 가시 채찍으로 한 끝에 쇠붙이를 댔다.

그러나 예수께서 사울의 무거운 짐을 풀어 그리스도를 알게 해 주셨다.롬8:2, 갈 5:1

> 그가 곧바로 회당에서 그 분이 하나님의 아들이라고 그리스도를 전파하더라. 그 때 그 말을 듣는 모든 사람이 놀라며 말하기를 이 사람은 예루살렘에서 이 이름을 부르는 자들을 죽이던 자가 아니냐, 또 여기에 온 것도 사람들을 잡아 대제사장에게로 데려가려는 것이 아니냐고 하더라. 그러나 사울은 더욱 힘을 얻어 이 분이 바로 그리스도이심을 증명함으로써 다마스커스에 사는 유대인들을 당황케 하니라. **(KJV행 9:20-22)**

> 바울은 습관대로 그들에게 가서 세 안식일에 걸쳐 성경을 가지고 그들과 변론하며 그리스도께서 고난을 당하셔야 했던 것과 죽은 자들로부터 다시 살아나셔야 했음을 설명하고 입증하면서, 내가 여러분에게 전하는 이 예수가 바로 그리스도라고 하자 그들 가운데 몇 사람이 믿고 바울과 실라를 솔선해서 따랐으며 경건한 헬라인들의 큰 무리와 적지 않은 수의 저명한 부인들도 그리하니라.**(KJV행 17:2-4)**

또 다른 변화를 받는 사람도 있다. 성경에 밝으나 그리스도를 제대로 알지 못하는 사람도 있다. 알렉산드라 태생 아볼로는 요한의 침례만 알고 있었다. 예수 얘기를 많이 하는데 핵심을 벗어나 있다. 듣고 브르스길라와 아굴라가 데려다가 자세히 풀어 이른다. 이제 아볼로는 아가야까지 가서 많은 사람들에게 유익을 준다. 사람들 앞에서 예수가 그리스도라고 강력하게 증거한다.

> 그런데 알렉산드리아 태생인 아폴로라고 하는 어떤 유대인이 에베소에 왔는데 언변이 유창하고 성경에 밝더라. 그는 주의 도를 배웠으며 영 안에서 열성적이었고, 주의 일들을 정확하게 말하고 가르치나 요한의 침례만 알고 있더라. 그가 회당에서 담대하게 말씀을 전하기 시작할 때, 아퀼라와 프리스킬라가 그의 말을 듣고 그를 형제들에게 데려가서 하나님의 도를 더욱 정확하게 설명해 주니라. 그 후 아폴로가 아카야를 지나고자 하므로 형제들이 제자들에게 편지를 써서 그를 영접하라고 부탁하니라. 그가 도착하여 은혜로 말미암아 믿은 사람들에게 많은 도움이 되니 이는 그가 성경으로 예수가 그리스도이심을 공개적으로 증거함으로 유대인들을 강력하게 논박함이더라. **(KJV행 18:24-28)**

죄 중에 살던 사람도 바로 변하게 하신다. 남편이 다섯이 있었고 지금 있는 자도 자기 남편이 아닌 사마리아 여인이[요 4:18] '신령과 진정으로 예배하라'고[요4:23,24] 말씀하시는 예수께서 그리스도이심을 알게 된다.[요4:25,26] 그 여자는 하던 일을 버리고[요4:28]자기가 사는 동네에 들어가 '나의 행한 모든 일을 내게 말한 사람을 와 보라 그가 그리스도가 아니냐'고 전한다.[요4:29] 그로 인해서 많은 사람이 믿게 된다.

그 여인이 주께 말씀드리기를 나는 그리스도라 하는 메시아가 오실 줄을 아나이다. 그 분이 오시면 우리에게 모든 일들을 말씀해 주실 것이니이다라고 하니 예수께서 그녀에게 말씀하시기를 너와 말하고 있는 내가 그니라고 하시니라."(KJV요 4:25,26)

그러자 그 여인이 물동이를 버려두고 성읍으로 들어가서 사람들에게 말하기를 와서 내가 행한 모든 일들을 나에게 말한 그 사람을 보라. 그 분이 그리스도가 아닌가라고 하니(KJV요 4:28,29)

그 성읍의 많은 사마리아인들이 그 여인의 말로 인하여 주를 믿었으니 그녀가 증거하기를 그 분은 내가 행한 모든 것을 내게 말씀하셨다고 함이더라. 그때 사마리아인들이 주께 와서 자기들과 함께 머무시기를 간청하니 거기서 이틀을 머무시더라. 주의 말씀으로 인하여 믿는 사람들이 더욱 많아지니 사람들이 그 여인에게 말하기를 우리가 믿는 것은 이제는 네 말 때문이 아니라 우리 자신이 들어서 이 분이 참으로 그리스도, 곧 세상의 구주이심을 알았기 때문이라고 하더라. (KJV요 4:39-42)

주 예수 그리스도와 그의 종들

세상의 구주이신 그리스도 예수를 알게 된 사람들에게는 예수께서 그들의 주가 되신다. 주는 종들과 관계되어 진다. 종은 노예신분이다.[slave] 종은 아무 권리가 없고 다만 주인의 명령을 따를 뿐이다.

그러나 너희 중에 누가 종이 밭을 갈거나 양을 치다가 들에서 돌아오면 가서 앉아 먹으라고 말하겠느냐? 오히려 그에게 말하기를 먹을 것을 준비하라. 내가 먹고 마시는 동안 띠를 두르고 내 시중을 들라. 이런 일을 한 후에야 먹고 마시라고 하지 않겠느냐? 명령한 대로 그가 행하였다고 해서 그 종에게 고맙다고 하겠느냐? 나는 그렇게 생각하지 아니하노라. 그러므로 너희도 그와 같이 너희에게 명령한 모든 일을 하고 나서는 우리는 무익한 종들이라. 우리가 해야 할 일을 하였을 뿐이라고 말하라고 하시더라. **(KJV눅 17:7-10)**

세상의 종과 예수님의 종 사이에는 확실히 다른 것이 있다. 예수님의 종들은 모든 일을 기쁨으로 여기며 산다.[약 1:1,2]

예수의 종들은 종됨을 당연하게 여기며[유 1:1] 하늘에 속한 산 소망을 가지고 산다.[벧후 1:1-4,]

예수님께서 주가 되셨다는 말씀은 예수의 종들의[교회] 머리가 되신다는 말씀이다.

하나님께서 그 능력을 그리스도 안에서 역사하게 하사 그를 죽은 자들로부터 살리셨으며, 천상에서 하나님의 오른편에 앉히사 모든 정사와 권세와 능력과 다스림과 이 세상뿐만 아니라 오는 세상에서도 이름 지어진 모든 이름 위에 뛰어나게 하셨으며 또 만물을 그의 발아래 두시고 그를 만물 위에 머리가 되게 하셔서 교회에게 주셨느니라. 교회는 그의 몸이니 만물 안에 모든 것들을 채우시는

분의 충만이니라. **(KJV 엡1:20-23)**

이제 너희는 그리스도의 몸이요, 개별적으로는 그 지체들이라. **(KJV고전 12:27)**

통치하시는 그리스도

주께서 모든 원수를 자기 발 아래 두실 때까지 통치하셔야 하리니 **(KJV고전 15:25)**

이로 인하여 하나님께서는 그를 지극히 높이시고 모든 이름 위에 있는 한 이름을 그에게 주사 하늘에 있는 것이나 땅 위에 있는 것이나 땅 아래 있는 것이나 모든 무릎을 예수의 이름에 꿇게 하시고 모든 혀가 예수 그리스도를 주라 시인하여 하나님 아버지께 영광을 돌리게 하셨느니라. **(KJV빌 2:9-11)**

그는 몸인 교회의 머리시라. 그는 시작이시며, 죽은 자들로부터 첫 번째로 나셨으니 이는 그가 만물 안에서 으뜸이 되려 하심이라. **(KJV골 1:18)**

예수께서 그리스도이심을 알게 하시는 이는 성령이시다.

성령의 도우심

하나님께서 예수님을 주와 그리스도가 되게 하셨다. 흙으로 지으심을 입은 사람이 이를 알 수 있도록 하시는 분은 성령이시다.

> 오직 하나님께서 이것들을 우리에게 그의 영으로 나타내셨으니, 이는 성령께서는 모든 것 심지어 하나님의 깊은 것들까지도 통찰하시기 때문이라. 사람의 일을 그 사람 안에 있는 사람의 영이 아니면 누가 알리요? 이와 같이 하나님의 일도 하나님의 영이 아니면 아무도 모르느니라. **(고전 2:10-11)**

그래서 예수께서는 사람이 물과 성령으로 태어나야 한다고 말씀하셨다.

> 예수께서 대답하시기를 진실로 진실로 내가 너에게 말하노니, 사람이 물과 성령으로 태어나지 아니하면 하나님의 나라에 들어갈 수 없느니라. 육신으로 난 것은 육이요, 또 성령으로 난 것은 영이니라. 내가 너에게 너희는 거듭나야만 한다고 말한 것을 이상히 여기지 말라. 바람이 임의로 불어서 네가 그 소리를 들어도 어디서 와서 어디로 가는지 알지 못하듯이 성령으로 난 사람은 모두 그와 같으니라고 하시니라.**(요 3:5-8)**

육신으로 난 것은 육이요 라는 말씀은 흙[dust]으로 지어진 사람이다.
그러나 성령으로 난 사람은 영이다.

그러므로 육신 안에 있는 자들은 하나님을 기쁘시게 할 수 없느니라. 그러나 하나님의 영이 너희 안에 거하시면 너희가 육신 안에 있지 아니하고 성령 안에 있나니, 이제 누구든지 그리스도의 영이 없으면 그의 사람이 아니니라. 만일 그리스도께서 너희 안에 계시면 몸은 죄로 인하여 죽은 것이나 성령은 의로 인한 생명이니라. **(KJV롬 8:8-10)**

성령께서 성령으로 난 사람을 하나님의 자녀라고 증거하신다.[롬 8:14-16,] 하나님의 자녀는 그리스도와 함께 공동 상속자이다[롬 8:17]육신으로 난 사람이 성령으로 말미암아 하늘로부터 오는 생명으로 다시 태어나면 '주 예수 그리스도의 은혜와 하나님의 사랑과 성령의 교제가' 함께 있게 된다. [고후 13:13]

하나님, 말씀, 성령께서 하나이시고[KJV요일 5:7] 영과 물과 피는 땅에서 증거하시며 셋은 하나 안에서 일치하신다.[요일 5:8] 그래서 하나님께서는 창세기 1장 26절에서 '우리의 형상대로 우리의 모습을 따라 사람을 만들자' 하실 때 '우리'라는 복수로 말씀하신 것이다.

하나님께서는 하나님의 형상이신 예수 그리스도와 일치하게 하시려고[롬 8:9] 성령으로 사람을 새롭게 창조하신다.[고후 5:17, 요 3:5]

그러면 '우리의 형상대로 우리의 모습을 따라 사람을 만들자' 하신 말씀에서 '우리의 형상'은 무엇이고 '그를 따라 사람을 만드셨다'는 것은 무엇인가?

우리의 형상대로 우리의 모습을 따라

창세기 1장 26절;

하나님께서 말씀하시기를 "우리의 형상대로 우리의 모습을 따라 사람을 만들자. 그리하여 그들로 하여금 바다의 고기와, 공중의 새와, 가축과, 모든 땅과, 땅 위를 기어다니는 모든 기는 것을 다스리게 하자." 하시니라.

창세기 1장 27절;

그리하여 하나님께서 자신의 형상대로 사람을 창조하시니, 곧 하나님의 형상대로 그를 창조하셨으며, 그들을 남자와 여자로 창조하시니라.

창세기 1장 26절에서 우리의 모습을 따라 사람을 '만들자' 하셨다. 창세기 1장 27절에서는 만드신 것이 아니라 '창조'하셨다. 모습을 따라 하시는 말씀은 없고 '형상대로' 남자와 여자를 창조하셨다.

창세기 5장 1절에서도 '모습대로' 만드셨다.

이것이 아담의 세대들에 관한 책이라. 하나님께서 사람을 창조하실 때 하나님의 모습으로 그를 지으셨으니

5장 2절에서도 '남자와 여자'를 창조하셨다.

> 주께서 그들을 남자와 여자로 창조하셨으며, 그들이 창조되던 날에 그들에게 복을 주시며 그들의 이름을 아담이라 부르셨느니라.

창세기 5장 3절과 4절 말씀에 보면 '모습대로'는 아담으로부터 사람들이 번성하는 과정에 적용된다.

> 아담이 일 백 삼십 년을 자기 모습대로 자기의 형상을 따라 아들을 낳아 그의 이름을 셋이라 불렀더라. 아담이 셋을 낳은 후 팔백 년을 살면서 아들들과 딸들을 낳았더라.

창세기 1장 26절과 다른 점은

- 우리의 모습을 따라(after our likeness) - 창 1:26
- 자기(아담)의 형상을 따라(after his image) - 창 5:3

그리고

- 창조하심이 빠져 있다.

형상과 모습

모습은 '같은 모양'이다.
형상은 '내면과 외면'을 포함한다.

다시 말한다면 하나님께서는 사람을 '같은 모양'을 따라 만드시고 그 후에 '내적 형상대로 창조' 하시기를 원하신다.

그리스도는 하나님의 형상이다.[고후4:4] 아담은 아벨 대신에 셋을 형상을 따라 자기 모습대로 아들을 낳았다. '형상을 따라'는 내면적으로 '하나님의 형상인 그리스도를 따라'이다. 셋은 그리스도의 계보에 있다.[눅3:38] 그리고 만들어진 사람이기 때문에 어떤 '틀 안에서 사는 사람'의 모습이다.

아담과 하와가 낳은 가인에게는 이런 말씀이 일체 없다.[창4:1] 가인은 죄를 다스리지 못했고[창 4:7] 사람들의 죄는 더욱 커져 간다.[창4:23,24] 여호와께서는 땅 위에 사람 지으셨음을 후회하셨다.

사람을 지으셨음을 후회하셨으니

하나님께서 사람을 여섯째 날에 만드셨다. 그런데 하나님께서 창조하신 사람을 보고 기뻐하셨다는 직접적인 말씀이 없다. '지으신 모든 것을 보시니 좋았다'고 하신다.

> 하나님께서 지으신 모든 것을 보시니, 보라 그것이 아주 좋았더라 저녁과 아침이 되니 여섯째 날이더라. **(KJV창 1:31)**

지으신 모든 것은 '만드신 모든 것(everything that he had made)'이다. 짐승도 포함된다. 짐승은 본래 잡혀 죽기 위해 났고 이성이 없다.[벧후2:12] 이성(understand)은 깨닫는 것이다. 깨닫지 못하는 사람을 멸망하는 짐승이라고 한다.[시49:20]

짐승과 지어진 사람을 같은 수준으로 부르시는 이유는 사람의 악함 때문이다.

하나님께서 사람의 사악함이 세상에 창대해짐과 그 마음의 생각의 모든 구상이 계속해서 악할 뿐임을 보시고 주께서 땅 위에 사람을 지으셨음을 후회하셨으니, 그 일이 그의 마음을 비통케 하였더라. 주께서 말씀하시기를 내가 창조한 사람을 지면에서 멸망시키리니, 즉 사람과, 짐승과, 기는 것과, 공중의 새들이라. 이는 내가 그들을 지었음을 후회함이라. 하시니라. 그러나 노아는 주의 눈에서 은혜를 찾았더라. **(KJV창 6:5-8)**

창조한 사람을 지면에서 멸망시키시는 이유는 하나님께서 그들을 지었음을 후회하시기 때문이다. 사람이 짐승과 함께 멸망한다. 당대에 완전한 사람이요, 의인이었던 노아는[창 6:9] 여호와의 눈에서 은혜를 찾고[창 6:7] 홍수에서 살아남게 되지만 노아와 함께 방주에 있던 자들을 제외한 모든 사람은 멸망했다.[창 7:23]

그리스도 안에서 새로운 창조물로[피조물] 태어나지 못한 사람은 악하기 때문이다.

이제 육신의 일들은 분명히 나타나나니, 곧 간음과 음행과 더러운 것과 음욕과 우상 숭배와 마술과 원수 맺음과 다툼과 질투와 분노와 투쟁과 분열과 이단들과 시기와 살인과 술 취함과 흥청거림과 또 그와 같은 것들이라. 내가 전에 말한 바와 같이 미리 말하노니, 그런 짓들을 하는 자들은 하나님의 나라를 상속받지 못할 것이라. **(KJV갈 5:19-21)**

모든 사람이 죄를 지었기 때문이다.

> 이런 연유로 한 사람에 의하여 죄가 세상으로 들어오고 그 죄에 의하여 사망이 왔으니, 그리하여 모든 사람이 죄를 지었으므로 사망이 모든 사람에게 전달되었느니라. **(KJV로마서 5:12)**

모든 사람이 죄를 지었으므로

죄는 아담이 시작이다. 아담이 범죄함으로 모든 사람이 죄를 지었다는 것은 현실적으로 누구든지 아담의 영향을 받아 하나님 앞에 죄인이라는 것이다.

쉽게 증명할 수 있는 것이다.

여호와(주) 하나님께서 아담(사람)에게 명령하여 먹지 말라고 말씀하신 것은 '선과 악의 지식의 나무에서 나는 것'이다.

즉 어떤 사람이든지 선과 악을 아는 지식이 있다면 그 사람은 아담의 죄가 있는 것이다. 누구든지 양심으로 선과 악을 알고 있으면 하나님 앞에서 죄를 지은 것이다.

> 율법이 없는 이방인들이 본성으로 율법의 일들을 행할 때에는 율법이 없어도 이들이 스스로에게 율법이 되나니 그들의 양심이 증거하고, 그들의 이성이 송사하거나 서로 변명하여 그들의 마음에 기록된 율법의 행위를 보여 주느니라. **(KJV 롬 2:14, 15)**

더욱이나 육신으로 난 사람들은 죄를 다스릴 힘이 없다는 것이다.

주께서 카인에게 말씀하시기를 네가 어찌하여 격노하느냐? 어찌하여 네 안색이 변하느냐? 네가 바르게 행하면 받아들여지지 않겠느냐? 네가 바르게 행하지 아니하면 죄가 문 앞에 엎드리느니라. 죄의 욕망이 네게 있으니 너는 죄를 다스릴지니라. 하시니라. 카인이 그의 아우 아벨과 이야기하더라. 그들이 들에 있을 때 카인이 그의 아우 아벨에게 달려들어 그를 죽이니라. **(KJV창세기 4:6-8)**

죄를 다스릴 힘이 없는 사람은 마귀의 자녀이다.

여기에서 하나님의 자녀와 마귀의 자녀가 드러나느니라. 의를 행하지 아니하는 자나 자기 형제를 사랑하지 아니하는 자는 누구나 하나님께 속하지 아니하니라. 이는 너희가 처음부터 들은 말씀이 우리가 서로 사랑해야 한다는 것이기 때문이라. 카인같이 되지 말라. 그는 악한 자로부터 나왔으며 자기 아우를 살해하였으니 무슨 연고로 그를 죽였겠느뇨? 이는 그 자신의 행위는 악하고 그 아우의 행위는 의로웠기 때문이라. **(KJV 요일 3:10-12)**

죄를 짓는 자는 마귀에게 속하나니 이는 마귀가 처음부터 죄를 짓기 때문이라. 이 목적으로 하나님의 아들이 나타나셨으니, 곧 마귀의 일들을 멸하시려는 것이라. **(KJV요일 3:8)**

너희는 너희 아비 마귀에게서 나와서 너희 아비의 정욕을 행하고 자 하는도다. 그는 처음부터 살인자였으며 진리 가운데 거하지 아니하였으니 이는 자기 안에 진리가 없음이라. 그가 거짓말을 할 때는 자신에게서 우러나와 한 것이니, 이는 그가 거짓말쟁이요 또 거짓말의 아비이기 때문이라. **(KJV요 8:44)**

마귀

마귀는 옛 뱀이다.

그가 그 용을 잡으니, 곧 마귀요 사탄인 옛 뱀이라. 그를 천 년 동안 묶어 두니**(KJV 계 20:2)**

주 하나님께서 지으신 들의 어떤 짐승들보다도 뱀은 더욱 간교하더라. 그가 여자에게 말하기를 참으로 하나님께서 말씀하시기를 너희는 동산의 모든 나무에서 나는 것을 먹지 말라. 하시더냐? 하니**(KJV 창 3:1)**

뱀은 흙**(dust)**을 먹고산다.

주 하나님께서 그 뱀에게 말씀하시기를 네가 이것을 행하였으니 너는 모든 가축과 들의 모든 짐승보다 저주를 받아 네 배로 다닐 것이며 네 평생토록 흙을 먹을지니라. **(KJV 창세기 3:14)**

흙**(dust)**으로 지어진 사람이[창 2:7] 마귀[뱀]의 먹이가 되는 것이다. 그래서 죄를 다스릴 힘이 없는 사람들이 마귀의 자녀라 하시고 그 사람들은 마귀와 함께 불과 유황 못에 던져져 영원토록 고통을 받는 것이다.

> 그들을 미혹하던 마귀가 불과 유황 못에 던져지니 그 곳에는 그 짐승과 거짓 선지자도 있어 영원 무궁토록 밤낮 고통을 받으리라. 또 내가 큰 백 보좌와 그 위에 앉으신 분을 보니, 그의 면전에서 땅과 하늘이 사라졌고 그들의 설 자리도 보이지 않더라. 또 내가 죽은 자들을 보니, 작은 자나 큰 자나 하나님 앞에 서 있는데, 책들이 펴져 있으며 또 다른 책도 펴져 있는데 그것은 생명의 책이라. 죽은 자들은 자기들의 행위에 따라 그 책들에 기록된 대로 심판을 받더라. 바다도 그 안에 있던 죽은 자들을 넘겨주고 또 사망과 지옥도 그들 안에 있던 죽은 자들을 넘겨주니 그들이 각자 자기들의 행위에 따라 심판을 받으며 사망과 지옥도 불 못에 던져지니 이것이 둘째 사망이라. 누구든지 생명의 책에 기록되지 않은 자는 불 못에 던져지더라. **(KJV 계 20:10-15)**

여호와[주] 하나님께서 '선과 악의 지식의 나무에서 나는 것은 먹지 말라. 네가 거기서 나는 것을 먹는 날에는 반드시 죽으리라.'하신 말씀대로[창 2:17] 사망이 모든 사람에게 전달되었고[롬 5:12] 생명의 책에 기록되지 않은 자는 마귀와 함께 불과 유황 못에 던져지는 둘째 사망을 당하는 것이다.

뱀은 평생토록 흙(dust)을 먹을 것이기 때문이다.[창 3:14]

사실이다.

마귀도 하나님께 복을 받았기 때문이다.

다섯째 날

창세기 1장의 다섯째 날 말씀을 보도록 하자.

> 하나님께서 말씀하시기를 물들은 생명이 있는 생물들을 풍성히 내고, 땅 위 하늘의 넓은 창공에는 새가 날으라. 하시며 하나님께서 큰 고래들과 물들에서 풍성하게 나온 움직이는 모든 생물을 그 종류대로, 날개 있는 모든 새들을 그 종류대로 창조하시니라. 하나님께서 보시니 그것이 좋았더라. 하나님께서 그들에게 복을 주시며 말씀하시기를 다산하고 번식하여 바다의 물들에 충만하라. 새들도 땅에 번성하라. 하시니라. 저녁과 아침이 되니 다섯째 날이더라. **(KJV 창 1:20-23)**

하나님께서 다섯째 날에 복을 주신 대상은

- 큰 고래들
- 물들에서 풍성하게 나온 움직이는 모든 생물
- 날개 있는 모든 새들이다.

하나님께서 다섯째 날에 복을 주신 내용은

- 다산하고 번식하여 바다의 물들에 충만하라

- 새들도 땅에 번성하라, 하신 것이다.

즉

- 큰고래들과 물들에서 풍성하세 나온 움직이는 모든 생물이 다산하고 번식하여 바다의 물들에 충만하라는 것과
- 날개 있는 새들도 땅에 번성하라는 것이다.

바다

바다는 요한계시록 20장 13절 말씀대로 죽은 자들이 있는 곳이다.

마가복음 5장 1절로부터 20절까지의 말씀에서 보여주시는 것처럼 더러운 영을 지닌 사람 속에 있던 마귀들이 이천 마리나 되는 돼지 속에 들어가 빠져 죽은 곳이 바로 바다이다.

욥기 26장 5절에서는 죽은 것들은 물아래서 형성된다고 말씀하신다.

그런데 하나님께서는 큰 고래들과 물들에서 나온 움직이는 모든 생물에게 다산하고 번식하여 바다의 물들에 충만하라고 복을 주신 것이다.

새들

새들도 마찬가지이다.

새들도 마귀들로 표현되어진다.

> 씨 뿌리는 사람이 씨를 뿌리러 나가서 뿌렸더니, 어떤 씨는 길가에 떨어지니 밟히기도 하고 공중의 새들이 먹어버렸고 (KJV 눅 8:5)

> 씨가 길가에 떨어졌다는 것은 그들이 들으나 마귀가 와서 그들의 마음에서 말씀을 빼앗아 가 버리므로 믿지도 구원받지도 못하는 자들이요 (KJV 눅 8:12)

'공중의 새들'인 마귀가 그들의 마음에서 말씀을 빼앗아 가버리므로 믿지도 구원받지도 못하는 자들이 있는 것이다. 진리를 믿지 않고 불의를 좋아하는 자들이다.

> 그 불법자가 오는 것은 사탄의 역사에 따라 모든 능력과 표적과 거짓 이적과 멸망하는 자들 안에 있는 모든 불의의 속임수로 오는 것이니, 이는 그들이 진리의 사랑을 받아들이지 아니하여 구원을 받지 못하였기 때문이라. 이로 인하여 하나님께서 그들에게 미혹의 역사를 보내시어 거짓 것을 믿게 하심은 진리를 믿지 않고 불의를 좋아하는 모든 자로 심판을 받게 하려 하심이라. (KJV 살후 2:9-12)

사탄

사탄은 거짓 그리스도들과 거짓 선지자들이 일으켜 표적과 이적으로 미혹한다.

거짓 그리스도들과 거짓 선지자들이 일어나서 큰 표적들과 이적들을 보여 주어 할 수만 있다면 그 택함 받은 자들도 미혹하리라. **(KJV마 24:24)**

그러한 자들은 거짓 사도들이요, 기만하는 일꾼들이요, 자신들을 그리스도의 사도들로 가장하는 자들이라. 이것은 놀랄 일이 아니니 이는 사탄도 자신을 빛의 천사로 가장하기 때문이라. 그러므로 사탄의 종들이 의의 종으로 가장한다 하더라도 큰 일이 아니니라. 그들의 종말은 그들의 행위대로 될 것이니라." **(KJV고후 11:13-15)**

연결된 말씀이 여러 곳에 있다. **(마 23:1-33, 렘 23:1-4, 렘 23:21-32, 겔 13:1-8, 겔 34:1-6)**

옛 뱀인 마귀는 먹을 것[dust]을 찾아 두루 다닌다.

정신을 차리고 깨어 있으라. 이는 너희의 대적 마귀가 울부짖는 사자처럼 삼킬 자를 찾아 두루 다니기 때문이니라. **(벧전 5:8)**

더욱이나 하나님께서 복을 주시며 바다의 물들에 충만하라 새들도 땅에 번성하라[창 1:22] 하셨기 때문에 예수님께서 다시 오실 때까지 심지어는 교회도 부풀게 할 것이다.

또 다른 비유로 그들에게 말씀하시기를 천국은 어떤 여인이 가져다가 가루 서 말에 숨겨 넣어 전체를 부풀게 한 누룩 같으니라고

하시더라.” (KJV마 13:33)

또 내가 아는 것은 내가 떠난 후에 흉악한 이리들이 너희 가운데로 들어와서 양떼를 아끼지 아니할 것이며 또한 너희 가운데서도 사람들이 일어나서 왜곡된 것을 말하여 제자들을 끌어내어 자기들을 좇게 할 것이라.” (KJV 행 20:29-30)

여섯째 날

하나님께서는 여섯째 날에 사람에게 복을 주신다.

하나님께서 그들에게 복을 주시고, 하나님께서 그들에게 말씀하시기를 다산하고 번성하며 땅을 다시 채우고 그것을 정복하라. 그리고 바다의 고기와, 공중의 새와, 땅 위에서 움직이는 모든 생물을 다스리라. 하시니라. (KJV 장 1:28)

‘복을 주시고(blessed)’는 히브리어에서 복(blessing)의 어근[a primary root]이다.

그들에게 복을 주시고

그러면 하나님께서 여섯째 날에 사람에게 주신 복은 무엇인가?
사람에게 복을 주신 복은 아브람에게 하신 말씀과 연결되어 진다.

창세기 12장 2절의 '너(아브람)는 복(blessing)이 되리라'는 말씀이 '복의 근원이 될지라'이다.

"그때 주께서 아브람에게 말씀하시기를 '너는 네 고향과 네 친족과 네 아비의 집을 떠나 내가 네게 보여 줄 땅(land)으로 가라. 내가 너로 큰 민족을 이루게 할 것이며 네게 복(bless)을 주고 네 이름을 위대하게 하리니, 너는 복(blessing)이 되리라.'" (KJV창12:1,2)

아브람에게 너는 복(blessing)이 되리라 하시는 히브리어는 시편 133편 3절 말씀과 동일하다.

헤르몬의 이슬이 시온의 산들 위에 내림 같도다. 거기에서 주께서 복을 명하셨으니, 곧 영생이로다.(KJV 시 133:3)

하나님께서 사람에게 주시는 복(blessing)은 영생이다. 영생은 하나님의 아들이신 그리스도 예수 안에 있다.

또 증거는 이것이니, 하나님께서 우리에게 영생을 주신 것과, 이 생명이 그의 아들 안에 있다는 것이라. 그 아들이 있는 자는 생명이 있고 하나님의 아들이 없는 자는 생명이 없느니라. (KJV요일 5:11-12)

아브라함의 복(blessing)이다.

그리스도께서 우리를 위하여 저주가 되셔서 율법의 저주로부터 우

> 리를 구속하셨으니, 기록되기를 나무에 매달린 자는 누구나 저주 받은 자라고 하였도다. 이는 아브라함의 복이 예수 그리스도로 말미암아 이방인들에게 미치게 함이며 또 우리로 하여금 믿음으로 말미암아 성령의 약속을 받게 하려는 것이라. (KJV 갈 3:13,14)

믿음으로 난 사람들은 믿음이 있는 아브라함과 더불어 복(bless)을 받는 것이다.

> 그러므로 너희는 믿음으로 난 사람들이 아브라함의 자손임을 알라. 성경은 하나님께서 이방인들을 믿음으로 말미암아 의롭게 하실 것을 미리 알고 먼저 아브라함에게 복음을 전파하기를 네 안에서 모든 민족이 복을 받으리라고 하였느니라. 그러므로 믿음으로 난 사람들은 믿음이 있는 아브라함과 더불어 복을 받느니라. (KJV 갈 3:7-9)

> 그러면 우리의 조상 아브라함이 육신에 관하여 무엇을 얻었다고 말할 수 있으리요? 만일 아브라함이 행위로써 의롭게 되었다면 그에게 자랑할 것이 있겠지만 하나님 앞에서는 없느니라. 성경이 무엇이라고 말하고 있느냐? 아브라함이 하나님을 믿었더니 그것이 그에게 의로 여겨졌느니라. 이제 일하는 사람에게는 그 보수를 은혜로 여기지 않고 빚으로 여기지만 행함이 없어도 불 경건한 자를 의롭다 하시는 그 분을 믿는 사람에게는 그의 믿음이 의로 여겨지느니라. 행함이 없어도 하나님께서 의롭다고 여기시는 사람의 복에 관하여 다윗도 말하였으니 말하기를 죄악들이 용서받고 죄들이 가리워진 사

람들은 복이 있고 주께서 죄를 인정하지 아니하실 사람은 복이 있도다라고 하였느니라. 그러면 이러한 복이 할례자에게 만이냐? 아니면 무 할례자에게 도냐? 이는 우리가 말하기를 아브라함에게는 믿음이 의로 여겨졌노라고 했음이라. 그렇다면 그것이 어떻게 여겨졌느냐? 그가 할례 때였느냐? 아니면 무 할례 때였느냐? 할례 때가 아니라 무 할례 때였느니라. 그가 할례의 표적을 받은 것은 무 할례 때에 믿음으로 된 의를 인친 것이니, 이는 할례를 받지 아니하고서 믿는 모든 자의 아비가 되게 하려 함이요, 그들도 의롭게 여김을 받게 하려 함이며, 또 할례자의 아비이니, 할례 받은 자들뿐만 아니라 우리의 아비 아브라함이 할례를 받지 아니하였을 때 가진 믿음의 발자취를 밟는 자들에게 도니라. 아브라함이 세상의 상속자가 되리라고 하신 약속은 아브라함이나 그의 씨에게 율법을 통하여 하신 것이 아니요, 믿음의 의를 통하여 하신 것이니라. 만일 율법에 속한 자들이 상속자라면 믿음은 헛되고 그 약속은 무효가 되느니라. 율법은 진노를 일으키나니 율법이 없는 곳에는 범법도 없느니라. 그러므로 상속자가 되는 것이 은혜를 따라 되기 위해서는 믿음으로 되거니와 마침내 그 약속을 모든 씨에게 확고히 하려 함이며, 율법에 속한 자들뿐만 아니라 아브라함의 믿음에 속한 자들에게 도니라. 그는 우리 모두의 아비라. **(기록된 바와 같이 내가 너를 많은 민족들의 아비가 되게 하였노라. 하였으니,)** 그가 믿은 하나님, 곧 죽은 자들을 살리시며 없는 것을 있는 것처럼 부르시는 그 분 앞에서니라. 그가 소망이 없는데도 소망 가운데서 믿었으니 네 씨가 그렇게 되리라고 말씀하신 대로 많은 민족들의 아비가 되게 하려 하심이라. 그가 믿음이 약해지지 아니하여 백 살이 되고서도 자기 몸이 이제 죽은 것으로 생각지 아니

> 하고, 또 사라의 태도 죽은 것으로 생각지 아니하였느니라. 그는 믿음 없음으로 인하여 하나님의 약속을 의심하지 아니하였고 오히려 믿음에 견고하여져서 하나님께 영광을 돌리며 약속하신 그것을 또한 이루실 것이라고 확신하였느니라. 그러므로 그에게는 믿음이 의로 여겨졌느니라. 이제 그에게 의로 여겨졌다고 기록된 것은 아브라함만을 위한 것이 아니요 그 분께 의롭다고 여김을 받을 우리들 때문이기도 하니, 곧 예수 우리 주를 죽은 자들로부터 살리신 그 분을 믿는 자들이라. 예수께서는 우리의 범죄함을 인하여 드려지셨고, 우리의 의롭게 하심을 위하여 다시 일으켜지셨느니라. (KJV 롬 4:1-25)

그래서 누가복음 16장 19절부터 31절까지의 말씀 속에서 나사로라고 하는 어떤 거지가 죽었을 때 천사들이 그를 아브라함의 품으로 옮겼다고 말씀하시는 것이다. 동시에 생전에 좋은 것을 받았던 부자는 죽어서 지옥의 불꽃 가운데서 고통을 받는다. 여호와(주)께서 아브라함에게 하신 밀씀대로 이루어진 것이다.

> 너를 축복하는 자들에게 내가 복을 주고, 너를 저주하는 자를 저주하리라. 네 안에서 땅의 모든 족속들이 복을 받을 것이라. 하셨더라. (KJV창 13:3)

다스리라

사람이 바로 이 복(blessing)을 받았을 때, 즉 하늘로부터 오는 생명으로 다시 태어나 새로운 피조물이 된 사람만이 창세기 1장 28절에서 말씀

하신 대로

- 다산하고 번성하여 땅을 다시 채우고 그것을 정복할 수 있고
- 바다의 고기와 공중의 새와 땅 위에서 움직이는 모든 생물을 다스릴 수 있게 된다.

그러므로 땅 위에 있는 너희의 지체를 죽이라. 곧 음행과 부정과 사욕과 악한 색욕과 탐심이니 탐심은 우상 숭배니라. **(KJV 골 3:5)**

하나님께로부터 태어난 사람은 누구나 죄를 짓지 아니하나니 이는 하나님의 씨가 그 사람 안에 거함이요, 또 죄를 지을 수 없는 것은 그가 하나님께로부터 태어났기 때문이라." **(KJV 요한일서 3:9)**

하나님을 사랑하는 것이 이것이니, 곧 우리가 그의 계명들을 지키는 것이라. 그의 계명들은 무거운 것이 아니니라. 이는 하나님께로부터 태어난 자는 누구든지 세상을 이기기 때문이라. 세상을 이기는 승리는 이것이니, 곧 우리의 믿음이라. **(KJV 요일 5:3,4)**

또한 마귀(**사탄-바다의 고기, 공중의 새, 짐승**)를 다스릴 수 있게 된다.

믿는 자들에게는 이러한 표적들이 따르리니, 즉 내 이름으로 그들이 마귀들을 쫓아내고 또 새 방언들로 말하리라. 그들은 뱀들을 집을 것이요, 어떤 독을 마실지라도 결코 해를 입지 않을 것이며, 병자에게 안수하면 그들이 회복되리라고 하시더라. **(KJV 막 16:17,18)**

그 칠십 명이 기쁨으로 돌아와서 말하기를 주여, 주의 이름을 대면 마귀들까지도 우리에게 복종하더이다.라고 하니라. 주께서 그들에게 말씀하시기를 사탄이 하늘에서 번개처럼 떨어지는 것을 내가 보았노라. 보라, 내가 너희에게 뱀과 전갈을 밟으며 원수의 모든 권세를 제어할 권세를 주노니 아무 것도 너희를 결코 해치지 못할 것이라. 그러나 영들이 너희에게 복종하는 이것으로 기뻐하지 말고, 오히려 너희 이름이 하늘에 기록된 것으로 기뻐하라고 하시더라. **(KJV 눅 10:17-20)**

하나님께로부터 태어난 사람은 누구나 죄를 짓지 아니하는 줄을 우리가 아노라. 오히려 하나님께로부터 태어난 자는 자신을 지키나니, 악한 자가 그를 건드리지 못하느니라. **(KJV 요일 5:18)**

빛과 광명

첫째 날의 빛(light)과 넷째 날의 광명들(lights)에 관한 말씀을 상고해 보자.

하나님께서 말씀하시기를 빛이 있으라. 하시니 빛이 있더라. 하나님께서 그 빛을 보시니 그것이 좋았더라. 하나님께서 그 빛을 어두움에서 나누시더라. 하나님께서 그 빛을 낮이라 부르시고 어두움을 밤이라 부르시니라. 저녁과 아침이 되니 첫째 날이더라. **(KJV 창세기 1:3-5)**

하나님께서 말씀하시기를 낮과 밤을 나누기 위하여 하늘의 창공에 광명들이 있으라. 그것들로 하여금 징조와 계절과 날짜와 연도를 위해 있게 하라. 그리고 광명들은 하늘의 창공에 빛이 되어 땅 위에 빛을 주라. 하시니 그대로 되니라. 하나님께서 두 가지 큰 광명을 만드사, 큰 광명은 낮을 주관하게 하시고 작은 광명은 밤을 주관하게 하시며 별들도 만드시니라. 하나님께서 그들을 하늘의 창공에 두시고 땅 위를 비추게 하시며 낮과 밤을 주관하게 하시고 빛과 어두움을 나뉘게 하시니라. 하나님께서 보시니 그것이 좋았더라. 저녁과 아침이 되니 넷째 날이더라. **(KJV 창세기 1:14-19)**

하나님께서는 빛과 광명들 사이에 비슷한 것과 다른 것을 두셨다.

빛(light)/첫째 날

- 말씀하심(said), 창 1:3
- 어두움에서 나누심(divide from), 창 1:4
- 빛을 낮이라 부르시고
  어두움을 밤이라 부르심, 창 1:15

광명들(lights)/네째 날

- 만드심(made), 창 1:16
- 빛과 어두움을 나뉘게 하심(to divide),
  창 1:18
- 낮과 밤을 나누기 위하여, 창 1:14
  낮과 밤을 주관하게 하심, 창 1:16
- 하늘의 창공에 두심, 창 1:14,17
- 징조와 계절과 날짜와 연도를 위해 있게
  하심, 창 1:14
- 빛이 되어 땅 위에 빛을 주라 하심,
  창 1:15,17
- 두 가지 큰 광명을 만드심, 창 1:16
- 별들도 만드심, 창 1:16

o 빛은 하나님께서 "빛이 있으라"말씀하시니 빛이 있었고 광명들은 말씀하시고 나서 만드셨다**(made)**

o 빛은 어두움에서 나누셨다**(divide from)**

'나누셨다'는 말씀은

- 분리케 하셨다(separate), 신 10:8, 느 13:3
- 차별을 두셨다(made difference), 레 11:47, 레 10:10, 20,25

는 것으로 둘을 같은 상태에서 나누셨다는 것이 아니라 둘 사이가 구별된 다른 것이라는 말씀이다. 광명들을 빛과 어두움으로 나누게 하도록(to divide) 만드셨다.

ㅇ 빛을 낮(Day)이라 부르셨고 어두움을 밤이라 부르셨다.

광명들은

- 낮과 밤을 나누기 위하여(to divide)
- 낮과 밤을 주관하기 위하여(to rule)

만드셨다.

큰 광명은 낮을 주관하게 하셨고 작은 광명은 밤을 주관하게 하셨다.

광명들에게만 말씀하신 것도 있다.

- 하늘의 창공에 있으라
- 징조와 계절과 날짜와 연도를 위해 있으라
- 하늘의 창공에 빛이 되어 땅 위에 빛을 주라

그리고 별들도 만드셨다.

빛(light)은 히브리어에서

- 빛을 내는 근원(to be 〈cause, make〉 luminous)
- 새벽녘(break of day)
- 불을 켜다(kindle) 라는 어근 (a primary root)에서 파생된 것으로 조명 (illumination) 빛이 되는(luminary)의 뜻을 가지고 있다.

창세기 1장 3절, 4절, 5절(첫째 날)
그리고 창세기 1장 15절, 17절, 18절(넷째 날)에 쓰였다.

광명들(lights)은 히브리어에서

- 발광체 (a luminous body)
- 원소로서의 빛(light as an element)
- (비유적인 표현으로) 밝음, 유쾌함(figuratively, brightness, cheerfulness)의 뜻을 가지고 있다.

하나님의 영광을 아는 빛

하나님께서 말씀하시기를 '빛이 있으라' 하시니 빛이 있더라 하나님께서 그 빛을 보시니 그것이 좋았더라 하시는 첫째 날의 빛은 예수 그리스도의 얼굴에 있는 하나님의 영광을 아는 빛이다.

> 이는 어두움 속에서 빛이 비치라고 명령하신 하나님께서 예수 그리스도의 얼굴에 있는 하나님의 영광을 아는 빛을 주시기 위하여 우리 마음에 비추셨기 때문이라. (KJV 고후 4:6)

고린도후서 4장 5절에는 이 빛의 비취임을 받음 사람들이 '우리는 우리 자신을 전파하는 것이 아니라, 그리스도 예수가 주이신 것과 우리 자신이 예수를 위하여 너희의 종인 것을 전파하노라."고 증거하고 있고

베드로전서 2장 9절에서는 '그러나 너희는 선택받은 세대요 왕 같은 제사장이며, 거룩한 민족이요 그에게 속한 친 백성이니, 이는 너희를 어두움에서 불러내어 그의 놀라운 빛으로 들어가게 하신 분의 덕을 너희로 선포하게 하려는 것이니라.'라고 증거한다.

빛의 비취임을 받은 사람들이 그 빛을 전파하고 선포한다는 말씀이다.

이것을 첫째 날의 빛과 넷째 날의 광명들의 관계와 동일한 것이다.

도식으로 표시한다면

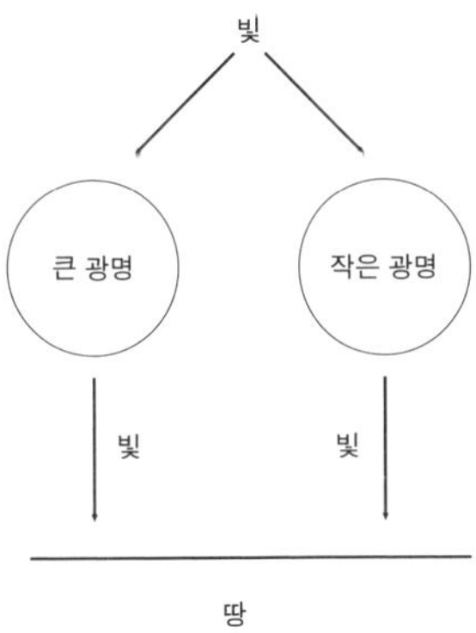

ㅇ 창세기 1장 15절과 17절의 '땅 위에 빛을 주라'와 창세기 1장 3질의 '빛이 있으라 하시니 빛이 있더라'는 동일한 히브리어 '빛'이다.

ㅇ 넷째 날의 광명들은 빛을 내는 근원이 아니고 '반사체'이다. 첫째 날의 광명을 땅에 전달하는 것이다. 큰 광명과 작은 광명은 빛의 근원이 없으면 빛을 밝힐 수 없다.

주 예수 그리스도와 선택받은 거룩한 백성도 같은 관계이다.

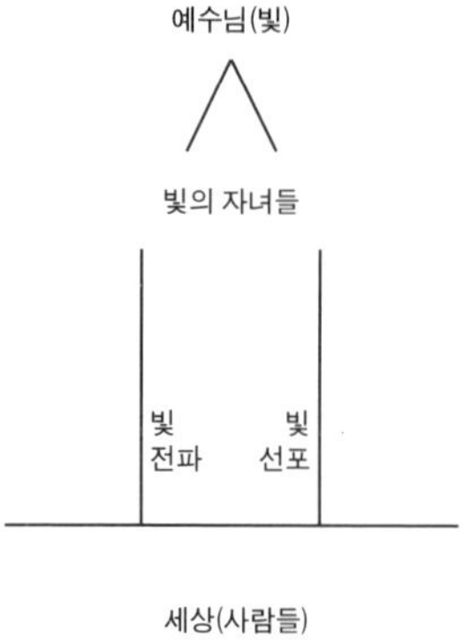

그때에 예수께서 다시 그들에게 말씀하시기를 나는 세상의 빛이라. 나를 따라오는 사람은 결코 어두움 속에 다니지 아니하고 생명의 빛을 얻으리라고 하시더라. **(KJV 요 8:12)**

너희는 모두 빛의 자녀들이며 낮의 자녀들이라. 우리는 밤이나 어두움에 속하지 아니하노라." **(KJV 살전 5:5)**

우리는 우리 자신을 전파하는 것이 아니라, 그리스도 예수가 주이신 것과 우리 자신이 예수를 위하여 너희의 종인 것을 전파하노라. **(KJV 고후 4:5)**

그러나 너희는 선택받은 세대요 왕 같은 제사장이며, 거룩한 민족이요 그에게 속한 친백성이니, 이는 너희를 어두움에서 불러내어 그의 놀라운 빛으로 들어가게 하신 분의 덕을 너희로 선포하게 하려는 것이니라. **(KJV 벧전 2:9)**

너희는 세상의 빛이라. 산 위에 있는 성읍이 숨겨질 수 없느니라. 또 사람들이 촛불을 켜서 곡식 되는 말 아래 두지 아니하고 촛대 위에 두나니, 그러면 빛이 집안에 있는 모든 사람에게 비추느니라. 그러므로 너희의 빛이 사람들 앞에 비치게 하여 그들로 너희의 선행을 보게 하고, 또 하늘에 계신 너희 아버지께 영광을 돌리게 하라. **(KJV 마 5:14-16)**

빛 되신 예수님께 관한 말씀

세상으로 들어오는 모든 사람에게 비치는 참 빛이 있었으니 그가 세상에 계셨고 세상이 그에 의하여 지은 바 되었으나 세상은 그를 알지 못하더라. (KJV 요 1:9,10)

나는 빛으로 세상에 왔나니, 누구든지 나를 믿는 사람은 어두움에 거하지 않게 하려 함이라. (KJV 요 12:46)

빛의 자녀들에 관한 말씀들

너희가 한때는 어두움이었으나 이제는 주안에서 빛이니 빛의 자녀들로서 행하라. (이는 성령의 열매는 모든 선과 의와 진리 안에 있음이라.) (KJV 엡5:8,9)

자기 형제를 사랑하는 자는 빛 가운데 거하며 자기 안에 실족할 계기가 없으나 (KJV 요일 2:10)

빛을 어두움에서 나누시더라

창세기 1장 4절의 말씀에서 '그 빛을 어두움에서 나누셨고(divide form)' 창세기 1장 18절에서 '광명으로 인하여 빛과 어두움을 나뉘게(to divide)' 하셨다.

세상 사람들도 빛과 어두움으로 나뉘어 진다.

이것이 정죄라. 즉 빛이 세상에 왔으나 사람들이 빛보다는 오히려 어두움을 더 사랑하니 이는 그들의 행위가 악하기 때문이라. 악을 행하는 자는 누구나 빛을 미워하며 빛으로 오지 아니하나니, 혹 자기의 행위가 책망받을까 함이라. 진리를 행하는 자는 빛으로 오나니, 이는 하나님 안에서 행한 자기의 행위를 나타내고자 함이라고 하시더라. **(KJV 요3:19-21)**

믿지 않는 자들과 멍에를 같이 메지 말라. 의가 불의와 어찌 관계를 맺으며 빛이 어두움과 어찌 사귀겠느냐? 그리스도가 벨리알과 어찌 조화를 이루며, 또한 믿는 자가 믿지 않는 자와 어떤 부분을 같이하겠느냐? 하나님의 성전과 우상들이 어찌 일치되겠느냐? 이는 너희가 살아 계신 하나님의 성전임이라. 하나님께서도 말씀하시기를 내가 그들 가운데서 살 것이며, 그들 가운데서 다닐 것이며, 나는 그들의 하나님이 되고 그들은 나의 백성이 되리라. 그러므로 주가 말하노라. 너희는 그들에게서 나와 따로 있고 더러운 것을 만지지 말라. 그리하면 내가 너희를 영접할 것이며 또 나는 너희에게 아버지가 되고 너희는 내 아들들과 딸들이 되리라. 전능하신 주가 말하노라고 하셨느니라. **(KJV 고후 6:14-18)**

내가 보니, 성 안에는 성전이 없더라. 이는 전능하신 주 하나님과 그 어린 양이 그 곳의 성전임이라. 그 도성은 해나 달이 그 안에서 비칠 필요가 없으니, 이는 하나님의 영광이 그 곳을 비추고 어린 양이 그 곳의 빛이 됨이라. 그리하여 구원받은 자들의 민족들이 그 도성의 빛 가운데서 걷겠으며 땅의 왕들이 그들의 영광과 존귀

> 를 그 곳으로 가져오리라. 또 그 곳의 성문들을 낮에는 결코 닫지 아니하리니 이는 그 곳에 밤이 없음이라. 그들이 민족들의 영광과 존귀를 그 곳으로 가져오리라. 무엇이든지 더럽게 하는 것이나 가증한 일을 행하는 자나 거짓말하는 자는 결코 그 곳에 들어오지 못할 것이며, 다만 어린 양의 생명의 책에 기록된 자들 만이라. **(KJV 계 21:22-27)**

주관하게 하시고

큰 광명과 작은 광명으로 낮과 밤을 주관하게 하신 말씀의 주관하다는 히브리어는

- 지배하다(to rule)
- 통치하다(have dominion)
- 다스리는 자(governor)
- 권세를 가진다(have power) 등의 의미를 갖는다.

빛으로 말미암은 광명들이 낮과 밤을 주관(**지배, 권세, 다스림, 통치**)하는 것처럼 주 예수 그리스도로 말미암은 성도들도 세상을 주관한다.

> 너희는 성도들이 세상을 심판하리라는 것을 알지 못하느냐? 세상이 너희에게 심판을 받을진대 너희가 지극히 작은 일들을 심판할 역량도 없느냐? **(KJV 고전 6:2)**

사람들의 빛

첫째 날의 빛과(창 1:3-5) 네째 날의 빛은(창 1:15,17)은 같은 히브리어이다. 광명은 그 빛으로 말미암아 빛을 발하는 발광체(a luminous body)를 나타내는 히브리어이다.

광명들을 하늘의 창공에 두시고[창 1:14,17] '땅 위에 빛을 주라'하신 것처럼 하나님의 아들 예수 그리스도 안에 있는 영원한 생명을 받은 택함 받은 자들은 세상 모두가 볼 수 있도록 빛을 비추어야 한다.

> 그 분 안에 생명이 있었으니 그 생명은 사람들의 빛이라(KJV 요 1:1-4)

> 태초에 말씀이 계셨고, 그 말씀이 하나님과 함께 계셨으니, 그 말씀은 하나님이셨느니라. 그 말씀이 태초에 하나님과 함께 계셨느니라. 만물이 그에 의하여 지은 바 되었으며, 이미 지음받은 것 가운데 그가 없이 지어진 것은 아무 것도 없더라. 그 분 안에 생명이 있었으니 그 생명은 사람들의 빛이라. (KJV 요 1:1-4)

> 내가 너희에게 어두움 속에서 말하는 것을 너희는 빛 가운데서 말하고 너희가 귓속으로 듣는 것을 지붕 위에서 전파하라. 또 너희는 몸은 죽일 수 있으나 혼은 죽이지 못하는 자들을 두려워하지 말고, 차라리 혼과 몸을 모두 지옥에서 멸하실 수 있는 그 분을 두려워하라. 참새 두 마리가 한 앗사리온에 팔리지 아니하느냐? 그러나 너희 아버지 없이는 그 중 한 마리도 땅에 떨어지지 아니하

리라. 그러나 너희의 머리털까지도 다 세어 두셨나니 그러므로 두려워하지 말라. 너희는 많은 참새보다 더 귀하니라. 그러므로 누구든지 사람들 앞에서 나를 시인하면, 나도 하늘에 계신 나의 아버지 앞에서 그를 시인할 것이요 누구든지 사람들 앞에서 나를 부인하면, 나도 하늘에 계신 나의 아버지 앞에서 그를 부인하리라. (KJV 마 10:27-33)

너희는 세상의 빛이라. 산 위에 있는 성읍이 숨겨질 수 없느니라. 또 사람들이 촛불을 켜서 곡식 되는 말 아래 두지 아니하고 촛대 위에 두나니, 그러면 빛이 집 안에 있는 모든 사람에게 비추느니라. 그러므로 너희의 빛이 사람들 앞에 비치게 하여 그들로 너희의 선행을 보게 하고, 또 하늘에 계신 너희 아버지께 영광을 돌리게 하라. (KJV 마 5:14-16)

본론

창세기 1장의 본론은 예수 그리스도이다.

결론

첫째 날부터 여섯째 날까지 하늘과 땅이 완성되었고 군상들도 완성되었다. 군상들은 하늘과 땅에 속한 만물이다.

> 그리하여 하늘들과 땅이 완성되었고 하늘들의 군상들도 그러하니라. **(KJV 창 2:1)**

이어지는 창세기 2장 2절과 3절은 일곱째 날이다.

> 일곱째 날에 하나님께서 자신이 하시던 자신의 일을 끝내시고, 자신이 하시던 자신의 모든 일로부터 일곱째 날에 쉬시니라. 하나님께서 일곱째 날을 복 주시고 그것을 거룩하게 하셨으니, 이는 그 날에 하나님께서 창조하시고 지으신 그의 모든 일로부터 쉬셨음이라.

일곱째 날은 결론이다.

하나님께서 일곱째 날을 거룩하게 하신 것은 거룩하기를 바라시는 하나님의 뜻을 사람에게 알리신 것이다.

거룩함을 원하시는 하나님의 뜻

> 하나님의 뜻은 이것이니, 곧 너희의 거룩함이니라. 너희는 음행을 삼가고 너희 각자가 거룩함과 존귀함으로 어떻게 자기 자신의 그릇을 소유하는가를 알며 하나님을 모르는 이방인들과 같이 색욕에 빠지지 말고 어떤 문제에 있어서도 정도를 지나쳐 자기 형제를 속이지 말라. 이는 우리가 미리 경고하였고 증거한 바와 같이 주께서는 이러한 사람들에 대하여 벌을 주시는 분이시기 때문이니라. 하나님께서 우리를 부르신 것은 부정함에 이르게 하려는 것이 아니라 거룩함에 이르게 하려 하심이니라. 그러므로 경시하는 자는 사람을 경시하는 것이 아니라 우리에게 그의 거룩한 영을 주신 하나님을 경시하는 것이니라. **(KJV 살전 4:3-8)**

안식에 들어오기를 원하시는 하나님

하나님께서 일곱째 날에 쉬신 것도 사람이 거룩하기를 원하시는 것처럼 사람이 하나님의 안식에 들어오기를 원하시는 것이다.

> 어느 곳에선가 일곱째 날에 관해서 이렇게 말씀하시기를 하나님께

서 일곱째 날에 그의 모든 일에서 쉬셨느니라고 하셨으며 여기에 서 다시 그들이 나의 안식에 들어오려면이라고 하셨느니라. 그러므로 누군가 거기에 들어가는 일이 남아 있으나 먼저 복음을 들은 자들은 믿음 없음으로 인하여 들어가지 못한 것이라. 또 다시 오랜 세월 후에 어떤 날을 정하셔서 다윗에게 오늘이라 말씀하셨으니, 오늘 너희가 그의 음성을 듣거든 너희 마음을 완악하게 하지 말라고 함과 같으니라. 만일 예수(여호수아)[1]가 그들에게 안식을 주었더라면 하나님께서 그 후에 다른 날을 말씀하지 아니하셨으리라. 그러므로 하나님의 백성에게 한 안식이 남아 있도다. 그의 안식에 들어간 사람은 하나님께서 자기 일에서 쉬신 것같이 그도 자기 일에서 쉬었느니라. 그러므로 우리가 그 안식에 들어가도록 힘써야 하리니 이는 아무도 똑같은 믿음 없음의 본에 빠지지 않게 하려 함이라. (KJV 히 4:4-11)

사람은

- 하나님의 안식에 들어간 사람이 있고(히 4:10)
- 하나님의 안식에 들어가는 일이 남아 있는 사람이 있다(히 4:9)

안식에 들어가지 못한 사람은 믿음이 없기 때문이다(히 4:6)

그러므로 우리는 두려워할지니 그의 안식에 들어갈 약속이 남아 있을지라도 너희 중에 혹 미치지 못할 자가 있을까 함이라 저희와 같이

1 흠정역(King James Version)이 여호수아를 음을 따라 예수로 오역했다. 여호수아가 바른 번역이다.

우리도 복음 전함을 받은 자이나 그러나 그 들은 바 말씀이 저희에게 유익 되지 못한 것은 듣는 자가 믿음을 화합치 아니함이라 (히4:1,2)

계시된 믿음

하나님께 대한 믿음은 하나님께서 주신(계시된) 믿음이 있고 자기가 믿으려고 노력하는 믿음이 있다.

그러나 믿음이 오기 전에 우리는 율법 아래서 감시를 받았으며, 나중에 믿음이 계시될 때까지 갇혀 있었느니라. (KJV 갈 3:23)

자기가 믿으려고 노력하는 믿음은 죄를 다스릴 힘이 없다.

전도자 빌립이 사마리아 성읍에 내려가 그리스도를 전파하니 마술사 시몬도 믿었다(행 8:5-13). 그러나 사도 베드로와 요한이 안수함으로 성령을 받는 것을 보고 돈을 주며 이 능력을 받고자 했다. (행 8:14-20)

그때 시몬 자신도 믿고 침례를 받은 후에 빌립과 꾸준히 함께 지내며 능력과 표적이 행해짐을 보고 놀라더라. (KJV 행 8:13)

그때 두 사도가 그들에게 안수하니 그들이 성령을 받으니라. 그러자 시몬이 사도들의 안수함으로 성령을 받는 것을 보고 그들에게 돈을 주며 말하기를 나에게도 이 능력을 주어 누구에게든지 내가 안수하는 사람은 성령을 받을 수 있게 하소서. 하니 베드로가 그에게 말하기를 너는 네 돈과 더불어 망하라. 이는 네가 하나님의 선물을 돈으로 살 수 있다고 생각하였기 때문이라. (KJV 행 8:17-20)

마술사 시몬은 믿음 없는 교인의 표상이다. 믿고 침례를 받고 꾸준히 함께 지냈으나 하나님께서 주신 믿음이 아닌 자기가 믿은 믿음이기 때문에 망할 수밖에 없다. 죄와 사망의 법에서 해방(롬 8:2)된 적이 없기 때문이다(행 8:21-24)

내가 보니 너는 악독에 젖어 있고 불의에 묶여 있도다. 하니 시몬이 대답하여 말하기를 나를 위하여 주께 간구하여서 당신들이 내게 말한 일이 임하지 않게 하소서라고 하더라. (KJV 행 8:23-24)

하나님께서 자기 일을 쉬심같이 자기일을 쉰다

안식에 들어간 사람은 하나님께서 자기 일을 쉬신 것 같이 그도 자기 일에서 쉰다(히 4:10). 예수 그리스도 안에서 안식하는 믿음이 모든 것을 확증한다.

하나님께서 주신 믿음을 가진 사람은 예수님께서 다시 오시기를 간절히 기다린다.

이런 일들을 증거하신 분이 말씀하시기를 반드시 내가 속히 오리라. 하시니라. 아멘. 그러하옵니다. 주 예수여, 오시옵소서.(KJV 계 22:20)

내가 선한 싸움을 싸우고 달려갈 길을 마치고 믿음을 지켰으니 이후로는 나를 위하여 의의 면류관이 마련되어 있어 의로운 재판관이신 주께서 그 날에 그것을 내게 주실 것이며 또 나뿐만 아니라 그의 나타나심을 사모하는 모든 사람에게도 주실 것이라. (KJV 딤후 4:7-8)

일곱째 날

일곱째 날에는 "저녁과 아침이 되니" 하는 말씀이 없다. 첫째 날부터 여섯째 날까지 모든 날과 다른 점이다.

더욱이나 하나님께서 일곱째 날(day)을 복 주셨다. (창 2:3)

왜 "저녁과 아침이 되니" 하는 말씀이 없는지 하나님께서 주신 복이 무엇인지 살펴 보자.

날

날(day)은 히브리어에서 다음과 같은 의미를 갖는다.

- 더워지는 것 (to be hot)
- 따뜻한 시간의 하루(a day 〈as the warm hours〉)
- 일출 후 일몰까지(form sunrise to sunset)
- 일몰 후 다음 일몰까지(form sunset to the next)
- 일정한 시간적 공백(a space of time detined by an associated term)

저녁

저녁(evening)은 히브리어에서

- 직물로 덮는다(the idea of covering with a texture)
- 일몰 후 어둑어둑 해지는 것 (to grow dusky at sundown)
- 저녁이 됨(<toward> evening)

의 의미를 가지며 때로 밤(night)으로 쓰일 수도 있다.

아침

아침(morning)은 히브리어에서

- 밭을 갈다 (to plough)
- 부수다(break forth)
- 문의하다(<make> inquiry)

의 뜻을 가지고 있다.

아침은 탐색하다(search, seek out)는 의미를 포함하며 동틀 녘(dawn as the break of day)을 나타내기도 한다.

날과 저녁과 아침

날과 저녁과 아침의 관계는 다음과 같다.

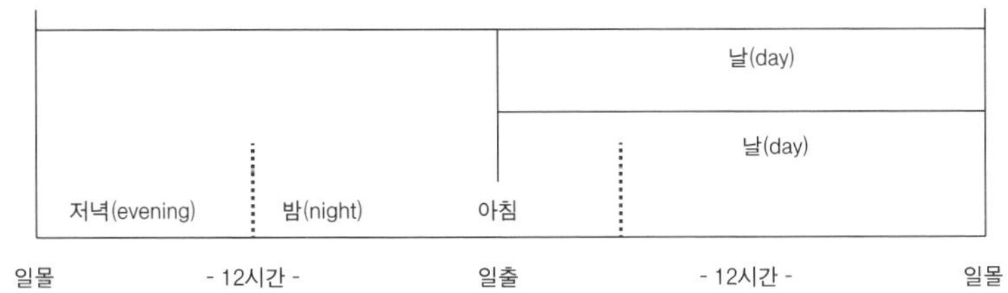

저녁(evening)은 해질 때부터 잠자리에 들 때까지 시간이다.

첫째 날부터 여섯째 날까지 "저녁이 되며 아침이 되니"에서 밤(night밤은 해가 뜰 때까지의 시간이다)이라고 표현하지 않고 저녁(evening)이라고 말씀하셨다. 그러나 히브리어에서 밤이라고도 쓰이기 때문에 '저녁이 되며'는 일몰에서 일출까지의12시간이 될 수도 있다.

그러나 아침(morning)은 동틀 무렵이다. 낮 시간이(일출에서 일몰까지의 12시간) 포함되지 않는다.

하나님께서는 '저녁이 되며 아침이 되니 첫째 날 이니라'라고 말씀하셨는데 낮 12시간은 어디에 포함되는가?

더욱이나 일곱째 날에는 "저녁이 되며 아침이 되니" 하시는 말씀이 없고 하나님께서 일곱째 날을 복 주셨다.

낮에 다니면 넘어지지 아니하리니

낮은 세상의 빛이신 예수이시다.

> 예수께서 대답하시기를 낮은 열두 시간이 아니냐? 누구나 낮에 다니면 넘어지지 아니하리니, 이는 그가 이 세상의 빛을 보기 때문이라. 그러나 사람이 밤에 다니면 넘어지나니, 이는 빛이 그 사람 안에 없기 때문이라고 하시더라. (KJV 요 11:9,10)

> 그때에 예수께서 다시 그들에게 말씀하시기를 나는 세상의 빛이라. 나를 따라오는 사람은 결코 어두움 속에 다니지 아니하고 생명의 빛을 얻으리라고 하시더라. (KJV 요 8:12)

밤이 지나면 아침에 동이 터서 낮이 오고 여섯째 날이 지나면 하나님이 복 주신 일곱째 날이 온다. 그리고 하나님께서 안식하심 같이 영원한 쉼을 누리게 된다. 어두운 죄에 매여 살던 사람이 예수로 말미암아 새롭게 살게 되면 환한 아침이 온다. 그리고 영원한 낮과 같이 밝은 날에 살게 된다. 믿음으로만 가능하다.

믿음을 시험하고 확증하라

하나님께서 자기 자신의 믿음을 시험하고 확증하라고 말씀하신다. 생명의 빛이신 예수님께서 자신에게 있는가? 아니면 아직도 어두움 속에 죄에 매여 사는가?

> 너희가 믿음 안에 있는지 너희 자신을 시험하고 스스로 입증하라. 예수 그리스도께서 너희 안에 계신 것을 스스로 알지 못하느냐? 그렇지 못하면 너희는 버림받은 자들이라. **(KJV 고후 13:5)**

예수께서 영원한 안식을 주시기 위해 부르고 계신다.

> 수고하고 무거운 짐 진 자들아, 다 내게로 오라. 그러면 내가 너희에게 쉼을 주리라. **(KJV 마 11:28)**

창세기 1장에 연결된 질문

아래에 기록한 질문은 어떤 순서가 있는 건 아니다.

- 태초(in the beginning) 이전 즉 창조 이전부터 있었던 것들은 무엇인가? 그렇다면 창조라는 말씀을 어떻게 이해하여야 하는가?

- 하나님께서 창조하셨다고 기록된 날이 세 번인데(첫째 날, 다섯째 날, 여섯째 날) 서로 어떤 연관성을 가지고 있는가?

- 하나님께서 말씀으로 먼저 하신 후에 창조하거나 만드신 날이 있다. 어느 날이며 어떤 것들이 있나?

- '하나님의 말씀'으로만 되어진 것들은 무엇인가?

- 하나님께서 사람을 창조하시기도 하셨고, 만드시기도 하셨고, 지으시기도 하셨다.
  - 세 가지 방법의 차이와 왜 그렇게 하셨는지를 설명하라

- 창 1:2 '흑암이 깊음(the deep-깊은 물) 위에 있고 하나님의 신은 수면에 운행하시니라'와 창 2:5-6 '여호와 하나님이 땅에 비를 내리지 아니하셨고'라는 이 두 말씀은 상이한 말씀인가? 아니면 동일한 말씀인가? 각 대답에 대한 이유는 무엇인가?

- 하나님께서 칭하신(called) 것들과 아담을 부르신(called) 것과 어떤 연관이 있는가?

- 넷째 날부터는 왜 칭하시니라(called) 라는 말씀이 없는가?

- 하나님께서 셋째 날에 땅은 씨 맺는 채소와 각기 종류대로 씨 가진 열매 맺는 과목을 내라고 말씀(said) 하셨다. 이 말씀으로 성도의 열매 맺는 생활을 설명하라.

- 창 1:30의 푸른 풀(green herb)은 셋째 날에 만들어진 것인가? 이 푸른 풀(green herb)이 왜 육축에게는 식물로 주어지지 않았는가?

- 하나님의 보시기에 좋으셨던 것을 각 하루를 단위로 하여 네가지 다른 모습을 들고 서로 다른 점을 설명하라.

- 하나님께서 일곱째 날에는 안식하시기만 하셨는가?

- 하나님께서 일곱째 날을 복 주시고 거룩하게 하신 이유는 무엇인가? 사람은 어떠해야 하는가?

- 창 2:3 '하나님이 그 창조하시며(created) 만드시던(made) 모든 일을 마치시고 이 날에 안식하셨음 이더라'. 지으신(formed) 일은 다 하셨는가? 왜 이 말씀이 안식하신 날에 없는가?

- 하나님께서 일곱째 날에 창조하시며 만드시던 모든 일을 마치시고 안식하셨다. 창 3:20~24은 어느 날에 해당하는가?
  만약에 여섯째 날이라면 두 사람이 벌거벗은 일에 대한 해결책은 창 1:1~3:24 내의 어느 말씀에 있는가?

- 현대인은 어느 날에 살고 있는가?
  - 여섯째 날이라면 이유는 무엇인가?
  - 일곱째 날이라면 이유는 무엇인가?
  - 다른 날이라면, 어느 날이며 이유는 무엇인가?

- 하나님(GOD)께서 하신 일과 여호와 하나님(LORD GOD)께서 하신 일의 차이는 무엇인가? 이유는 무엇인가?

- '생명나무'와 '선악을 알게 하는 나무'는 어느 날에 나게 하셨는가?

- 네 근원이 되는 강은 어느 날에 발원하게 되었는가?

- 창 1:24~27에서는 하나님께서 사람을 마지막에 창조하셨다. 창 2:18~20 에서는 여호와 하나님이 각종 들짐승과 공중의 각종 새를 지으시고 아담에게 이끌어 오셨다.
  - 창조의 순서상으로 어느 것이 먼저 만들어졌는가?
  - 같은 말씀이라면 이유는 무엇인가?

- 창 2:22~23에서 남자의 갈비뼈는 지금도 하나가 부족한가? 아니라면 이 말씀을 어떻게 강론하겠는가?

- 창 2:18~23에서 예수님을 설명하라.

- 창 2:24에서 예수님을 설명하라.

- 창 3:1~4 뱀이 과연 여자와 대화하였는가?

- 창 3:14 뱀이 저주받기 전에는 어떻게 다녔는가?

- 창 3:6의 말씀을 창 2:7의 말씀으로 설명하라.

- 창 3:20에서 아담이 그 아내를 하와(**산 자의 어미**)라 이름 하였다.
  - 하와는 언제 죽었으며?
  - 언제 살았는가?

- 창세기 3장에 하나님께서 저주하신 두 가지는 무엇인가? 아담과 그 아내도 저주하셨는가?

- '하나님의 신은 수면에 운행하시니라'를 설명하라.

- 땅(earth), 흙(ground), 먼지(dust), 지경(land)의 차이를 설명하라.

- 여섯째 날에 '지으신(made) 모든 것을 보시니 보시기에 심히 좋았더라'라는 말씀은 무슨 말씀인가?

- 창 2:1 '천지와 만물(host)이 다 이루니라'는 말씀은 첫째 날의 '천지를 창조하시니라'는 말씀과 어떤 연관을 가지고 있는가?

- 다섯째 날에 창조는 하시고 만드신(made) 일이 없으신 것은 하나님의 어떤 의도이신가?

답은 강좌 안에 있기도 하고 스스로 성경을 찾아 보기도 해야 한다.

리서치 노트

리서치노트

첫째 날

창 1:1

태초에 (in the beginning)

תישארב (베레쉬트)

- beginning

창 1:1 (태초에), 10:10 (시작되었으며), 49:3 (시작이라)

신 11:12 (세초부터), 21:17 (시작이라)

욥 8:7 (시작은), 42:12 (처음)

시 111:10 (근본이라)

잠 1:7 (근본이어늘), 8:22 (시작), 17:14 (시작은)

전 7:8 (시작보다)

사 46:10 (처음부터)

렘 26:1 (초에), 27:1 (오래지 아니하여서), 49:34 (오래지 아니하여서)

미 1:13 (근본이니)

- first

출 23:19 (처음)

민 15:20 (처음), 21 (처음), 24:20 (으뜸이다)

신 26:2 (맏물을)

겔 44:30 (첫)

호 9:10 (처음)

- firstfruit
레 2:12 (처음 익은 것), 23:10 (첫 이삭)
민 18:12 (첫 소산)
신 18:4 (처음 된 곡식), 26:10 (맏물)
대하 31:5 (소산의 처음 것)
느 10:37 (처음 익은), 12:44 (처음 익은 것)
장 3:9 (처음 익은 열매)
렘 2:3 (처음 열매)
겔 20:40 (첫 열매), 48:14 (처음 익은 열매)

- first part
신 33:21 (먼저)

- principal
잠 4:7 (제일이니)

ajrchv

- beginning
  마 19:4 (본래), 8 (본래), 24:8 (시작), 21 (창세)
  막 1:1 (시작), 10:6 (창조시로부터), 13:8 (시작), 19 (창조부터)
  눅 1:2 (처음부터)
  요 1:1 (태초에), 2 (태초에), 2:11 (처음), 6:64 (처음부터)
    8:25 (처음부터), 44 (처음부터), 15:27 (처음부터), 16:4 (처음부터)
  행 11:15 (처음)
  빌 4:15 (시초에)
  골 1:18 (근본이요)
  살후 2:13 (처음부터)
  히 1:10 (태초에), 3:14 (시작할 때에), 7:3 (시작한 날)
  요일 1:1 (태초부터), 2:7 (처음부터), 2:13 (태초부터),14 (태초부터),

2:24 (처음부터), 3:8 (처음부터), 11 (처음부터)
요이 5 (처음부터), 6 (처음부터)

- Corner
행 10:11 (네 귀를), 11:5 (네 귀를)

- (at the first)
행 26:4 (처음부터)
히 2:3 (처음에), 5:12 (초보)

- magistrate
눅 12:11 (정사)

- power
눅 20:20 (치리)

- principality
롬 8:38 (권세자들)
엡 1:21 (정사), 3:10 (정사), 6:12 (정사)

- principle
히 6:1 (초보)

- Rule
고전 15:24 (정사)

히 7:3 vs 계 1:17
히 7:3 "시작한 날도 없고 생명의 끝도 없이
계 1:17 "나는 처음이요 나중이니"

엡 1:4 vs 살후 2:13
엡 1:4 "창세전에 그리스도 안에서 우리를 택하사"
살후2:13 "처음부터 너희를 택하사"

잠 9:22 vs 요일 1:1
잠 9:22 "태초에 일하시기 전에 나를 가지셨으며"
요일1:1 "태초부터 있는"
① to make something entirely new, either a
new maternal, or a new arrangement of maternal,
a new sort of thing,
② does not always mean to "make something of nothing.

창조하시니라(God Created)

ברא(바라) ① 신적활동 히11:3
② 만들다 기존자료에서 조립
③ 제조하다

- To create
① to cause to exist, bring into being; originate
② to give rise to; bring about; produce
③ to invest with office or title; appoint
④ to be first to portray and character to
(a role or part)

창 1:1 (창조), 21,27, 2:3,4, 5:1,2, 6:7
신 4:32
시 51:10, 89:12, 102:18, 104:30
시 148:5 (지음을 받았음이로다)
사 4:5 (만드시고)
사 40:26,28, 41:20, 42:5, 43:1,7, 45:7,8,12,18, 48:7, 54:16
57:19 (짓는 나 여호와가), 65:17,18
렘 31:22

겔 21:30 (지음을 받은 곳에서), 28:13 (지음을 받던 날에), 15
암 4:13
말 2:10 (지으신 바가 아니냐)
- (qualified) to cut down (a wood)
- select
- feed (as formative processes)
- choose
- dispatch
- do
- make

ktizw(크티조)
- create / creature
막 10:6, 13:19, 16:15 (만민에게)
롬 1:20 (창세로부터), 25 (피조물)
8:19 (피조물), 20,21,22,39
고후 5:17 (피조물)
갈 6:15 (새로 지으심을 받은 자)
골 1:15 (창조물), 23 (천하 만민)
히 4:13 (지으신 것이)
벧후 3:4 (창조)
계 3:14 (창조) -말씀으로 히11:3

- ordinance
벧전 2:13 (제도)

창세기 1,2,3 장
- (ar;B(bara 바라) : create
창 1;1, 21, 27, 2:3,4

- (hc;[;아사 ㅎ)

창 1:7 (make), 16, 25, 26, 31, 2:2 (do), 3 (make), 4,8 (form)

3:1 (make) 7 (sew), 13 (do), 14, 21 (make)

- (rx'y;(yatsar야-차르)

창 2:7 (from), 8, 19(form)

- through the squeeging into shape
- to mould into a form ; espec. as a potter
- to determine (i,e., form a resolution)

창1:1

천지를 (the heavens and the earth)

- the heavens
  - dual of an Unused singular
  - to be lofty
  - the sky (창 6:17)
  - air
  - heaven (창 14:19, 22, 49:25)
  - heavens

- the earth

① land (육지)

the earth (지구, 대지)

② soil (흙)

창 1:25 (땅) 4:11,14, 6:1,20, 7:8 , 9:2, 12:3 , 28:14

창 6:17 (지면) 7:4

③ dust (먼지)

mud (진흙)

창 26:15 (흙)

창 28:14 (티끌)

- the earth (개역성경)

땅
천지 창 1:1
지면 창 7:3
세상 창 6:5, 7:13, 10:8, 10:25, 18:25, 45:7, 48:16
지방 창 10:20, 31
평지 창 11:2
본토 창 11:28, 30:25
들　 창 19:28
고향 창 32:9
나라 창 42:12
토지 창 49:15

- 하늘
  - 히브리: 높이, 땅과 붙들려 매여 있는 큰 공간, 지붕
    헬라: 경계, 높은 곳
    라틴: 오목할 곳, 새겨진 곳

① "하나님이 궁창을 하늘이라 칭하시니라 (창 1:8)
천하의 물 (waters under the heavens) 창 1:9
하늘의 궁창에 (the firmament of the heavens)

창 1:14, 15, 17, 20

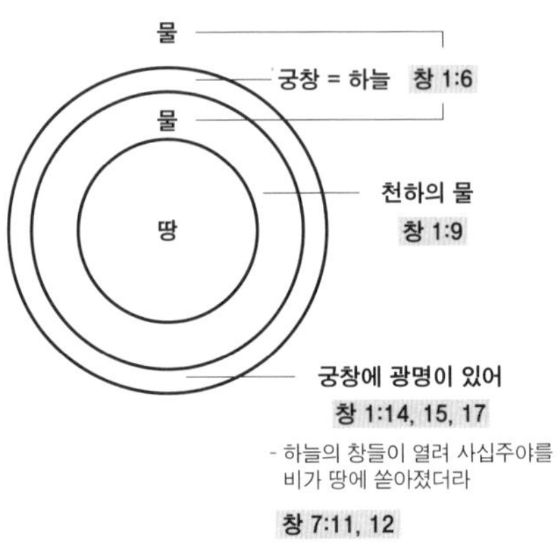

② 주의 거룩한 처소 하늘
신 26:15
왕상 8:30
시 2:4
- 셋째하늘 (the third heaven)
  고후 12:2
- 하늘의 하늘 (the highest heavens)
  신 10:14
  왕상 8:27
- 천사가 거하는 하늘
  마 18:10
  왕상 22:19
- 천국/하나님 나라
  마 4:17, 5:3
  단 2:44
  행 28:31
  계 1;9

- 땅 (thc earth)
 ① 땅을 공간에 다시며
    욥 26:7-10
    사 24:19,20
 ② 땅이 혼돈하고 공허하며
    창 1:2
    세상
     창 6:5
    땅에 있는 지체
     골 3:5
- 새 하늘과 새 땅
  사 66:22 , 계 21:1

시 102:25,26, 히 1:10-12

창1:2

"땅이 혼돈하고 (without form) "

- to lie waste
- a desolation (of surface) I.e, desert
- wilderness

신 32:10 짐승이 부르짖는 광야 (wasteland)

삼상 12:21 헛된 것 (empty thing)

그들은 헛되니라 (they are nothing)

욥 6:18 광야 (nowhere)

12:24 거친 들 (wilderness)

26:7 공간 (on nothing)

시 107: 40 황야 (wilderness)

사 24:10 약탈을 당한 (contusion)

24 :1 헛된 일 (for a thing of naught)

34 :11 혼란 (confusion)

40 :17 빈 것 (worthless)

23 헛되게 (use less)

41:29 허탄한 (confusion)

44:9 허망하도다 (use less)

45:18, 19 헛되이 (in vain)

49:4 무익히 (for nothing)

59:4 허망한 것 (empty)

렘 4 : 23 혼돈하고 (without form)

"공허하며" (void)

- emptiness
- void

사 34:11 공허의 (emptiness)
렘 4: 3 공허하며 (void)
“흑암이 (darkness)“
- dark
- black
- death
- ignorance
- destruction
창 1:2 , 4, 5, 18
욥 12 : 24, 25

“깊음 위에 있고 (was on the face of the deep)“
- main sea
- depth
- deep (place)
창 7: 1 깊음의 샘
8:2
49:25 아래로 원천의
출 15:5, 8 큰 물
신 33: 3 땅 아래 저장한 물
욥 28:14 깊은 물
38:16 깊은 물; 시 33 :7, 사 51 : 10
30 해면
41:32 바다 물
잠 8:24 바다; 합 3 : 10
겔 26:19 깊은 바다
암 7:4 큰 바다
욘 2 : 5 깊음

고후 5 : 17 "그런즉 누구든지 그리스도 안에 있으면 새로운 피조물이라 이전 것은 지나갔으니 보라 새것이 되었도다"

- a new creation

엡 2 : 1 "너희의 허물과 죄로 죽었던 너희를 살리셨도다 "

- dead in trespasses and sins

엡 4 : 18 "저희의 총명이 어두워지고 저희 가운데 있는 무지함과 저희 마음이 굳어짐으로 말미암아 하나님의 생명에서 떠나 있도다"

- their understanding darkened
- because of the ignorance that is in them

엡 5 : 8 "너희가 전에는 어두움이더니 이제는 주 안에서 빛이라 빛의 자녀들처럼 행하라"

- you were once darkness
- you are light in the Lord

살전 5 : 5 "너희는 다 빛의 아들이요 낮의 아들이라 우리가 밤이나 어두움에 속하지 아니하나니"

- we are not of the night nor of darkness
- you are all sons of light and sons of the day

창1;2

" 하나님의 신은 (the Spirit of God) "

- breath (창 7:15)
- Wind (창 8:1)
- Cool (창 3:8)
- life
- Spirit (창 41:38)

신

창 1:2 , 6:3

욥 26:13

시 143:10

사 34:16 , 61:1
겔 1: 12, 20
영
시 51:10
겔 36;26
성신
시 51:11
사 63:11
기운
욥 27:3
시 33:6
호흡
시 104:29

"수면에 (over the face of the Waters)"
- Wate<u>rs</u>
창 1:2 (수면), 6 (물) ,7, 9 , 10 , 20 , 21, 22, 6:17 (홍수)
7:6, 7, 10, 17 (물), 18, 19, 20, 24, 8:1, 3, 5, 7, 8, 9, 11, 13
9:11 (홍수), 15 (물)
- Water
창 16:7 (물), 18:4, 21:14, 15, 19, 25, 24:11, 13, 17 32, 43
26:18, 19, 20, 32, 30:38, 37:24, 43:24, 49:4
- 창 2:10
"적시고 (to Water)"
창 1:2 과 상이한 히브리어

"운행하시니라 (was hovering)"
- brood
- (to be relaxed) - flutter
- move

- shake

- 렘 23:9 "내 모든 뼈가 떨리며 (shake) "
- 신 31:11 "그 새끼 위에 너풀거리며 (hovers) " 마 23:37 -39
  - 벧후 3:5, 6 " ..... 땅이 물에서 나와 성립한 것......."
  욥 26:5 "음령들이 큰 물과 수족 밑에서 떠나니"
  계 20:13 "바다가 그 가운데서 죽은 자들을 내어주고 ....."

- 물
  벧전 3:21 세례
  고전 10:1, 2
  출 15:1

- 물과 성령으로 거듭난다
  계 14:2 "..... 많은 물소리도 같고 ....."
  고전 14:7-11 " ...... 분명치 못한 소리 ......"
  레 1:9 " ...... 물로 씻을 것이요 ...."
  겔 16:4, 9 " 물로 씻어 정결케 하지 아니하였고 ...."
  겔 36:25, 26 " 맑은 물로 너희에게 뿌려서 너희로 정결케 하되"
  요 19:34 "..... 옆구리를 찌르니 곧 피와 물이 나오더라"
  요일 5:6 "..... 물로만 아니요 물과 피로 임하셨고"
- 사 55:1-13
  "너희 목마른 자들아 물로 나아오라 ....."
- 창 1:2
  ".... 하나님의 신은 수면에 운행하시니라."

창 1:3, 4
"하나님이 가라사대 (Then God said)"

(히) 스트롱 사전#: 559 (*) - to say (used with great latitude)
창 12:4, 16:13, 17:23, 18:5, 18:19, 19:21. 21:1, 21:2,
23:16, 24:7, 24:30, 24:33, 24:51, 27:19, 28:15, 35:13,

35:15, 39:19, 41:28, 42:14, 42:30, 44:2, 45:15, 45:27, 49:28
(히) 스트롱 사전#: 1696 - ① to arrange
② (of Words) to speak
(히) 스트롱 사전#: 1697 - a ward, a matter (as spoken of) or thing
창 45:27, 47:30
(히) 스트롱 사전#: 4448 - to speak (mostly poet) or say
창 21:7
(헬) 스트롱 사전#: 2036 (*) - generally refer to an individual
expression or speech respectively
(헬) 스트롱 사전#: 3004 - relate (in words (usually of systematic or set
discourse)

"빛이 있으라 하시매 빛이 있었고 ("Let there be light", and there was light)"
(히) 빛 - 조명, 광량
- (스스로 또는 반사로) 빛나는
(헬) 빛 - to shine especially by rays
- luminousness (in the widest application)
고후 4 : 6

"그 빛이 하나님의 보시기에 좋았더라 (And God saw the light, that it was good,)"
(히) good - cheerful, joyful, kindly
- glad
- Good
- pleasant
- (be, do, go play) well
(헬) good - 마 3:10, 5:16, 7:17, 12:33, 13:8
막 4:8
눅 3:9, 6:38, 8:15, 9:33, 14:34, 21:5
요 2:10, 10:11, 14, 32, 33

요 12:44-50 “그 말이 마지막 날에 저를 심판하리라”
요 10: 1-6, 27 “양들이 그의 음성을 아는 고로”
요 5:25-29 “듣는 자는 살아나리라”
요 5:47 “어찌 내 말을 믿겠느냐”
요 15:20-22 “핑계 할 수 없느니라”
요 18:9 “말씀을 응하게 하려 함이니라”
마 8:1 -13 “말씀으로만 하옵소서”
마 9:1 -8 “하는 말이 어느 것이 쉽겠느냐”
계 13:5, 6 “참람된 말하는 입을 받고”

창 1:4, 5
“하나님이 빛과 어두움을 나누사
(God divided he light from the darkness)”

- 빛: 어근 (216) - to be (cause, make) luminous
  - break of day
  - Kindle
  - 조명, 광량, (스스로 또는 반사로) 빛나는
  - 창 1:3, 4, 5, 17, 18
- (3974) - luminary
  - light (as an element)
  - bright
  - 창 1:14, 15,16
- 어두움: 어근 - to be dark (as withholding light)
  - transit to darken
  - be black
  - be (make) dark
  - be dim
    - 어두움 (darkness)

파멸 (destruction)
죽음 (death)

무지 (ignorance)
사악 (wickedness)

- 나누사 (divided) - to divide
  - separate
  - (make, put) difference
  - select

출 26:33 (너희를 위하여 성소와 지성소를 구별하리라)
신 10:8 (여호와께서 레위지파를 구별하여)
느 13:3 (이스라엘 가운데서 몰수히 분리케 하였느니라)

- 마 24:29, 30
  계 21:23, 24
- 빛 - 마 4:16, 5:14,16 6:23, 17:2
  눅 2:32, 8:16, 11:35, 16:8
  요 1:4,5,7,8,9, 3:19,20,21, 5:35, 8:12, 9:5, 11:9,10, 12:35,36,46
  행 9:3, 13:47, 22:6, 9, 11, 26:13,18,23
  롬 2:19, 13:12
  고후 4:6, 6:14
  엡 5:8, 9, 13
  골 1:12
  살전 5:5
  딤전 6:16
  약 1:17
  벧전 2:9
  요일 1:5,7, 2:8,9 ,10
  계 18:23, 21:24

"빛을 낮이라 칭하시고 (God called the light day)"

- 낮 - to be hot 뜨겁게 하려고
  - a day (as the warm hours) (온란한 때로서의) 하루
  - from sunrise to sunset 일출부터 일몰까지

- 창 1:5, 8, 13,14,16,18,19,23,31, 2:2, 3, 4, 17, 3:5, 8, 14,17

"어두움을 밤이라 칭하시니라 (and the darkness He called Night)"
- 밤 - a twist (away of the light)
  (빛으로부터) 굽어진 것
  - 창 1 :5, 14, 16, 18, 요 9:4, 5, 요 11:7-10, 롬 13:11-14
    살전 5:1-11
- 칭하시고: to call out to (address by name)
  (이름으로 나타내기 위하여) 불러내다
  - preach 전도하다
  - (make) proclaim (action) 선언하다
  - publish 공표하다
  - 창 1:5, 8, 10, 창 11:9, 2:19, 20, 23, 3:9, 20
    4:17, 25, 26, 5:2, 3, 29

창 1:5
"저녁이 되며 아침이 되니 이는 첫째 날이니라
(So the evening and the morning were the first day)"
- 저녁 (evening)
  (어근) - 직물로 덮는다는 의미 (the idea of covering with a texture)
  - 일몰 후 어둑어둑해 지는 것 (to grow dusky at Sundown)
  - 저녁이 됨 (toward) evening
- 저녁 (evening)
  황혼 (eventide)
  밤 (night)
- 창 1:5, 8, 13, 19, 23, 31, 8:11, 19:1, 24:11, 63, 29:23, 30:16, 49:27

- 아침 (morning)
  (어근) - 밭을 갈다 (to plough)
  - 부수다 (break forth)

- 문의하다 (make) inquire try)
- 탐색하다 (make) search, seek out

- 동틀 녘 (dawn as the break of day)
  아침 (morning)
  일찍이 (early)
  (고어) 아침 (morrow)
- 창 1:5, 8, 13, 9, 23, 31,19:27, 20:8, 21:14, 22:3, 24:54, 26:31, 28:18
  29:25, 31:55, 40:6, 41:8, 44:3, 49:27

- 첫째 날

- 첫째: 하나 (one)
  - (차례로서의) 첫 번째 (as an ordinal) first)
  - 창 1:5, 9, 2:11, 21, 24, 3:22, 4:19, 8:5, 13, 10:25, 11:1, 6
- 날: 더워지는 것 (to be hot)
  - 따뜻한 시간의 하루 (a day (as the warm hours))
  - 일출 후 일몰까지 (from Sunrise to sunset)
  - 일몰 후 다음 일몰까지 (from sunset to the next)
  - 일정한 시간적 공백 (a space of time defined by an associated term)
    - 창 1:5, 8, 13, 14, 16, 18, 19, 23, 27, 31, 2:2, 3.4, 17
      3:5, 8, 14, 17, 4:3, 14, , 5:1, 2, 4, 5, 8, 11, 14, 17, 20, 23, 27,
      31, 6:3, 4, 5, 7.4, 10, 11, 12, 13, 17, 24
      8:3, 4, 6, 10, 12, 14, 22, 9:29, 10:25, 11:32

Yom Theories

- Day (Yom)의 다양한 의미

① 빛으로서의 12시간 (12 hours of light)
창 1:5, 14, 16, 18, 8:22

② 24시간으로서의 하루 (24 hour day)
창1:5

출20:8-11

③ 불확정한 활동기간 (indefinite period of activity)

창2:4

레14:2, 9. 10

- 24 Hour Interpretation Theory (24시간론)
- Day-Age Theory : Yom as a period of activity(세대론)
- Gap and Restoration Theory

"저녁이 되며 아침이 되니"

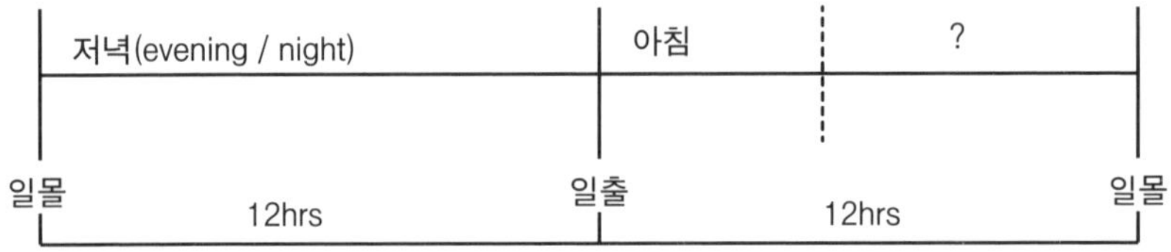

- 요 9:3-5
- 요11:8-10
- 살전 5:1-11
- 엡 5:8-14

창1:1-3:24

태초 이전	- 어두움(흑암)	
	- 물 (깊음)	
첫째 날	- 천지	- 낮 (빛)
	- 빛	- 밤 (어두움)
둘째 날	- 궁창 (하늘	- 궁창 위의 물
		- 궁창 아래의 물
셋째 날	- 풀(Grass)	- 땅 (뭍)
	- 씨맺는 채소(Herb)	- 바다 (모인물)
	- 씨가진 열매맺는 과목	

	- 에덴에 동산을 창설하시고(?)	
	- 생명나무	
	- 선악을 알게하는 나무	
넷째 날	- 광명	- 주야
	- 두 큰 광명	- 징조
	- 별들	- 사시
		- 일자
		- 연한
다섯째 날	- 큰 물고기	
	- 물에서 번성하여 움직이는 모든 생물	
	- 날개있는 모든 새	
여섯째 날	- 땅의 짐승	
	- 육축	
	- 땅에 기는 모든 것	
	- 사람(남자와 여자)	

리서치노트

둘째 날

창1:6~8

궁창

- 창1:6, 7, 8, 14, 15, 17, 200
  시19:1, 150:1
  겔1:22, 23, 25, 26; 10:1
  단12:3

- 穹蒼(높을궁,푸를창)
- 중국어성경
창 1:6, 7, 8　空氣(빌공,기운기)
　1:14天上(하늘천,위상)
　1:15, 20天空(하늘천,빌공)
　시19:1; 150:1穹蒼(높을궁,푸를창)
- 일본어성경
  大空(큰대,빌공)

- 창공,하늘(firmament)
외견상으로보이는둥근하늘(apparently) visible arch of the sky
퍼진공간,넓은구역(expanse)

셋째 하늘(고후 12:2)

우주 - "별들도 만드시고 … 하늘의 창공에 두어"(창 1:16-17)

태양계 - "하늘의 궁창에 광명이 있어 주야를"(창 1:14,15)

대기권 - "땅의 하늘의 궁창에는 새가 날으라"(창 1:20)

땅

물가운데(in the midst of the waters)

- 2등분(bisection)

사이를가르다(Sever)

중앙(center)

중간(middle)

절반(half)

- 창 1:6 "물가운데"

  2:9 "동산가운데에는"

  3:3 "동산중앙에"

  3:8 "나무사이에"

  9:21 "장막안에서"

하늘의궁창(in the firmament of the heavens)

장 1:14, 15, 17, 20

겔 1:25, 26 "그머리위에있는궁창위에서부터"

궁창아래의(under the firmament)

- under,beneath(아래의)

- 창 1:7(under)

  6:17 ("천하에서", under)

 신 4:18 ("땅아래", beneath)

궁창위에(above the firmament)

- above
- 창 1:7, 1:20(above), 4:14("지면에서: the face of the ground)
6:1("땅위에", on the face of the earth)
24:64("약대에서내려",dismounted/off from)
40:17("내머리의", on /upon my head)

나누사(divide)-첫째날(창1:4, 5)
- to divide
  separate
  (make,put) difference
  select
- 출26:33구별
  신10:8구별
  느13:3분리

하늘(the heavens)-첫째날(창1:1)
- to be lofty
  the sky (창6:17 「IB」)
  Air
  heaven (창14: 19, 22; 49:25)
  heavens
- 창 1:1, 8, 9, 14, 15, 17, 20, 26, 28, 30, 2:1, 4, 19, 20
  6:7, 17, 7:3, 11, 19, 23, 8:2, 9:2

하늘의궁창

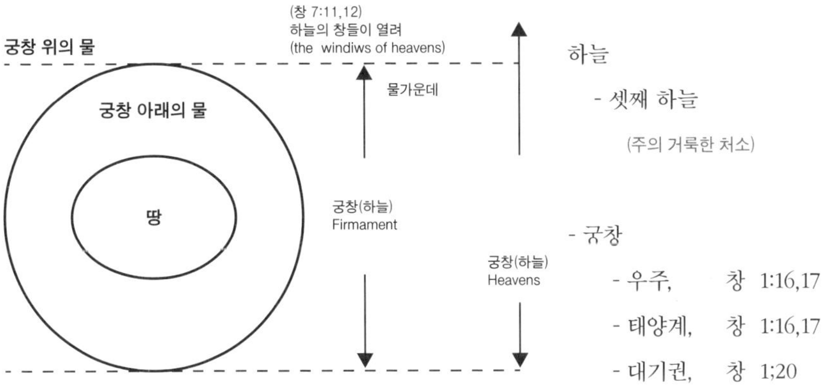

- 광명이있어(창1:14, 15)
- 두큰광명,별들(창1:16, 17)
- 땅위하늘의궁창
  - 새(창1:20)
- 하늘의창들이열려(the windows of heavens)
  - 창7:11,12
- 주의거룩한처소하늘,신26:15,왕상8:30,시2:4
  셋째하늘,고후12:2
  하늘의하늘,신10:14,왕상8:27
  천사가거하는하늘,마18:10,왕상22:19
  천국/하나님나라,마4:17,마5:3,단2:7,행28:31,계1:9

(둘째날)

욥26:5,6

욥28:25,26 “바람의경중을정하시며”
“물을되어그분량을정하시며”
“비를위하여명령하시고우뢰의번개를위하여
길을정하셨음이라“

시135:7　　　“비를위하여번개를만드시며”
시148:4-6　　“하늘위에있는물들도찬양할지어다”
렘10:13　　　“땅끝에서구름이오르게하시며”
　　　　　　　“비를위하여번개하게하시며”
렘51:16
계17:1
계17:15둘째날

- “하나님의보시기에좋았더라”없음
　욥26:5
계21:1
계20:13
벧전3:18-22
고전10:1-4
벧후3:5

그대로되니라(and itwas so)
- so
- whole, all, (complete) + conclusion of an act or state
- complete to the end
j.e., absently perfect -who|ly

- 창1:7, 42:25, 44:10

리서치노트

셋째 날

하나님이 가라사대 (God said) - (창1:3,4)

(히) - to say (used with great latitude)
- to arrange (of words) to speak
- a ward, a matter (as spoken of) or thing
- to speak (mostly, poet) or say

(헬) - generally refer to an individual expression or speech respectively
- relate (in words (usually of systematic or set discouse)

천하의 (under the heavens)

- the heavens 창 1:1,8,9
  under 칭 1:7

물 - (창 1.2)

- Waters
  수면 창 1:2
  물 창 1:6, 7:17, 9:5
  홍수 창 6:17, 9:11
- Water 창 16:7,18:4,49:4

천하의 물

- 궁창 (= 하늘 (창1:8) 아래의 물

한 곳으로 (into one place)

- a standing (i,e., a spot)
  used widely of a locality
  a condition of (body or wind)
  country, home
- 창 1:9
    12:6 세겜 땅 (the land to the place of Shechem)
    13:3 전에 장막 쳤던 곳 (to the place where his
        tent had been at the beginning)
    13:4 (곳), 14
    18:24, 24 (온 지경을, all the place),33(곳)
    19:12 성 밖으로 (out of this place)

모이고 (be gathered together)

- to bind together (i,e., collect)
  to expect
  gather (together)
  wait (for, on, upon)
- 창 1:9
  창 49:18 "여호와여 나는 주의 구원을 기다리나이다"

뭍이 (the dry land)

- (어근) dry
  - to be ashamed, confused or disappointed
  - to dry up (as water)
- 창 1:9
    1:10 "하나님이 뭍을 땅이라 창하시고"
  출 4:9 (육지). 14:16,22,29, 15:19
  수 4:22 (마른땅)
  느 9:11 (육지)

시66:6 (육지)
사 44:3 (마른땅)
욘 1:9 (육지), 13, 2:10

드러나라 (let ~ appear)

- to see present
  appear provide
  approve perceive
  respect
- 창 1:9, 12:7 (나타나, appear), 17:1, 18:1, 22:14 (준비되리라, provide)
  26:2 (나타나), 24, 35:0, 46:29 (보이고, present)

그대로 되니라 (and it was so)

- 그대로 (so)
  rightly or so (in various applications to manner, time and relation)
  창 42:25 (그대로, thus)
  44:10 (너희 말과 같이 하리라, let ~be)
- 되니라 (it was)
  to exist (i,e., be or become, come to pass)
  happen
  창 1:29 (되리라, shall be)
  9:26, 13:8 (서로 다투게 말자, let there be ~)
  27:1 (now it came to pass)
  34:10 (있으니, shall be)
  41:40 (shall be)

땅 (earth)- (창 1:1)

- ① land (육지)
  the earth (지구, 대지)
  ② soil (흙), 땅, 지면

③ dust (먼지)
mud (진흙), 티끌
(개역 성경) 천지, 지면, 세상, 지방, 평지, 본토, 들, 고향, 나라, 토지

칭하시고 (called) - (창 1:4,5)
- to call out (address by name)
preach (전도하다)
(make) proclaim(ation) (선언하다)
publish (공표하다)

모인 물을 (the gathering together of the waters)
- 모인 (the gathering together)
- something waited for, I ie. confidence
- a collection ie, (of water) a pond
- gathering together
- hope
- abiding
- plenty (of water)
- pool

창 1:10 (모인 물을)
출 7:19 (모든 호수 (pool) 위에)
레11:36 (방축물 웅덩이는, plenty of water)
대상29:5 (머무름이 없나이다, without hope)
스10:2 (오히려 소망이 없나이다, hope)
렘14:8, 17:13, 50:7 (이스라엘의 소망이신)
- 물을

바다라 칭하시니라

- 바다 (seas)

- sea (as breaking in noisy surf)
- locally, the west
- large body of water
- mediterranean

창 1:10, 22, 26, 28, 9:2

12:8 (서는 벧엘이요, (I.L.B) Bethel toward the sea)

13:14 (동서남북), 14:3 (염해), 22:17, 28:14(동서남북), 32:12

41:49, 49:13

- 칭하시니라

하나님의 보시기에 좋았더라 - (창1:3,4)

(히) good - cheerful, joyful, kindly

glad

good

pleasant

(be, do, go, play) well

(헬) good -마 3:10 (좋은 열매) 5:16 (착한 행실) 7:17(좋은 나무)

12:33(나무도 좋고) 13:8 (좋은 땅)

막 4:8 (좋은 땅)

눅 3:9(좋은 열매) 6:38 (후히 되어주고)

8:15 (좋은 땅/좋은 마음), 9:13(여기 있는 것이 좋사오니)

14:34(소금이 좋은 것이나), 21:5 (미석, beautiful)

요 2:10 (좋은 포도주), 10:11(선한 목자),14

10:32 (선한 일),33

마8:27 "그 사람들이 기이히 여겨 가로되 이 어떠한 사람이기에 바람과 바다도 순종하는고 하더라"

물, 바다, 강

- 레11:9

창1:9-13

"하나님이 가라사대 땅은 풀과 씨 맺는 채소와 각기 종류대로 씨가진 열매 맺는 과목을 내라 하시매 그대로 되어"

하나님이 가라사대

땅은(Let the earth …, on the earth)

- "땅은 땅위에(on the earth)"

개역성경/생략되어 있음

풀과(grass)

- (I.L.B) "tender herbs"

- A sprout (눈, 싹)

tender (부드러운) grass, green

(tender) herb(풀잎, 초본, 식용(약용, 향료) 식물, 목초)

창 1:11(땅은 풀과)

1:12(땅이 풀과)

신32:2(… 연한 풀 위에 가는 비요)

삼하23:4(비 후의 광선으로 땅에서 움이 돋는 새 풀 같으니라 하시도다)

왕하19:26(나물 같고)

욥 6:5(들나귀가 풀이 있으면 어찌 울겠으며)

38:27(황무하고 공허한 토지를 축축하게 하고 연한 풀이 나게 하였느냐)

시 23:2(그가 나를 푸른 초장에 누이시며)

37:2("풀과 같이 속히 베임을 볼 것이며 … ")

잠 27:27(풀을 벤 후에는 새로 움이 돋나니)

사 15:6(연한 풀이 말라)

37:27(푸른나물 같이)

66:14(마음이 기뻐서 너희 뼈가 연한 풀의 무성함 같으니라)

렘 14:5(들의 암사슴은 새끼를 낳아도 풀이 없으므로 내어버리며)

씨 맺는(yields seed)
- (I.L.B) "seeding seed"
- Seed(씨, 열매, 종자)
  fruit (과실)
  plant (식물, 초목)
  Sowing-time (씨를 뿌리는 시기)
  Posterity ((집합적) 자손, 후세)
  창 1:11, 12, 29, 3:15(후손), 4:25(씨), 7:3(씨), 8:22(심음), 9:9(후손) , 12:7(자손)

채소와(the herb)
- glisten(or be green) (반짝임 (혹은 푸르러짐))
  grass(or any tender shoot) (풀(혹은 무엇이든 연한 새로 나온 가지))
  herb(풀잎, 초본, 식용(약용, 향료) 식물, 목초)
  창 1:11, 12, 29, 30, 2:5(채소), 3:18(채소), 9:3(채소)
- ① 씨 맺는 채소(창1:11, 12, 12, 29)
  ② 푸른 풀(창1:30, 9:3(*))
    yellowish green of young and sickly vegetation
    출10:15, 민22:4
    시37:2
    사15:6

각기 종류대로(according to its kind)
- (I.L.B) "after its kind"
- to portion out(분할하다, 분배하다)
  Sort(종류)
  species(종)
  kind(종류)
  창 1:11, 12, 21, 24, 25, 6:20, 7:14
- ① 씨 맺는 채소(창1:12)
  ② 씨가진 열매 맺는 과목(창1:11, 12) said/made(창2:9)

③ 큰 물고기와 물에서 번성하여
움직이는 모든 생물(창1:21) said/created
④ 날개 있는 모든 새(창1:21) said/created
⑤ 육축과 기는 것과 땅의 짐승(창1:24, 25) said/made

- 노아 때의 홍수에서 보존케 된 종류

① 새(창6:20)
② 육축(창6:20)
③ 땅에 기는 모든 것(창6:20)
④ 땅의 짐승/들짐승(창7:14)

- 노아 때의 홍수에서 보존된다는 약속이 빠진 종류

① 씨 맺는 채소
② 씨가진 열매 맺는 과목
③ 큰 물고기와 물에서 번성하여 움직이는 모든 생물

씨가진 열매 맺는(yields fruit …, Whose seed is in itself)

- 씨가진

seed, fruit, plant, sowing-time, posterity
후손, 씨, 심음, 자손

- 열매(fruit)

fruit(과실)
reward(보상, 사례금)
창 1:11, 12, 29, 3:2(실과), 3, 6, 4:3(소산) 가인의 제물(*)
30:2(성태, the fruit of the womb)
출 10:15(열매)
레 19:23(열매), 24(과실), 25(열매), 23:40(실과), 25:19(산물), 26:4(산물), 20
27:30(과실)
민 13:20(실과), 26, 27

신 1:25(과실), 7:13(소산), 26:2, 10, 28:4, 11, 18, 33, 42, 51, 53(자녀)
30:9(소생)

- **맺는**(yields)
to do(행하려고)
make(만들다)
accomplish(완성하다, 성취하다)
bring forth(낳다, 열매를 맺다, 발표하다, 생기게 하다)
yield(산출하다, 양보하다, 양도하다)
- 창1:7(만드사), 16, 25, 26, 31(지으신) (make)
2:2(지으시던), 3(만드시던), 4(창조하신 때에), 8(지으신)
3:1, 7(하였더라), 13(하였느냐), 14(하였으니), 21(지어)
- 창1:11, 12
(yield)

과목을 내라 하시매(the fruit tree that)
- **과목**(tree)
(어근) 새 fasten (or make firm) (고착시키다 (혹은 확고히 하다))
a tree (from its firmness) ((견고성에 있어서의) 나무)
wood/stick (목재, 장작/막대기, 나무토막)
창 1:11(과목), 12(나무), 29, 2:9, 16, 17, 3:1, 2, 3, 6, 8, 11, 12, 17,
22, 24, 6:14(잣나무, gopherwood), 18:4, 8, 22:3, 6, 7, 9, 23:17(수목)
40:19
출 25:5, 10, 13, 23, 28
레 1;7, 8, 12, 17
- **내라**(bring forth)
to sprout(싹트다, 발생하다)
bring forth(낳다, 싹이 돋다, 열매를 맺다, 발표하다)
spring(도약하다, 뛰어오르다)
창 1:11

욜 2:22(들의 풀이 싹이 나며, for the open pastures are spring up)

- 초막절 레23:39-44
  느8:13-18

- 생명나무 계22:2-4
  잠3:17,18, 잠15:3

출15:8 "큰물이 바다 가운데 엉기니이다"
신11:10-21 "여호와께서 너희에게 진노하사 하늘을 닫아 비를 내리지 아니하여 땅으로 소산을 내지 않게 하시므로"
신20:19, 20 "나무를 작벌하지 말라 이는 너희의 먹을 것이 될 것임이니"
삼하22:16, 17 "물밑이 드러나고 땅의 기초가 나타났도다 … 나를 취하심이여 많은 물에서 (many waters) 나를 건져 내셨도다"
대상 16:31-33
욥 5:9, 10 "비를 땅에 내리시고 물을 밭에 보내시며"
9:5, 6 "산을 무너뜨리시며 옮기실지라도"
12:15
26:10 "수면에 경계를 지으셨으되"
36:28 "공중에서 내려 사람위에 쏟아지느니라"
36:31-33 "이런 것들로 식물을 풍비히 주시느니라"
37:3-6 "(그의 힘을 보여주는 (KJV)) 큰 비도 그같이 내리게 하시느니라"
38:16-18 바다근원/땅의 넓이
38:25-28 "사람 없는 광야에 비를 내리고 … 연한 풀이 나게"
시 18:9-17 창조
24:1, 2
33:7 "바닷물을 모아 무더기 같이 쌓으시며"
77:16-19
85:11, 12 "우리 땅이 그 산물을 내리로다"
95:1-6 "바다가 그의 것이라 그가 만드셨고 육지도 그의 손이 지으

셨도다"
104:6-9
시 104:10-13 "주의 행사의 결과(fruit)가 땅에 풍족하도다"
136:6 "땅을 물위에 펴신 이에게 감사하라"
146:6
잠 3:20 "그 지식으로 해양이 갈라지게 하셨으며"
사 40:12-17 "보라 그에게는 열방은 통의 한 방울 물 같고"
렘 5:22 "모래를 두어 바다의 계한을 삼되"
암 4:13, 5:8, 9:5, 6
욘 1:9 "바다와 육지를 지으신 하늘의 하나님 여호와"
벧후 3:5 "땅이 물에서 나와 물에서 성립한 것도"
마 6:30 들풀
히 6:7, 8

- **"보시기에 좋았더라"** ①창1:10
②창1:12

- **셋째 날 이후로는 "칭하시니라(called)"가 없음**

(예외, 창3:9 "여호와 하나님이 아담을 부르시며(called)")

시 37:1, 2
겔 20:28

네째 날

창1:14-19 광명과 두 큰 광명 사이에는 비슷하면서도 서로 다른 점이 있다

광명	두 큰광명/별들
- 하늘의 궁창에 광명이 있어(창1:14)	- 하나님이 두 큰 광명을 만드사(made) (창1:16) - 또 별들을 만드시고(made) (창1:16)
① 주야를 나뉘게 하라(to divide the day from the night) (창1:14)	① 주야를 주관하게 하시며(to rule over the day and over the night) (창1:18) - 큰 광명으로(greater light) 낮을 주관하게 하시고(창1:16) - 작은 광명으로(lesser light) 밤을 주관하게 하시고(창1:16)
② 그 광명으로 하여 징조와 사시와 일자와 연한이 이루라 (창1:14)	②
③ 그 광명이 하늘의 궁창에 있어 땅에 비취라(to give light on the earth) (창1:15)	③ 땅에 비취게 하시며(to give light on the earth) (창1:17)
④	④ 빛과 어두움을 나뉘게 하시니라(to divide the light from the darkness) (창1:18) =창1:4 (첫째 날)

광명(lights/luminaries)

- 빛 (창1:3) to be luminous
- break of day
  kindle
  (be,give, show) light
  set on fire
- 광명(창1:14) a luminous body(반사체)
  - 원소로서의 빛 (light as an element)

- (비유적으로) 밝음, 유쾌함

주야를 나뉘게하라(to divide the day from the night)

- **낮**(day) (창1:4,5)
  - "빛을 낮이라 칭하시고"(창1:5)
  - to be hot
    a day (as the warm hours)
    from sunrise to sunset
- **밤**(night) (창1:4,5)
  - "어두움을 밤이라 칭하시니라"(창1:5)
  - a twist (away to the light)
  - 어두움: 어두움/파멸/죽음/무지/사막
- **나뉘게 하라** (창1:4,5)
  - to divide
    separate
    (make,put) difference)
    select

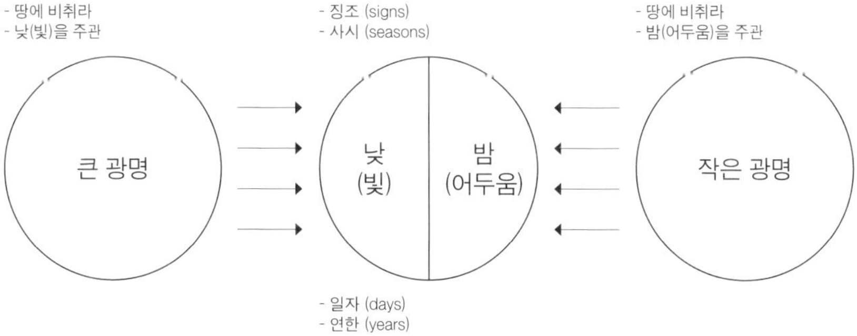

징조 (signs)

- 나타남 (appearing)
  신호 (a signal)
  봉화 (bedcon)
  기념 (monument)
  표 (mark)
  증거 (evidence)
- 창 1:14 (징조)
  4:15 (표)
  9:12 (증거), 13, 17
  17:11 (표징)
  출 3:12 (증거)
  4:8 (표징), 9(이적), 17, 28, 30
  7:30(표징)
  8:23(표징)
  10:1, 2
  12:13(표적)
  13:9(표), 6
  31:13(표징), 17

사시 (seasons)

- 지정, 임명 {appointment (a fixed time, season)}
  (인습적으로) 일년 {(conventionally) a year}
  (암시로서, 확실한 목적을 위해 소집된) 집회 {(by implication) an assembly (as convened for a definite purpose)}
  (기술적으로) 회중 {(technically) the congregation)}
  (확대해서) 집회장소 {(by extension) the place of meeting)}
- 창 1:14 사시
  17:21 이 기한에 (at this set time)
  창 18:14 기한이 이를 때에 (at the appointed time)

21:2 기한에 미쳐 (at the set time)
출 9:5 기한을 정하여 (appointed a set time)
13:10 기한에 이르러 ((in its season)
23:15 정한 때에 (at the time appointed)
27:21 회막 안 (in the tabernacle of meeting)
28:43, 29:4, 10,11, 30, 32, 42, 44
30:16, 18, 20, 26, 36, 31:7, 33:7

일자 (days)

연한 (years)

- (주기적 시간으로) 일 년 {a year (as a revolution time)}
  whole age
  long
  old
- 창 1:14 연한
  창 5: 세, 6:3 년, 7:6, 11, 8:13, 9:28, 29, 011:

땅에 비취라 (to givc light on the earth)

- 비취라 (give light) = 창 1:3
  땅 (on the earth) – 칭 1:2

만드사 (make)

- 둘째 날: 궁창
  넷째 날: 두 큰 광명, 별들

여섯 째날 : 땅의 짐승, 육축, 기는 모든 것
여자
들짐승
가죽옷

큰 광명 (the greater light)

- 큰 (great)
  오래된 (older)
  엄청난 (exceedingly)
  높이 (high)
  긴 (long)
  강력한 (mighty)
  더욱 (more /much)
  고귀한 (noble)
  자랑스러운 일 (proud thing)
- 창 1:16 (큰), 21 (큰 물고기), 4:13 (중하여), 10:12 (큰), 21(형), 12:2 (큰), 17
  15:12 (심히), 14 (큰), 18, 17:20, 18:18 (크게), 19:11 (무론대소)

작은 광명 (the lesser light)

- 단축된 (abbreviated)
  소형의 (diminutive)
  least, little, small
  young
- 창 1:16 (작은), 9:11 (무론대소), 42:13 (말째), 15, 20, 32, 34
  43:29 (작은), 44:2 (소년), 12(나이 적은 자), 23, 26 (말째), 48:19 (아우)

주관하게 하시고 (to rule)

- 지배하다 (rule)
  통치권 (dominion)
  정치 (government)
  힘 (power)
- 창 1:16 (주관하게 하시고)
  왕상 9:19 (다스리는)
  왕하 20:13 (그 나라 안에서)
  대하 8:6 (다스리는)

시 103:22 (다스리시는), 114:2 (영토), 136:8 (주관), 9 (주관)
145:13 (통치)
사22:21 (정권), 39:2 (소유)
렘34:1 (통치), 51:28 (관할)
단11:5 (권세)
미4:8(권능)

별들을 만드시고 (made the stars)
- {(둥글거나 빛나는 것으로) 별 (a star (as round or as shining)}
- 창 1:16 (별들), 15:5 (뭇 별), 22:17 (하늘의 별), 26:4, 37:9 (열한별이)
창 15:5 "뭇별...네 자손이 이와 같으리라"
37:9-11 요셉의 꿈 "해와 달과 열한별이 재게 절하더이다"
신 4:19, 17:3
욥 9:7-10
25:5, 6 "달이라도 명랑치 못하고 별도 깨끗지 못하거든"
26:7 "북편 하늘을 허공에 펴시며"
26:10
38:19 "광명의 처소는 어느 길로 가며"
38:31-33 묘성, 삼성, 열두 궁성, 북두성
시 8:3-5 "주의 손가락으로 만드신"
74:16, 17 "낮도 주의 것이요 밤도 주의 것이라"
84:11 "여호와 하나님은 해요 방패시라"
89:37 "궁창의 확실한 증인 달 같이"
90:4 천년
104:19 "달도 절기를 정하심이여"
136:7-9 창조
146:6 "여호와는 천지와 바다와 그 중의 만물을 지으시며"
147:4 "별의 수효를 계수하시고"
148:3 "해와 달아 찬양하며"

전 2:17-23 "해아래서 하는 알이 내게 괴로움이요"
12:1-7 "해와 빛과 달과 별들이 어둡기 전에"
사 60:19, 20
렘 8:2
31:35 "나 여호와는 해를 낮의 빛으로 주었고"
겔 8:15, 16
암 5:8
마 17:2
마 24:29 "그 날 환난 후에 즉시 해가 어두워지며 달이"
요 1:1-5 빛
갈 4:9, 10 초등학문
히 11:3
벧후 3:8 천년
계 21:22-27 "그 성은 해나 달의 비췸이 쓸데없으니"

넷째 날

- 주야 (day/night)
- 셋째 날까지 "저녁이 되며 아침이 되니 "와의 차이
- 하나님의 날수와 인간의 날수
- 빛 (첫째 날) 과 광명 (넷째 날)의 차이
- "땅에 비취라"
- 셋째 날까지는 땅에 빛이 비취지 않았음
- 넷째 날 "땅이 풀과 각기 종류대로 씨 맺는 채소와 각기 종류대로 씨 가진 열매 맺는 나무를 내니"

리서치노트

다섯째 날

창 1:20-23

하나님이 가라사대 - (창1:3,4)

물들은 - (창1:2)

생물로 (an abundance of living creatures)

- 개역성경: 생물 (살아있는 창조물들)의 번성(풍성)함으로
(빠져있음)

I L B : 생명의 혼을 가진 떼를 짓는 무리들로
(the swarmers having a soul of life)

K J V`: 생명을 가진 움직이는 창조물로
(the moving creature that hath life)

- 생물	N K J V	K J V
창 1:20	living creatures	moving creature
장 1:21	living thing	living creature
창 1:24	living creature	living creature
창 1:28	living thing	living thing

- ① 떼를 짓는 무리 (a swarm)
  예) 조그마한 짐승들의 움직이는 무리
  (active mass of minute animals)
  ② 기어 돌아다니는 것 (creeping thing)
  ③ 움직이는 창조물 (moving creature)

창 1:20, 7:21 "땅 위에 움직이는 생물이 다 죽었으니.... 사람이라"
레 5:2 부정한 곤충의, 11:10 물에서 동하는 것과

21 네발로 기어 다니는
23 기어 다니는 곤충은, 29 기는 것 중에
레 11:31 , 41 땅에 기어 다니는 모든 기는 것은
42, 43, 44, 22:5 벌레에
신 14:19 기어 다니기도 하는 것
겔 47:9 "이 강물이 흐르는 곳마다 번성하는 모든 생물이
살고 또 고기가 심히 많으리니 ...."

번성케 하라 (a bound with)

- ① 꿈틀거리며 돌아다니게 하다 (to wriggle)
  예) 떼를 지어 다니다 (swarm)
  ② 풍성하게 하다 - abound
  - (bring forth) abundantly
  ③ 기어 돌아다니다 (creep)
  ④ 움직이다 (move)
  창 1:20, 21, 7:21, 8:17 땅에서 생육하고
  출 1:7 번식하고, 8:3 개구리가 하수에서 무수히 생기고
  레 11:29 땅에서 기는 바, 41, 42, 43, 46
  시 105: 30 그 땅에 개구리가 번성하여
  겔 47:9 번성하는 모든 생물이

땅 위 - 창세기 (창 1:1)

하늘의 궁창에는

- 하늘의 궁창의 (표면에는-빠져 있음)
  across the face of the firmament of the heavens
- the face (as the part that turns)
  (회전/변화하는 것의 일부로서) 표면
- (K J V) 땅의 하늘의 넓은 창공에는

above the earth in the open firmament of heaven
새가 날으라 하시고

- 새 (birds): (깃털로 덮여 있거나 날개들로 덮여 있는) 새

창 1:20, 21, 22, 26, 28, 30, 2:19. 20, 6:7, 20, 7:3, 8, 14, 21, 23
8:17, 19, 20, 9:2, 10, 40:17, 19

마 6:26 공중의 새
13:4, 32 씨 뿌리는 비유, 공중의 새

계 19:17 "모든 새를 향하여 … 모든 자의 고기를 먹으라 하더라"

왕상 17:4 "… 까마귀들을 명하여 거기서 너를 먹이게 하리라"

- 날으라 (fly)

① (날개를 가지고, 불분명한 것을) 덮다
② 날으다
③ (쇠약하여) 졸도하다

창 1:20 신 4:17
사 6:2 삼하 22:11
욥 5:7, 20:8
시 90:10
잠 23:5, 26:2
사 11:14, 14:29, 30:6, 60:8
호 9:11

삼상 14:28 "… 백성이 피곤하였나이다"
31

삼하 21:15 "… 다윗이 피곤하매"

계 16:3 " …바다가운데 모든 생물이 죽더라"

계 4:6 "…보좌주위에 네 생물이 있는데 …"
7, 8, 9, 5:6, 8, 11, 14, 6:1, 3, 5, 6, 7, 7:11, 14:3, 15:7, 19:4

창 1:20 과 창 1:21 의 차이

- 큰 물고기와 (great sea creatures)

- 그 종류대로 (according to their kind)
- 날개 있는 (winged)
- 모든 새를 (every ~ bird)

큰 물고기와

- 큰 (great)- 창세기#21 (창 1:14-19): 큰 광명
  - 큰 (great)
    오래된 (older)
    엄청난 (exceedingly)
    높이 (high)
    긴 (long)
    강력한 (mighty)
    더욱 (more/much)
    고귀한 (noble)
    자랑스러운 (proud thing)
- 창 4:13 (중하여), 10:12 (큰), 21 (형), 12:2 (큰), 17, 15:12 (심히), 14 (큰), 18
  17:20, 18:18 (크게), 19:11 (무론대소)
- (I L B) the great sea monsters
  (K J V) great whales
  (N K J V) great sea creatures

	개역성경/NKJV	KJV
창 1:21	큰 물고기 (Great sea creatures)	큰 고래들(Great Whales)
출 7:9, 10, 12	뱀 (A serpent)	뱀 (A serpent)
신 32:33	뱀 (serpent)	용 (dragons)

느 2:13	용 (the serpent)	용 (the dragon)
욥 7:12	용 (a serpent)	고래 (a whale)
시 74:13 91:13 148:7	용 (serpents) 뱀 (the serpent) 용들 (great sea creature)	용들 (the dragons) 용 (the dragon) 용들 (dragons)
사 27:1 51:9	용 (reptile) 용 (the serpent)	용 (the dragon) 용 (the dragon)
렘 51:34	용 (monster)	용 (the dragon)
애 4:3	들개 (the jackals)	바다괴물 (the sea monsters)

- monster: 괴물, 도깨비, 기형의 동물(식물), 해괴 망칙한 사람(것)
  Whale: 고래, 뛰어난 사람(것), 거대한 것
  Serpent: 뱀 (크고 독 있는 종류)
  Dragon: 용
  Jackals: 재칼 (여우와 늑대와의 중간형)

물에서 번성하여 움직이는 모든 생물을(every living thing that moves, with which the waters abound)

- (KJV) 물들에서 풍성하게 나온 움직이는 모든 생물을 (every living creature that moveth, which the waters brought forth abundantly)

- 종류대로

- (창 1:9-13)
- (ILB) after its kind
- 분할하다, 분배하다(to portion out), 종류 (sort), 종(species), 종류(kind)

날개 있는 (winged)

- 가장자리 (an edge)

  말단 (extremity)

  의복의 테두리{(of a garment) a flap}

  4등분의 한 개 (a quarter)

  치마 (skirt)

  경계, 가장자리 (border)

  모퉁이 (corner)

  널리 펴짐 (overspreading)

  깃털 (feather)

  종류 (sort)

  최대한도(uttermost)

- 창 1:21 (날개 있는)
  7:14 (각양의, sort)

출 19:4 (날개로), 25:20, 37:9

레 1:17

민 15:38 (옷단 귀에, the corners of their garments)

신 4:17 (나는, winged)
  22:12 (옷 네 귀에, four corners of the clothing)
  30 (아비의 하체를 드러내지 말지니라, uncover his father's bed)
  27:20
  32:11 (날개)

모든 새를 (every~bird)

- each 2개 이상의 구성요소

  Every 3개 이상의 요소, 하나도 남김없이, 몽땅이라는 포괄적인 뜻을 내포하고 있다. All

- 새와 까마귀/비둘기의 차이
- 물과 홍수, 바다
- 육지와 먼지

그 종류대로

	개역성경/NKJV	KJV
셋째 날	According to its kind(창 1:11, 12)	After his kind
다섯째 날	According to their kind (창 1:21 전) According to its kind (창 1:21 후)	After their kind After his kind
여섯째 날	According to its kind (창 1:24) According to its kind (창 1:25)	After his kind After their kind

- 셋째 날과 여섯째 날에는 창조/만드시기 전에 말씀하실 때에도 그 종류대로가 있음 **(네째 날과 다름)**

창조하시니 (created)

욘 1:17 "여호와께서 이미 큰 물고기를 예비하사 요나를 삼키게 하셨으므로 요나가 삼일 삼야를 물고기 배에 있으니라"

마 12:40

- 큰 물고기 (욘 1:17)

(여성명사로서의) 큰 물고기

- 창 1:26 (바다의 고기), 28

출 7:18 (고기), 21

민 11:5 (생선)

신 4:18 (어족)

시 105:29 (물고기)

사 50:2 (어족)

겔 29:4 (고기), **5**

47:9(고기), **10**

하나님의 보시기에 좋았더라 (God saw that it was good)

	말씀 하시고 창조/ 지으심	그대로 되니라	칭하 시니라 부르 시니라	보시기에 좋았더라	창조하심 (create)	만드심 (make)	지으심 (form)
첫째날		△	×	×	×		
둘째날	×	×	×			×	
셋째날	××	××	×	××		△	
넷째날	×	×		×		×	
다섯째날	×			×	×		
여섯째날	××	××	△	×△	×	×××	×
일곱째날					-only Mode -not created	(×)	(×)

하나님이 그들에게 복을 주어 (And God blessed them,)

- 그들에게
- 복을 주어 (blessed)
  - 무릎을 꿇게 하다 (to kneel)
    (숭배적 기도의 행동으로서) 하나님과
    (한편으로는 혜택으로서) 인간을 축복하는 것
    To bless God (as an act of adoration),
    and (vice-versa) man (as a benefit)
    찬양하다 (praise)

절하다 (salute)

감사하다 (thank)

창 1:22 복을 주어 (큰 물고기, 물에서 번성하여 움직이는 모든 생물, 날개 있는 모든 새)

28 복을 주시며 (남자와 여자)

2:3 복 주사 (일곱째 날)

5:2 복을 주시고 (사람)

9:1 복을 주시며 (노아와 그 아들들)

26 셈의 하나님 여호와를 찬송하리로다

12:2 복을 주어 (아브람)

복의 근원 (you shall be a blessing)

blessing = blessing, benediction, prosperity, present

3 너를 축복하는 자는 (Who bless you)

내가 복을 내리고 (I will bless)

땅의 모든 족속이 너를 인하여 복을 얻을 것이니라 (and in you all the families of the earth shall be blessed)

창 12:2 복의 근원 (you shall be a blessing)

- 어근: bless
- blessing (축복)
  benediction (축도)
  prosperity (번영, 행운)
  present (바침)

시 133:3 거기서 여호와께서 복을 명하셨으니 곧 영생이로다

마 5:1-12

가라사대 생육하고 번성하여(saying, "Be fruitful and multiply)

- 가라사대 (창 1:3, 4)

- to say (used with great latitude)
  to arrange, {(of words) of speak}

a word, a matter (as spoken of) or thing
to speak (mostly poet) or say

- **생육하고** (“Be fruitful)
  - to bear fruit (열매를 맺다)
  bring forth (fruit) {(열매를) 내다}
  (be, cause to be, make) fruitful (열매를 맺게 하다)
  grow (자라다)
  increase (늘이다)
  창 1:22 (*) 생육하고 번성하여 여러 바닷물에 충만하라
  28 (*) 생육하고 번성하여 땅에 충만하라, 땅을 정복하라
  8:17 (*) 너와 함께한 모든 혈육 있는 생물 곧 새와 육축과
  땅에 기는 모든 것을 다 이끌어 내라. 이것들이 땅에서
  생육하고 땅에서 번성하리라
  9:1 (*) 생육하고 번성하여 땅에 충만하라
  7 (*) 생육하고 번성하며 땅에 편만 하여 그 중에서
  번성하라 하셨더라
  35:11 (*) 생육하며 번성하라 (야곱)
  47:27 생육하며 (grew) 번성하였더라
렘 3:16 이 땅에서 번성하여 많아질 때에는 (increased)
겔 36:11 번성하게 할 것이라 (bring fruit-KJV)

- **번성하여** (and multiply)
- to increase (in whatever respect)
  (make to) multiply
  (be, give, have, make, use) many a (time)
  (any, be, so, gather, own, take, yield). much
  (greater, more)
  창 1:22 번성하여 (multiply)
  28 번성하여 (multiply)

3:16 고통을 더하리니 (multiply)
7;17 물이 많아져 (increased)
18 땅에 창일하 매 (increase)
8:17 땅에서 번성하리라 (multiply)
9:1 번성하여 (multiply)
7 번성하며 (multiply)

여러 바다 물에 충만하라 (and fill the waters in the seas,)

- **바다:** (창 1:9-13)
- to roar (으르렁거리다, 노호하다)
  sea (as breaking in noisy surf) (파도치는) 바다
  locally, the west (지역적으로 서편)
  large body of water (물의 대형 형체)
  Mediterranean (지중해)
- **충만하라** (fill)
- to fill (채우다)
  be full of (가득 차다)
  accomplish (완성하다)
  confirm (학립히다, 확증히디)
  fulfill (완수하다, 완료하다)
  (be, become) full (채워지다)
  satisfy (만족하다)
  창 1:22 충만하라 (fill the waters)
  28 땅에 충만하라 (fill the earth)
  6:11, 13 강포가 땅에 가득하므로 (filled with violence)
  9:1 땅에 충만하라 (fill)
  21:19 가죽부대에 물을 채워다가 (filled)
  24:16 물 항아리에 채워 가지고 (filled)
  25:24 해산 기한이 찬 즉 (fulfilled)
  26:15 흙으로 메웠더라 (filled)

29:21, 27, 28 채우매 (fulfilled)
42:25 채우게 하고 (fill)
44:1 채우고 (fill)

- 새들도 땅에 번성하라 하시니라 (and let birds multiply on the earth)
- 계 17:17
창 15:16
잠 16:4
사 45:7
계 18:21-24

욥 39:26-30 "매가 떠올라서 날개를 펼쳐 남방으로 향하는 것이 어찌 네 지혜로 말미암음 이냐 … "
40:15-24 "이제 소 같이 풀을 먹는 하마를 볼지 어다. 내가 너를 지은 것 같이 그것도 지었느니라 …"
41:1-34 "네가 능히 낚시로 악어를 낚을 수 있겠느냐 … "
시 8:5-9 "… 곧 모든 우양과 들짐승이며 공중의 새와 바다의 어족과 해로에 다니는 것이니이다 …"
104:10-13 "주께서 물의 경계를 정하여 넘치지 못하게 하시며 다시 돌아와 땅을 덮지 못하게 하셨 나이다 … "
104:14-18 "… 새들이 그 속에 깃을 들임이여 학은 잣나무로 집을 삼는도다 …"
104:25-27 "저기 크고 넓은 바다가 있고 그 속에 동물 곧 대소 생물이 무수하니이다 … 이것들이 다 주께서 때를 따라 식물 주시기를 바라나이다 …"
잠 16:4 "여호와께서 온갖 것을 그 쓰움에 적당하게 지으셨나니 악인도 악한 날에 적당하게 하셨느니라"
렘 8:7 "공중의 학은 그 정한 시기를 알고 반구와 제비와 두루미는 그 올 때를 지키거늘 내 백성은 여호와의 규례를 알지 못하도다 하셨다 하라"

마 6: 26, 27

마 13: 31, 32

눅 8: 4-15

계 16: 3

계 19:19-21

-창조

첫째 날 하늘들과 땅

다섯째 날 큰 물고기, 물에 번성하여 움직이는 모든 생물,
날개 있는 모든 새

여섯째 날 사람 (남자와 여자)

여섯째 날 (만드심) 땅의 짐승, 육축, 땅에 기는 모든 것

- **다섯째 날:** 하나님이 그들에게 복을 주어 가라사대
  - 생육하고 번성하여 여러 바닷물에 충만하라
  - 새들도 땅에 번성하라

여섯째 날: 하나님이 그들에게 복을 주시며 그들에게 이르시되
  - 생육하고 번성하여 땅에 충만하라
  - 땅을 정복하라 (*)
  - 바다의 고기와 공중의 새와 땅에 움직이는 모든 생물을 다스리라 (*)

- **복:** 영생 시133:3

- 생물

① 떼를 짓는 무리

② 기어 돌아다니는 것

③ 움직이는 창조물

- 번성하다

생물이라는 단어의 동사화

- 큰 물고기

N K J V - 뱀, 용, 들개

K J V -뱀, 용, 고래, 바다괴물

리서치노트

여섯째 날

창 1:24,25

땅은 생물 (living creature)을 그 종류대로 내되

① 육축 (cattle)

② 기는 것 (creeping thing)

③ 땅의 짐승 (beast of the earth)

창 1:24과 1:25의 차이

- 순서: 땅의 짐승
  육축
  기는 것
- 명칭: 기는 것 (24)
  땅에 기는 모든 것 (25)

하나님이 가라사대 (창 1: 3,4)

- to say (Used with great latitude)
  to arrange
  a word, a matter (as spoken of) or thing
  to speak (mostly poet) or say
  (헬) - generally refer to an individual expression or speech respectively
- relate (in words (usually of systematic or set discourse))

땅은 (earth) (창 1:1)

- ① 육지 (land)

    the earth (지구, 대지)

② 흙 (soil), 땅, 지면

③ 먼지 (dust), 진흙 (mud), 티끌

- (개역성경) 천지, 지면, 세상, 평지, 본토, 들, 고향, 나라, 토지

생물을 (of an abundance of living creatures)

개역성경: 빠져 있음

(창 1:20-23)

- 개역성경: 생물 (살아있는 창조물들)의 번성(풍성)함으로

(빠져 있음)

ILB: 생명의 혼을 가진 떼를 짓는 무리들로

(the swarmers having a soul of life)

KJV: 생명을 가진 움직이는 창조물로

(the moving creature that have life)

- ① 떼를 짓는 무리 (a swarm)

    예) 조그마한 짐승들의 움직이는 무리

    (active mass of minute animals)

② 기어 돌아다니는 것 (creeping thing)

③ 움직이는 창조물 (moving creature)

그 종류대로 (according to its kind) **내되**

(창 1:9-13)

- I.L.B. “after its kind”
- to portion out (분할하다, 분배하다)

  종류 (sort)

  종 (species)

  종류 (kind)

  육축과 (cattle)

- (영어) cattle (집합적) 소, 축우, 가축 flock

  animal (NKJV) 동물 (식물의 반대), 식물이나 무생물에 대한 말

  짐승 (사람의 반대)

  livestock (NKJV) 가축

  beast 조류, 곤충 따위와 구별하여 4족수

  pet 애완동물 (성경에 없음)

- 무엇이든지 큰 4족수, 보통은 포유류 (any large quadruped)

동물 (animal)

벙어리 짐승 (a dumb beast)

소리를 내지 않다 (to be mute)

창		출		레	
	7:8짐승, beast		11:5		11:26
	7:14		11:7		11:39
	7:21		12:12		11:46
	7:23 짐승		12:29(livestock)		18:23
	8:1		13:2		19:19(livestock)
	8:17		13:12		20:15
	8:20 짐승, animal		:15		2:16
	9:10		19:13		2:25
	34:23 생축, livestock		20:10		24:18(animal)
	36:6 가축		22:10		24:21(animal)
			22:19		25:7 (livestock)
					26:22(livestock)
					27:9
					27:10
					27:11
					27:26
					27:27
					27:28

- (육축)

  가축

  짐승

  생물

- (NKJV) KJV 성경과 다른 표현
- livestock

  창 4:20, 13:2,7, 30:29,41, 31:9,18, 33:14,17. 34:5,23, 36:7 46:6,32,34 47:6,16,17,18

  출 9:4,6,7,19,20,21 10:26, 12:29,38, 17:3 34:19

  레 1:2 5:2 19:19 25:7 26:22

- Animal

  창 7:2, 8:20, 34:23, 43:16

  출 13:2,12,15, 22:5,13

  레 11:47 17:13 24:18,21

기는 것과 (and creeping thing)

- 파충류의 동물 (a reptile)이나 다른 빠르게 움직이는 동물로서 (or any other rapidly moving animal) 기어 다니는 것 (that creepth)
- 기어 다니는 것 (creeping thing)
- 창 1:24 롬 1:23, 25, 26, 6:7, 20, 7:14, 23, 8:17, 19 9:3 (산 동물, moving thing)

땅의 짐승을 (and beast of the earth)

- 산 (alive)

  날것의 (raw, flesh)

  신선한 초목, 물, 연령 {fresh (plant, water, year)}

  강한 (strong)

- 생명 {life (or living thing)}

야생동물 {wild (beast)}
동료 (company)
집회 (congregation)
군대 (troop

창 1:20
21
24(*)
25
28(생물,living thing)
30
2:7(living)
9(life)
19
20
3:1
14
17(life)
20(living)
22(life)
24(life)
6:17 (육체, flesh)
19(생물,
living thing)

창 7:11 (life)
14
15(flesh)
21
22(life)
8:1 (생물, living
thing)
17 (동물)
21 (생물, living thing)
9:2
3 (동물, living thing)
5
10 (생물)
15 (생물, living thing)
16 (생물,
living creature)
18:10 (life)
23:1 (life)
25:6 (living)
7 (life)

27:46 (life)
37:20
33
42:15(생명, life)
16(생명, life)
43:7 (alive)
27(alive)28(alive)
45:3(live)
26
28
46:30 (alive)
47:8 (old)
9 (years)
28 (life)

출 1:14, 4;18, 6:16, 21:35, 22:4, 23:11, 23:29
레 5:2, 11:2,10,27,46,47 13:10,14,15,16, 14:4
14:5,6,7,50,51,52,53 15:13, 16:10,20,21
17:13 18:18 25:7,35,36 26:6,22

종류대로 내라 하시고 (each according to its kind";)

그대로 되니라 (and it was so) (창 1:9-13)

- **그대로** (so)
  right or so (in various applications to manner, time and relation)
- **되니라** (it was)
  to exist (I,e., be or become, come to pass)
  happen

창 1:25 과 창 1:24 의 대조

- 땅에 기는 모든 것을 그 종류대로 만드시니
  창 1:24 creepers (기는 것과)
  창 1:25 creepers of the ground (땅에 기는 모든 것을)
- 땅 (ground: ILB)
  - Soil
    Ground
- 땅의 짐승 (beast of the earth)

창 1:1,2,10,11,12,15,20,22,24,25,26,28,29,30
2:1,4,5,6,11,12,13, 4:12,14,16, 6:4,5,6,11,12, 13,17,
7:3,4,6,10,12,14,17,18,19,21,23,24
8:1,3,7,9,11,13,14,17,19,22, 9:1,2,7,10,11,13,14,16,17,19

- 땅에 기는 모든 것 (ILB, creepers of the ground)
  창 1:25, 2:5,6,7 (흙), 9,19 (흙), 3:17,19 (흙), 23(토지)
  4:2 (농사), 3,10,11,12,14, 5:29, 6:1,7(지면), 20,7:4,8,23, 8:8 (지면),
  13(지면),21, 9:2, 12:3, 19:25, 28:14,15 47:18,19,20,22,23,26

하나님의 보시기에 좋았더라 (God saw that it was good) (창 1:3,4)

- (히) good - cheerful, joyful, kindly
  glad
  pleasant
  (be,do, go, play) well

(헬) good - 마 3:10, 5:16, 7:17, 12:33, 13:8
막 4:8
눅 3:9, 6:38, 8:15, 9:33, 14:34, 21:5
요 2:10, 10:11,14,32,33

사람과 짐승 간에 연관된 성경말씀

- 창 1:26-28 "다스리라"
  창 2:20 "이름을 주니라"
  창 3:1-15 뱀
  창 3:21 "가죽옷을 지어 입히시니라"
  창 4:2 양 치는 자
  창 4:4 아벨의 제물
  창 6:1-9,17 노아 때의 홍수
  창 9:3 "너희의 식물이 될지라"
  창 12:16-13:2 아브라함의 소유
  왕하 2:23-25 엘리사와 암곰들
  계 9:3-11 황충과 이마에 하나님의 인 맞지 아니한 자들
  계 17:3-18 여자와 붉은 빛 짐승
  계 22:15 개들과 술객들과
    ① 뱀/사단 창3:1
    계20:1
    ② 제물 창4:1-15 가인
    욥1:1-5 번제
    창 8:20 번제
    레1:1-7:38 예물
    ③ 식물 -초식 창 1:29,30
    -육식 창 9:1-8
    -제한된 육식 레 11:1-47
    -완전한 식물 마 15:1-20, 딤전 4:3,4
    막 7:1-23

고전 8:1-13

④ 재산 - 아브라함 창 13:2

- 이삭 창 26:12-15
- 야곱 창 30:43
- 욥 욥 42:12

⑤ 네 생물 겔 1:6-24

10:14-17

계 4:6-9

⑥ 짐승의 표 계 13:16-18

14:11

16:2

20:4

사람과 짐승은 근본이 다르다

- 창 1:28

창 2:7

전 3:21

사람이 이성이 없으면 (Whatever they know naturally, like brute beasts)
짐승과 같다

- 벧후 2:12-22

유 5-10

레 11:1-8 짐승

11:20-23 곤충

11:29-47 기는 것

호 6:1-3 "여호와를 알자 힘써 여호와를 알자"

"다스리라"

- 사 11:6-9

65:10-25

막 16:14-20
왕하 2:23-25
창1:26

하나님이 가라사대 (Then God said,)
- 하나님이
① Eloh-heem = God (창세기에서 184절에 쓰임)
- El (Eloah)의 복수로서 하나님 (창조자, 전능자)
- '두려워하다'에서 기원
"두려워해야 될 최고등한 존재"
- '강해지다'에서 기원
"강하고 능력 있는 자"
② Jehovah = LORD (KJV)
Designates his nature as he stands in relation to man
히브리어 - Adonai (Lord)
헬라어 - Κὺϱιος (70인역)
출 3:14, 6:2-8, 15:3
여호와 이레 창22:14 여호와께서 준비하시다
여호와 닛시 출17:15 여호와는 나의 깃발이시다
여호와 살롬 삿 6:24 여호와는 평화이시다
여호와 삼마 겔48:35 여호와께서 거기에 계시나
③ Eloah (in Arabic Allah (창세기에서 19절에 쓰임)
- El {A word signifying (strength)}
창 14:18,19,20,22
고전 8:6

우리의 (Let us)
- Eloh-heem 셋이 하나이신 하나님
창 1:26
18:1-19: 29

마 28:18-20
요 1:1, 10:30, 14:16-18, 16:13-15
요일 5:7,8

형상을 따라 (in our image)
- 형상 (image)
  - to shade (그림자를 나타내다)
    A phantom (환영, 유령, 망상)
    I.e., illusion (환각, 환상), resemblance (유사점),
    a representative (대리인)

(fig) idol-image, vain shew (= show) (헛된 징후, 표시)
창 1:26, 27, 5:3, 9:6
민 33:52 (우상)
삼상 6:5, 11
왕하 11:18 (우상)
대하 23:17 (우상)
시 39:6 (그림자), 73:20
겔 7:20, 16:17, 23:14
암 5:26
단 2:31,32,34,35, 3:1,2,3,5,7,10,12,14,15,18,19
(헬) ① a likeness
Statue
Profile
representation
② the idea of
faintness as
a copy
be like
마 22:20
막 12:16 (화상)

눅 20:24 (화상)
롬 1:23, 8:29 (*)
고전 11:7, 15:49 (*)
고후 3:18, 4:4 (*)
골 1:15 (*), 3:10
계 13:14 (우상)
15 (우상)
14:9 (우상)
11 (우상)
15:2 (우상)
16:2 (우상)
19:20 (우상)
20:4 (우상)

우리의 모양대로 (according to Our likeness;)

- (어근) to compare
- resemblance (유사점)
  model (모형)
  shapc (형데)
  fashion (양식, 생김새)
  like
  manner
  similitude (유사물)

- 창 1:26
  5:1 (형상→ 모양) (*)
  3 (모양)
  왕하 16:10
  대하 4:3
  시 58:4

사 13:4, 40:18
겔 1:5,10,13,16,22,26,28, 10:1,10,21,22, 23:15
단 10:16

- (헬) ① resemblance (유사물)
  made like to
  shape (형태)
  similitude (유사물)
  ② assimilate (동화하다)
  similar
  ③ similar (in appearance or character)

롬 1:23 (made like)
5:14 (likeness)
6:5 (본받아, likeness)
8:3 (모양, likeness)
빌 2:7 (같이, likeness)
계 9:7 (모양, shape)

우리가 사람을 만들고 ("Let us make man)
- 사람 (man)
(어근) to show blood (in the face) (얼굴에) 피를 보이려)
i.e, flash (예-육체)
- ruddy ((안색이) 불그스레한, 혈색이 좋은)
i, e. a human being (an individual or the species, mankind, etc.)
(예 - (개인으로서 혹 종(種), 인류 등의) 인간)
- person (사람, 개인)

창세기
1:26, 27, 3:8,9,12,17,20, 5:4,5, 9:6

2:5,7,8,15,18,19, 3:21.22.24, 6:1,2,3,4,5,6,7, 11:5
2:20,21,22,23,25, 4:1.25, 1:26, 27, 3:8,9,12,17,20 5:4,5, 9:6
2:5,7,8,15,18,19, 3:21.22.24, 6:1,2,3,4,5,6,7, 11:5
2:20,21,22,23,25, 4:1.25, 7:21,23, 16:12, 5:1,2,3, 8:21, 9:5
7:21,23, 16:12, 5:1,2,3, 8:21, 9:5

- 만들고 (make)
- to do
  make
  (in the broadest sense and widest application)
  (광의의) - accomplish (완성하다)
  advance (진보시키다)
  appoint (임명하다)
- ① 창 1:7, 16, 25, 26, 2:18, 3:7, 21
  ② 창 1:31, 2:2, 3:1, 13, 14, 4:10
  ③ 창 1:11, 12

창1:26

그로 바다의 고기와 공중의 새와 육축과 온 땅과 땅에 기는 모든 것을 다스리게 하자 하시고

(let them have dominion over the fish of the sea, over the birds of the air, and over the cattle, over all the earth and over every creeping that creeps on the earth.")

바다의 (of the sea) (창 1:9-13)
- 고함치다 (to roar)
  (시끄럽게 파도가 밀려와 부숴지는) 바다
  sea (as breaking in noisy surf)
  지역적으로 서편 (locally, the west)
  큰 형체로서의 물 (large body of water)

지중해 (mediterranean)

- 창 1:10, 22, 26, 28, 9:2

 12:8 (서는 벧엘이요 (ILB) Bethel toward the sea)

 13:14 (동서남북), 14:3 (염해), 22:17, 28:14 (동서남북), 32:12

 41:49, 49:13

고기와 (the fish)

- 물고기 (a fish)

몸부림치다 (예, 꼬리를 흔듦으로 움직이다)

squirming, ie, moving by the vibratory action of the tail

- (여성명사)	(남성명사)
창 1:26,28	창 9:2
출 7:18,21	민 11:22
민 11:5 (생선)	왕상 4:33 (물고기)
신 4:18 (어족)	대하 33:14 (생선문)
시 105:29 (물고기)	느 3:3 (어문)
사 50:2 (어족)	12:39 (어문)
겔 29:4,5	13:16 (물고기)
47:9,10	욥 12:8
욘 2:1 (물고기)	욥 41:7 (작살, fishing spears)
	시 8:8 (어족)
	전 9:12 (물고기)
	(*)- 겔 38:20
	호 4:3
	(*)- 욘 1:17 (큰 물고기)
	(*)- 욘 2:10 (물고기)
	합 1:14 (어족)
	(*)- 습 1:3
	습 1:10 (어문)

공중의 (of the air) = **the heavens** (창 1:1)
- **하늘들** (the heavens)
- 단수형이 없는 복합형 (dual of an unused singular)
  매우 높은 (to be lofty)
  the sky (창 6:17)
  공기 (air)
  heaven (창 14:19,22, 창49:25)
  heavens
- 창 1:1,8,9,14,17,20,26,28,30, 2:1,4,19,20, 6:7,17

새와 (birds) (창 1:20-23)
- 새 (깃털로 덮여 있거나 날개로 덮여 있는)
  창 1:20,21,22,26,28,30, 2:19,20, 6:7,20, 7:3,8,14,21,23
  8:17,19,20, 9:2,10, 40:17,19

육축과 (and over the cattle)
- (집합적) 소, 축우, 가축 (flock)
  육축, 가축, 짐승, 생물
- 무엇이든지 큰 4족수, 보통은 포유류 (any large quadruped)
  동물 (animal)
  벙어리 짐승 (a dumb beast)

소리를 내지 않다 (to be mute)
- 창 1:24, 25, 26, 2:20, 3:14, 6:7
  7:2 (짐승, animal), 8 (짐승, beast), 14, 21, 23(짐승)
  8:1, 17, 20 (짐승, animal), 9:10, 34:23 (생축, livestock), 36:6 (가축)

온 땅과 (over all the earth) (창1:1)
- ① 육지(land)
  지구, 대지(the earth)

② 흙(soil), 땅, 지면
③ 먼지(dust), 진흙 (mud), 티끌

- 골3:5, 6 "그러므로 땅에 있는 지체를 죽이라 곧 …"
- (개역성경) 천지, 지면, 세상, 지방, 평지, 본토, 들, 고향, 나라, 토지

- 창1:1, 2, 10, 11, 12, 15, 17, 20, 22, 24, 25, 26, 28, 29, 30
  2:1, 4, 5, 6, 11, 12, 13
  4:12, 14, 16

- 창3:19
  흙으로 돌아가리니 (ground) country, earth, husband, land
  창 1:25 (땅), 2:5(흙), 6, 7, 9, 19, 3:17, 19, 23(토지)
  4:2, 3(땅), 10(땅) 11(땅), 12(땅), 14(지면), 5:29(땅), 6:1, 7, 20
  7:4, 8, 23, 8:8, 13, 21, 9:2, 20, 12:1

- 흙이니 흙으로 돌아갈 것이니라 (dust)
  먼지(dust as powdered or gray)
  진흙(clay)
  진흙(mud)
  재(ashes)
  땅(earth)
  흙(ground)
  가루(powder)
  쓰레기(rubbish)

창 2:7 흙으로 (of the dust of the ground), 3:14, 19, 13:16(티끌), 18:27(티끌)
  26:15, 28:14(티끌)
출 8:16, 17 (티끌)
레 14:41, 42, 45, 17:13 (*)
민 5:17(티끌), 19:17(재), 23:10(티끌)

신 9:21(가루), 28:24(티끌)
신 32:24 (티끌)
시 103:14 (진토)

땅에 기는 모든 것을 (and over every creeping thing that creeps on the earth) (창1:24, 25)

- 파충류의 동물 (a reptile)이나 빠르게 움직이는 동물로서 (or any other rapidly moving animal) 기어다니는 것 (that creepy)
- 기어 다니는 것 (creeping thing)
- 창 1:24, 25, 26, 6:7, 20, 7:14, 23, 8:17, 19, 9:3 (산 동물, moving thing)

롬 1:23(버러지)

- 땅에 기는

① 창1:25 땅 (earth) 창1:1
② 창1:26 땅 (ground) 창2:5, 6, 7, 9, 19

다스리게 하자 하시고 (let them have dominion over)

- 복종시키다 (to tread down, i.e. subjugate)
  부숴뜨리다 (to crumble off)
  지배하다 (have dominion)
  압도하다 (prevail against)
  통치하다 (reign)
  지도하다 (rule)

- 창 1:26
  28
  레 25:43, 46, 53, 26:17
  민 24:19
  삿 5:13

왕상 4:24, 5:16, 9:23
대하 8:10
느 9:28
시 49:14, 68:27, 72:8
사 14:2, 6, 41:2
렘 5:31
애 1:13
겔 29:15, 34:4

창1:26과 다섯째 날/여섯째 날과의 비교 (다른 것들)

		창1:26
다섯째 날	큰 물고기(great sea creatures) 물에서 번성하여 움직이는 모든 생물 날개 있는 모든 새 (땅 위 하늘의 궁창에는 새가 날으라)	× 바다의 고기 공중의 새
여섯째 날	땅의 짐승 육축 땅에 기는 모든 것 ×	× (창 9:2에는 포함) 육축 땅에 기는 모든 것 온 땅 (earth)

창1:26

- 사람의 창조

① 창1:26 "하나님이 가라사대 …
우리가 사람을 만들고 (make)"
창1:27 "하나님이 … 남자와 여자를 창조하시고 (created)"

② 창2:4- 9 흙으로 사람을 지으시고 (the LORD God
formed man of the dust of the ground)
창(125)
(비교) 땅의 생물

창1:25 땅의 생물을 그 종류대로 내되 (let the earth bring forth the living creature)

- 바다의 고기

① 창1:26 바다의 고기

② 창1:20, 21 a. 큰 물고기 (뱀, 용, 들개)

(예) 욥 40:15-24

욥 41:1-34

b. 물에서 번성하여 움직이는 모든 생물

- 계 9:8, 9 "바다 가운데 생명가진 피조물들"

(주의) 바다의 고기가 아님

- 욘 1:17 큰 물고기 (남성명사)

욘 2:1 물고기 (여성명사)

욘 2:10 물고기 (남성명사)

- 땅의 짐승

창3:1

계 20:2 용을 잡으니 곧 옛 뱀이요 마귀요 사단이라

(사람 중에) 요 8:44

고후 11:13-15

계 20:7-15 (불못에 함께 던져짐)

- 예수님께서 모든 것을 다스리심

눅4:1-13

히2:5-18

엡6:10-20

벧전5:8

계12:13-17

계20:7-10

- 겔38:20 "바다의 고기들과 공중의 새들과 들의 짐승들과 땅에 기는 모든 벌레와 지면에 있는 모든 사람이 내 앞에서 떨 것이며"

합1:14 "주께서 어찌하여 사람으로 바다의 어족 같게 하시며 주권자 없는 곤충같게 하시나이까"
습1:3 "내가 사람과 짐승(beast)을 진멸하고 공중의 새와 바다의 고기와 거치게 하는 것과 악인들을 아울러 진멸할 것이라"

창 1:27

"하나님이 자기형상 곧 하나님의 형상대로 사람을 창조하시되 남자와 여자를 창조하시고
(So God created man in His own image; in the image of God He created him; male and female He created them)"
(한글 KJV) "그리하여 하나님께서 자신의 형상대로 사람을 창조하시니, 곧 하나님의 형상대로 그를 창조하셨으며, 그들을 남자와 여자로 창조하시니라
(So God created man in his own image of God created he him; male and female created he them)"

그리하여 (So) (Strong's Hebrew Dictionary #3651 참조)

- 창1:7 그대로 되니라 (and it was so)
- whole, all, (complete) + conclusion of an act or state
- Complete to the end
  i.e., absolutely perfect -wholly
- 창1:7
  42:25 그대로 (thus)
  44:10 같이 (according)
- 창1:27 그리하여 (so (And))

하나님이

- Eloh-heem = God
- El (Eloah)의 복수로서 하나님 (창조자, 전능자)
- '두려워하다'에서 기원
  "두려워해야 될 최고등한 존재"
- '강해지다'에서 기원

"강하고 능력 있는 자"

자기형상 곧 하나님의 형상대로 (in His own image; in the image of God)
- **창1:26 우리의 형상을 따라** (in Our image)
  1:27 하나님이 자기형상 (in His own image)
- 고후4:4
  골1:15
- (목적)
  롬8:29
  고전15:49 "And as we have borne the image of the man of dust (흙에 속한 자의), we shall also bear the image of the heavenly Man." (하늘에 속한 자의)
  골3:10

- **형상** (image)
  to shade (그림자를 나타내다)
  a phantom (환영, 유령, 망상)
  i.e., illusion (환각, 환상), resemblance (유사점)
  a representative (대리인)
  (fig) idol-image, vain shew (=show) (헛된 징후, 표시)

사람을 창조하시되 (created man)
- 사람
  (어근) - to Show blood (in the face) ((얼굴에) 피를 보이며)
  i.e., flash (예-육체)
  ruddy ((안색이) 불그스레한, 혈색이 좋은)
  i.e., a human being (an individual or the species, mankind, etc.)

- **창조** (bara)
① to make something entirely new, either a new material, or a new arrangement of material, a new sort of thing

② does not always mean to make something of nothing

To create =

ⓐ to cause to exist; bring into being, originate

ⓑ to give rise to; bring out; produce

ⓒ to invest with office or title; appoint

ⓓ to be first to portray and character to

(a rell or part)

남자와 여자를 창조하시고 (male and female He created them)

- 남자 (male)

(어근) to mark (so as to be recognized)

i.e., to remember

remembered

i.e., a male (of man or animals)

창 1:27, 5:2, 6:19, 7:3,9, 16 (남자와 여자)

17:10, 12, 14, 23 (할례),

34:15, 22, 24, 25

- 여자 (female)

(어근) to puncture (찌르다, 구멍을 뚫다, 꿰뚫다)

(lit) to perforate, with more or less violence (구멍을 내다, 뚫다)

(fig) to specify (명기하다)

designate (지적하다, 지명하다)

female (from the sexual form)

female, woman

창 1:27, 5:2, 6:19, 7:3, 9, 16

- 짐승의 우상 (형상)

창1:27

"하나님이 자기 형상 곧 하나님의 형상대로 사람을 창조하시되 남자와 여자를 창조하시고 (So God created man in His own image; in the image of

God He created him; male and female He created them)"

하나님의 형상

- 고후 4:4 "… 그리스도는 하나님의 형상이니라."
  행 2:14-36 "… 이 예수를 하나님이 주와 그리스도가 되게 하셨느니라"
  골 1:15 "그는 (그리스도 예수) 보이지 아니하시는 하나님의 형상이요 …"
- (목적)
  롬 8:29 "하나님이 미리 아신 자들로 또한 그 아들의 형상을 본받게 하기 위하여 미리 정하셨으니 이는 그로 많은 형제 중에서 맏아들이 되게 하려 하심이니라"
  고전 15:49 "우리가 흙에 속한 자의 형상을 입은 것 같이 또한 하늘에 속한 자의 형상을 입으리라"

남자 (male)

- (어근) to mark (So as to be recognized)
  i.e., to remember
- remembered
  i.e., a male (of man or animals)

여자 (female)

- (어근) to puncture 찌르다, 구멍을 뚫다, 꿰뚫다
  female (from the sexual form)
  female, woman

(헬라어)

남자

- (어근) to lift, take up or away
  to raise (the voice)
- male (as stronger for lifting)
- 마 19:4
  막 10:6

누 2:23
롬 1:27
갈 3:28
계 12:5
12:13

여자

- (어근) nipple 젖꼭지 (비슷한 것)
  to suckle 젖을 먹이다, 기르다, 보육하다
- female
- 마 19:4
  막 10:6
  롬 1:26, 1:27
  갈 3:28

마 19:3-12
막 10:1-12
롬 1:18-2:16
마 19:4 = 창1:27
마 19:5 = 창2:24

남자와 여자

① 결혼 마19:3
② 이혼 마19:6
③ 음행 마19:9
④ 정욕 롬1:24
⑤ 동성연애 롬1:26, 27

갈3:26-29
"… 남자나 여자없이 다 그리스도 예수 안에서 하나이니라 … "
롬 8:29

창1:28

"하나님이 그들에게 복을 주시며 그들에게 이르시되 생육하고 번성하

여 땅에 충만하라, 땅을 정복하라, 바다의 고기와 공중의 새와 땅에 움직이는 모든 생물을 다스리라 하시니라"

(Then God blessed them, and God said to them, "Be fruitful and multiply; fill the earth and subdue it; have dominion over the fish of the sea, over the birds of the air, and over every living thing that moves on the earth.")

하나님이 그들에게 복을 주시며

창1:22	다섯째 날 큰 물고기 물에서 번성하여 움직이는 모든 생물 날개 있는 모든 새	 생육하고 번성하여 여러 바닷물에 충만하라 새들도 땅에 번성하라
창1:28	여섯째 날 사람 남자 여자	생육하고 번성하여 땅에 충만하라 땅을 정복하라 바다의 고기와 공중의 새와 땅에 움직이는 모든 생물을 다스리라
창2:3	일곱째 날 일곱째 날	일곱째 날을 복 주사 거룩하게 하셨으니

창 5:2, 9:1, 26 (셈의 하나님 여호와를 찬송하리로다), 12:2
창 1:20-23

복을 주어 (blessed)

- 무릎을 꿇게 하다
- (숭배적 기도의 행동으로서) 하나님과 (한편으로는 혜택으로서) 인간을 축복하는 것

찬양하다
절하다
감사하다

생육하고 (be fruitful)
- 열매를 맺다
  열매를 내다
  열매를 맺게 하다
  자라다
  늘이다

창1:22, 28, 8:17, 9:1, 7, 35:11, 47:27

번성하여 (and multiply)
- (어떤 점에서든지) 확장하다
  증가하게 만들다
  다수의
  다량의

창1:22, 28
3:16 (고통을 더하리니)
7:17 (물이 많아져)
18 (땅에 창일하매)
8:17
9:1, 7

땅 (earth)**에 충만하라**
- 충만하라 (fill)
  채우다
  가득차다
  완성하다
  확립하다, 확증하다

완수하다, 완료하다
채워지다
만족하다
창1:22, 28, 6:11, 13 (강포가 땅에 가득하므로), 9:1

땅 (earth)**을 정복하라** (and subdue it;)
- to tread down (짓밟다, 억압하여 복종시키다)
  disregard (무시하다)
  to conquer (정복하다)
  subjugate (정복하다, 진압하다)
- 창 1:28
  민 32:22 (그 땅으로 여호와 앞에 복종케 하시기까지)
  29 (그 땅이 너희 앞에 항복하기에 이르거든)
  수 18:1 (그 땅이 이미 그들의 앞에 돌아와 복종하였음이나)
  삼하 8:11 (저가 정복한 모든 나라에서 얻은)
  대상 22:18
  대하 28:10
  에 7:8 / 느 5:5
  렘 34:11, 16
  미 7:19
  슥 9:15

창1:22 vs 창1:28
- 땅을 정복하라(*)
- 바다의 고기와 공중의 새와 땅에 움직이는 모든 생물을 다스리라 (*)
  다스리라 (have dominion over)
- 복종시키다 창1:26
  부숴뜨리다 28
  지배하다 레25:43, 46, 53
  압도하다 26:17
  통치하다 민24:19

지도하다 삿5:13

창1:26	창1:28
바다의 고기와 공중의 새와 육축과 온 땅과 땅에 기는 모든 것을 다스리게 하자 하시고	바다의 고기와 공중의 새와 땅에 충만하라, 땅을 정복하라 땅에 움직이는 모든 생물을 다스리라 하시니라

창1:26 vs 창1:28
골3:5
요일3:9, 5:3, 4
막16:17, 18
눅10:17-20

창1:29
"하나님이 가라사대 내가 온 지면의 씨 맺는 모든 채소와 씨 가진 열매 맺는 모든 나무를 너희에게 주노니 너희 식물이 되리라"
(And God said, "See, I have given you every herb that yields seed which is on the face of all the earth, and every tree whose fruit yields seed; to you it shall be for food.)

씨 맺는 모든 채소와 씨 가진 열매 맺는 모든 나무를 (창1:9-13)
씨 맺는 (yields seed)
-(ILB) seeding seed
- seed (씨, 열매, 종자)
fruit (과실)
plant (식물, 초목)

sowing-time (씨를 뿌리는 시기)
posterity ((집합적) 자손, 후세)
- 창1:11, 12, 29, 3:15 (후손), 4:25 (씨), 7:3 (씨), 8:22 (심음),
  9:9 (후손), 12:7 (후손)

모든 채소와 (every herb)
- glisten (or be green) (반짝임 (혹은 푸르러짐))
grass (or any tender shoot) (풀 (혹은 무엇이든지 연한 새로 나온 가지))
herb (풀잎, 초본, 식용(약용, 향료), 식물, 목초)
- 창 1:11, 12, 29, 30, 2:5 (채소), 3:18 (채소), 9:3 (채소)

씨 가진 열매 맺는 (and every tree whose fruit yields seed)
-씨 (seed, fruit, plant, sowing-time, posterity)
후손, 씨, 심음, 후손
-열매 (fruit)
-fruit (과실)
reward (보상, 사례금)
-창1:11, 12, 29, 3:2 (실과), 3, 6, 4:3 (소산) 가인의 제물(*)
 30:2 (선태, the fruit of the womb)
출10:15 (열매)
레19:23 (열매), 24 (과실), 25 (열매), 23:40 (실과), 25:19 (산물)
26:4 (산물), 20, 27:30 (과실)
민13:20 (실과), 26, 27
신1:25 (과실), 7:13 (소산), 26:2, 10, 28:4, 11, 18, 33, 42, 51, 53 (자녀)
30:9 (소생)

- 맺는 (yields)
- to do (행하려고)
  make (만들다)
  accomplish (완성하다, 성취하다)

bring forth (놓다, 열매를 맺다, 발족하다, 생기게 하다)
yield (산출하다, 양보하다, 양도하다)

- 창1:7 (만드사), 16, 25, 26, 31 (지으사)
2:2 (지으시던), 3 (만드시던), 4 (창조하신 때에), 8 (지으신)
3:1, 7 (하였더라), 13 (하였느냐), 14 (하였으니), 21 (지어)

모든 나무를(, and every tree)
- 나무 (tree)
(어근) to fasten (or make firm)
고착시키다 (혹은 확고히 하다)
a tree (from its firmness) ((견고성에 있어서의) 나무)
wood/stick (목재, 장작/막대기, 나무토막)
-창1:11(과목), 12(나무), 29, 2:9, 16, 17, 3:1, 2, 3, 6, 8, 11, 12, 17, 22, 24
6:14 (잣나무, gopherwood), 18:4, 8, 22:3, 6, 79, 23:17 (수목), 40:19

너희에게 주노니 (See (Behold-ILB), **I have given you)**
- to give
add
apply
appoint
ascribe
assign
- (과거) 창1:29, 3:12, 9:3, 13 (두었나니, set), 15:3, 18
(미래) 창1:17 (두어, set), 3:6, 12:7, 13:15, 17, 14:20 , 15:2, 10

너희 식물이 되리라 (to you it shall be for food)
-식물 (food)
food (양식)
consume (소비하다)

devour (탐식하다)

eat (먹다)

meat (고기)

-창1:29, 30, 6:21, 9:3

출16:15 (만나)

레11:39

25:6 (안식년의 소출)

렘12:9

겔15:4, 6, 21:32, 23:37

겔29:5, 34:5, 8, 10, 35:12, 39:4

되리라 (it shall be)

- to exist

become

- 창1:3

29

9:26

13:8

27:1

34:10

41:40

초막절 레23:39-44

느8:13-18

생명나무 계22:2-4

식물 마7:14-23

고전8:1-13

마4:4(신8:3)

영생하도록 있는 양식 요6:22-40

요4:27-38

(셋째 날)	(여섯째 날)	
- 풀 (grass)		
- 씨 맺는 채소 (the herb that yields seed)	- 씨 맺는 모든 채소 (every herb thatyields seed)	- 사람(남자와 여자)의 식물
- 씨 가진 열매 맺는 과목 (the tree that yields fruit)	- 씨 가진 열매 맺는 모든 나무 (every three whose fruit yields seed)	
	- 모든 푸른 풀 (every green herb)	- 땅의 모든 짐승과 공중의 모든 새와 생명이 있이 땅에 기는 모든 것의 식물

풀 (grass)

-A sprout (눈, 싹)

tender (부드러운) grass, green

(tender) herb (풀잎, 초본, 식용(약용, 향료)식물, 목초)

계 8:7 (각종 푸른 풀도 타서 사위더라)	계9:4 (땅의 풀이나 푸른 것이나 각종 수목은 해하지 말고)
시 37:2 사 15:6 사 37:27 마 6:30 약 1:10, 11 벧전 1:24	신 32:2 삼하 23:4 시 23:2 사 66:14

나무/과목 (tree)

-계 8:7 (수목의 삼분의 일도 타서 사위고)-생명나무

창 2:9

잠 3:18 (지혜는 그 얻은 자에게 생명나무라), 11:30, 13:12

계 2:7, 22:2, 14, 19

요 15:1-8

- 신 20:19 (도끼를 둘러 그곳의 나무를 작벌하지 말라

이는 너희의 먹을 것이 될 것임이니 찍지 말라)

"열매 맺는 모든 나무를 너희에게 주노니 너희 식물이 되리라(창1:30)"

- 눅23:31 (푸른 나무에도 이같이 하거든 마른 나무에는 어떻게 되리요 하시니라)

- 푸른 나무 아래

신12:2

왕상14:23

왕하16:4, 17:10

대하28:4

사57:5

렘2:20, 3:6, 3:13, 17:2

겔6:13

-그의 열매로 그를 알지니

마 7:15-20

막 11:12 26

식물

-채식 (창 1:29)

-육식 (창 9:2,3)

-제한된 육식 (레11)

-제한 없는 식물 (막7:19 후,

행10:9-16,

롬14:

고전8:)

영생하도록 있는 양식
-요6:26-35

창1:30
"또 땅의 모든 짐승과 공중의 모든 새와 생명이 있어 땅에 기는 모든 것에게는 내가 모든 푸른 풀을 식물로 주노라 하시니 그대로 되니라"
("Also, to every beast of the earth, to every bird of the air, and to everything that creeps on the earth, in which there is life, I have given every green herb for food"; and it was so.)
창1:24,25

육축과 (cattle)
-(영어) cattle (집합적)소, 축우, 가축 flock
animal (NKJV) -동물 (식물의 반대), 식물이나 무생물에 대한 말
-짐승 (사람의 반대)
livestock (NKJV) 가축
beast 조류, 곤충 따위와 구별하여 네 발 짐승
pet 애완동물 (성경에 없음)
- 무엇이든지 큰 4족수(네 발 짐승), 보통은 포유류 (any large quadruped)
동물 (animal)
벙어리 짐승 (a dumb beast)
소리를 내지 않다 (to be mute)

기는 것과 (and creeping thing)
-파충류의 동물 (a reptile)이나 다른 빠르게 움직이는 동물로서
(or any other rapidly moving animal)
-기어 다니는 것 (that creepth)

땅의 짐승을 (and beast of the earth)
-산 (alive)

날것의 (raw, flesh)
신선한 초목, 물, 연령 (flesh (plant, water, year))
강한 (strong)
-생명 (life (or living thing))
야생동물 (wild (beast))
동료 (company)
집회 (congregation)
군대 (troop)
(창1:20-23 ①)

새가 날으라 하시고

- 새 (birds): (깃털로 덮혀있거나 날개들로 덮혀있는) 새

창(1:30)	(창1:24)	창(1:20)	창(6:20)	창(7:14)	행(10:12)
- 땅의 모든 짐승 - 공중의 모든 새 - 생명이 있어 - 땅에 기는 모든 것	- 땅의 짐승 - 기는 모든 것 - 육축	- 새	- 새 - 기는 모든 것 - 육축	- 들짐승 - 각양새 - 기는 것 - 육축	- (들짐승들과) - 공중의 나는 것들을 - 기는 것 - 땅에 있는 각색 네발 가진 짐승 (animal - NKJV) (beast - KJV)

짐승 (boact)

-생명 (life (or living thing)
창2:7 생기 (breath of life)
창2:9 생명나무 (the tree of life)
-야생동물 (wild (beast))
창1:24 땅의 짐승
창1:30 땅의 모든 짐승
창3:1 들짐승
-행10:1-11:18
행10:12 "그 안에는 땅에 있는 각색 네 발 가진 짐승과 기는 것과 공중에 나는 것들이 있는데"

행11:18 "저희가 이 말을 듣고 잠잠하여 하나님께 영광을 돌려 가로되
그러면 하나님께서 이방인에게도 생명 얻는 회개를 주셨도다 하니라"

내가 모든 푸른 풀을 식물로 주노라 하시니

-푸른 (green)

창1:30 푸른 풀

9:3 채소 (green herbs)

출10:15 푸른 것 (green)

민22:4 풀(grass)

시37:2 푸른 채소 (green herb)

시15:6 풀 (green grass)

-풀을 (herb)

창1:11 씨 맺는 채소

12 씨 맺는 채소

29 씨 맺는 모든 채소

30 푸른 풀

2:5 채소

3:18 밭의 채소

9:3 채소

창1:30 땅의 모든 짐승, 공중의 모든 새, 땅에 기는 모든 것

창1:29 남자(male)와 여자 (female)

창3:18 아담

창9:3 노아와 그 아들들 - "채소 같이"

-식물로 주노라

식물 (food)

창1:29 식물

30 식물

6:21 식물 "너는 먹을 모든 식물을 네게로 가져다가 저축하라
이것이 너와 그들의(새, 육축, 땅에 기는 모든 것) 식물이 되리라"

9:3 식물

(육축)
-창1:30 에 없음
-레1:2 "생축(livestock) 중에서 소나 양으로 예물을 드릴지니라"
-히9:11-14
-히10:1-18

그대로 되니라 (and it was so)
-So
-Whole, all, (complete) + conclusion of an act or state
-complete to the end
i.e., absolutely perfect - wholly

창1:31
하나님이 그 지으신 모든 것을 보시니 보시기에 심히 좋았더라
저녁이 되며 아침이 되니 이는 여섯째 날이니라
(Then God saw everything that He had made, and indeed it was very good
So thc cvcning and thc morning were the sixth day.)

지으신 모든 것

	창조(created)	만드신(made)	가라사대(said)	지으시고(formed)
첫째날	천지		빛	
둘째 날		궁창		
셋째 날			씨 맺는 채소 씨가진 열매 맺는 과목	
넷째 날		두 큰 광명 별들		
다섯째 날	큰 물고기 움직이는 모든 생물 날개 있는 모든 새			
여섯째 날	사람(남자와 여자)	땅의 짐승 육축 땅에 기는 모든 것 (사람)		
창2:4-3:24		생명나무 선악을 알게 하는 나무 여자(돕는 배필) 가죽 옷		사람 각종 들짐승 각종 새

(보라) 한글 킹제임스 성경
개역성경 **(없음)**
indeed -NKJV
behold - KJV

- 어근 - (놀라움을 표시하며 (as expressing surprise))
자, 이봐, 보라 (lo)
주시하다 (behold)
- 자, 보라 (lo)
주시하다 (behold)
보라 (see)
- 창1:29 (see), 12:11 (indeed), 19:21 (see), 42:28 (lo-KJV), 50:5 (behold)

보시기에 심히 좋았더라 (Then God saw everything that He had made, **and indeed it was very good.)**
- 심히 (very)
격렬, 열심, 열의 (vehemence)
대단히, 몹시 (exceedingly)
특별히 (especially)
창1:31 (심히), 4:5 (심히), 7:18 (더), 19 (더욱), 12:14 (심히)
13:2 (풍부), 13:13 (큰)

- 보시기에 좋았더라
(히) good -cheerful, joyful, kindly)
- glad
- good
- pleasant
- (be, do, go, play) well

(헬) good -마3:10, 5:16, 7:17, 12:13, 13:8
막4:8
눅3:9, 6:38, 8:15, 9:33, 14:34, 21:5
요2:10, 10:11, 14, 32, 33

갈6:15 "… 새로 지으심을 받은 자 (a new creation) 뿐이니라"
고후5:17 "그런즉 누구든지 그리스도 안에 있으면 새로운 피조물(a new creation) 이라 이전 것은 지나갔으니 보라 새것이 되었도다"
형상 -골1:15
고후4:4
(빌2:6)
-롬8:29
골3:10
고전15:49

창9:6 "무릇 사람의 피를 흘리면 사람이 그 피를 흘릴 것이니
이는 하나님이 자기 형상대로 사람을 지었음이니라"
민3:38 동편 곧 회막 앞 해 돋는 편
신5:24 하나님이 사람과 말씀하시되
욥1:8 여호와께서 사단에게 이르시되
욥26:13, 14 "그 신으로 하늘을 단장하시고 손으로 날랜 뱀을
찌르시나니 이런 것은 그 행사의 시작점이요 …"
욥34:13-15 "누가 땅을 그에게 맡겼느냐 누가 온 세계를
정하였느냐 그가 만일 자기만 생각하시고 그 신과
기운을 거두실진대 모든 혈기 있는 자가 망하고 사람도
진토로 돌아가리라"
욥37:8 "짐승들은 숨는 곳으로 들어가서 그 굴에 머물며"
욥38:36 "가슴속의 지혜는 누가 준 것이냐 마음속의 총명을
누가 준 것이냐"
욥38:39-39:25
시104-4, 5 "바람으로 자기 사자를 삼으시며 화염으로
자기 사역자를 삼으시며 땅의 기초를 두사
영원히 요동치 않게 하셨나이다"
시104:18 "높은 산들은 산양을 위함이여 바위는 너구리의 피난처로다"
시104:20-24
시104:29-31 "주께서 낯을 숨기신즉 저희가 떨고 주께서
저희 호흡을 취하신즉 저희가 죽어 본 흙으로

돌아가나이다. 주의 영을 보내어 저희를 창조하사
지면을 새롭게 하시나이다…"
시139:13-16 "주께서 내 장부를 지으시며 나의 모태에서
나를 조직하셨나이다. 내가 주께 감사하옴은
나를 지으심이 신묘막측하심이라 …
내 형질이 이루기 전에 주의 눈이 보셨으며
나를 위하여 정한 날이 하나도 되기 전에
주의 책에다 기록이 되었나이다"
잠16:4 "여호와께서 온갖 것을 그 쓰임에 적당하게 지으셨나니
악인도 악한 날에 적당하게 하셨느니라"
잠20:12 "듣는 귀와 보는 눈은 다 여호와의 지으신 것이니라"
전3:13, 14 "사람마다 먹고 마시는 것과 수고함으로 낙을
누리는 것이 하나님의 선물인 줄을 또한 알았도다
무릇 하나님의 행하시는 것은 영원히 있을 것이라.
더 할 수도 없고 덜 할 수도 없나니 하나님이
이같이 행하심은 사람으로 그 앞에서 경외하게
하려 하심인 줄을 내가 알았도다"
전6:10 "이미 있는 무엇이든지 오래 전부터 그 이름이
칭한 바 되었으며 사람이 무엇인지도 이미 안
바 되었나니 자기보다 강한 자와 능히 다툴 수 없느니라"
전7:29 "나의 깨달은 것이 이것이라 곧 하나님이 사람을
정직하게 지으셨으나 사람은 많은 꾀를 낸 것이니라"
전11:5 "바람의 길이 어떠함과 아이 밴 자의 태에서 뼈가
어떻게 자라는 것을 네가 알지 못함 같이 만사를
성취하시는 하나님의 일을 네가 알지 못하느니라"
사44:24, 25 "… 나는 만물을 지은 여호와라"
사45:9-12
사45:18
사64:8
사66:17 "… 동산에 들어가서 그 가운데 있는 자를 따라 돼지고기와

가증한 물건과 쥐를 먹는 자가 다 함께 망하리라 …"
렘13:23 "구스인이 그 피부를, 표범이 그 반점을 변할 수 있느뇨
할 수 있을찐대 악에 익숙한 너희도 선을 행할 수 있으리라"
슥13:1 "… 여호와 곧 하늘을 펴시며 당의 터를 세우시며
사람 안에 심령을 지으신 자가 가라사대"
마19:4-6 "… 본래 저희를 남자와 여자로 만드시고 …"
막10:5-9 "… 창조시로부터 저희를 남자와 여자로 만드셨으니 …"
행17:24-26 "우주와 그 가운데 있는 만유를 지으신 신께서는
천지의 주재시니 …"
롬1:23 "썩어지지 아니하는 하나님의 영광을 썩어질 사람과
금수와 버러지 형상의 우상으로 바꾸었느니라"
롬8:29 "하나님이 미리 아신 자들로 또한 그 아들의 형상을
본받게 하기 위하여 미리 정하셨으니 이는
그로 많은 형제 중에서 맏아들이 되게 하려 하심이니라"
고후4:4 "… 그리스도는 하나님의 형상이니라"
딤전2:8-15 "… 이는 아담이 먼저 지음을 받고 이와가 그 후며 …"
생명나무 잠3:18, 11:30, 13:12, 15:4,
계2:7, 22:2, 22:14

리서치노트

일곱째 날

창세기 1장1절- 31절 첫째날부터 여섯째 날까지 하늘들(heavens)과 땅(earth)이 완성되었고 군상들도 (all of the host of them) 완성되었다.

그리하여 하늘들과 땅이 완성되었고 하늘들의 군상들도 그러하니라. 일곱째 날에 하나님께서 자신의 하시던 일을 끝내시고, 자신의 하시던 자신의 모든 일로부터 일곱째 날에 쉬시니라. 하나님께서 일곱째 날을 복주시고 그것을 거룩하게 하셨으니, 이는 그 날에 하나님께서 창조하시고 지으신 그의 모든 일로부터 쉬셨음이라 (KJV 창 2:1-3)

일곱째 날에

- 하나님께서 자신의 하시던 일을 끝내셨다.
- 하나님께서 창조하시고 지으신 그의 모든 일로부터 쉬셨다.
- 하나님께서 일곱째 날(day)을 복주셨다 (blessed).
- 하나님께서 일곱째 날(day)을 거룩하게 하셨다 (Sanctified).

일곱째 날은 하나님의 뜻을 사람들에게 알리신 말씀이다.

"하나님의 뜻은 이것이니, 곧 너희의 거룩함이니라. 너희는 음행을 삼가고 너희 각자가 거룩함과 존귀함으로 어떻게 자기 자신의 그릇을 소유하는가를 알며 하나님을 모르는 이방인들과 같이 색욕에 빠지지 말고 어떤 문제에 있어서도 정도를 지나쳐 자기 형제를 속이지 말라. 이는 우리가 미리 경고하였고 증거한 바와 같이 주께서는 이러한 사람들에 대하여 벌을 주시는 분이시기 때문이니라 하나님께서 우리를 부르신 것은 부정함에 이르게 하려는 것이 아니라 거룩함에 이르게 하려 하심이니라 그러므로 경시하는 자는 사람을 경시하는 것이 아니라 우리에게 그의 거룩한 영을 주신 하나님을 경시하는 것이니라 **(KJV 살전 4:3-8)**

안식

하나님께서 일곱째 날을 거룩하게 하신 것이 하나님의 뜻을 따라 사람이 거룩하게 되기를 원하시는 것처럼 하나님께서는 사람이 하나님의 안식에 들어오기를 원하신다.

"어느 곳에선가 일곱째 날에 관해서 이렇게 말씀하시기를 "하나님께서 일곱째 날에 그의 모든 일에서 쉬셨느니라"고 하셨으며 여기에서 다시 "그들이 나의 안식에 들어오려면" 이라고 하셨느니라. 그러므로 누군가 거기에 들어가는 일이 남아 있으나 먼저 복음을 들은 자들은 믿음 없음으로 인하여 들어가지 못한 것이라. 또 다시 오랜 세월 후에 어떤 날을 정하셔서 다윗에게 '오늘'이라 말씀하셨으니, "오늘 너희가 그의 음성을 듣거든 너희 마음을 완악하게 하지 말라"고 함과 같으니라. 만일 여호수아**(예수)**가 그들에게 안식을 주었더라면 하나님께서 그 후에 다른 날을 말씀하지 아니하셨으리라. 그러므로 하나님의 백성에게 한 안식이 남아 있도다. 그의 안식에 들어간 사람은 하나님께서 자기 일에서 쉬신 것같이 그도 자기 일에서 쉬었느니라. 그러므로 우리가 그 안식에 들어가도록 힘써야 하리니 이는 아무도 똑같은 믿음 없음의 본에 빠지지 않게 하려 함이라." **(KJV 히4:4-11)**

안식에

- 들어간 사람이 있고 (히 4:10)

- 들어가는 일이 남아 있는 사람이 있다. (히 4:9)

안식에 들아가지 못한 사람은 믿음이 없기 때문이다. (히 4:6)

"그러므로 그의 안식에 들어갈 한 약속이 우리에게 남아 있는 이상, 너희 중에 혹 이르지 못할 자가 있을까 두려워해야 하리라. 실로 복음을 전해들은 것은 그들이나 우리나 마찬가지이나 전파된 말씀이 그들에게 유익을 주지 못한 것은 그것을 들은 자들이 믿음을 결합시키지 못했기 때문이라. (히 4:1,2)"

하나님께 대한 믿음은 하나님께서 주신(계시된) 믿음이 있고 자기가 믿으려고 노력하는 믿음이 있다.

계시된 믿음

"그러나 믿음이 오기 전에 우리는 율법 아래서 삼시를 받았으며, 나중에 믿음이 계시될 때까지 갇혀 있었느니라." (KJV 갈3:23)

다시 오실 예수

하나님께서 주신 믿음을 가진 사람은 예수님께서 다시 오시기를 간절히 기다린다.

"이런 일들을 증거하신 분이 말씀하시기를 "반드시 내가 속히 오리라" 하시니라. 아멘, 그러하옵니다. 주 예수여, 오시옵소서" (KJV 계22:20)

"내가 선한 싸움을 싸우고 달려갈 길을 마치고 믿음을 지켰으니 이후로는 나를 위하여 의의 면류관이 마련되어 있어 의로운 재판관이신 주께서 그날에 그것을 내게 주실 것이며 또 나뿐만 아니라 그의 나타나심을 사모하는 모든 사람에게도 주실 것이라." (KJV 딤후4:7, 8)

자기가 믿으려고 노력하는 믿음은 죄를 다스릴 힘이 없다.

마술사 시몬 (행8:5-13)

전도자 빌립이 사마리아의 성읍에 내려가 그리스도를 전파하니 마술사 시몬도 믿었다.

"그때 시몬 자신도 믿고 침례를 받은 후에 빌립과 꾸준히 함께 지내며 능력과 표적이 행해짐을 보고 놀라더라(행8:13 KJV)"

그러나 사도 베드로와 요한이 안수함으로 성령 받는 것을 보고 돈을 주며 이 능력을 받고저 했다(행8:14-20).

> "그때 두 사도가 그들에게 안수하니 그들이 성령을 받으니라. 그러자 시몬이 사도들의 안수함으로 성령을 받는 것을 보고 그들에게 돈을 주며 말하기를 "나에게도 이 능력을 주어 누구에게든지 내가 안수하는 사람은 성령을 받을 수 있게 하소서"하니 베드로가 그에게 말하기를 "너는 네 돈과 더불어 망하라. 이는 네가 하나님의 선물을 돈으로 살 수 있다고 생각하였기 때문이라 …"

믿고 침례를 받고 꾸준히 함께 지냈으나(행8:13), 하나님께서 주신 믿음이 아닌 자기가 믿은 믿음이기 때문에 망할 수도 있다.

죄와 사망의 법에서 해방(롬8:2)된 적이 없기 때문이다(행8:21-24)

> "내가 보니 너는 악독에 젖어있고 불의에 묶여 있도다."하니 시몬이 대답하여 말하기를 "나를 위하여 주께 간구하여서 당신들이 내게 말한 일이 임하지 않게 하소서"라고 하더라 (행8:23-24)."

안식에 들어간 사람은 하나님께서 자기 일을 쉬신 것 같이 그도 자기 일에서 쉰다(히4:10).

일곱째 날에는 "저녁과 아침이 되니"하는 말씀이 없다.
첫째 날부터 여섯째 날까지와 다른 점이다.

더욱이나 **하나님께서 일곱째 날**(day)**을 복 주셨다**(창2:3).

날(day)은 히브리어에서 다음과 같은 의미를 갖는다.

· 더워지는 것(to be hot)
· 따뜻한 시간의 하루(a day (as the warm hours))
· 일출 후 일몰까지(from sunrise to sunset)
· 일몰 후 다음 일몰까지(from sunset to the next)
· 일정한 시간적 공백(a space of time defined by an associated term)

저녁(evening)은 히브리어에서

· 직물로 덮는다는 의미(the idea of covering with a texture)
· 일몰 후 어둑어둑해지는 것(to grow dusky at sundown)
· 저녁이 됨((toward) evening)

의 의미를 가지며 때로는 밤(night)으로 쓰일 수도 있다.

아침(morning)은 히브리어에서

· 밭을 갈다(to plough)
· 부수다(break forth)

· 문의하다((make) inquiry)

· 탐색하다((make) search, seek out)

의 의미를 가지며 동틀 녘(dawn (as the break of day))을 나타낸다.

날과 저녁과 아침의 관계는 다음과 같다.

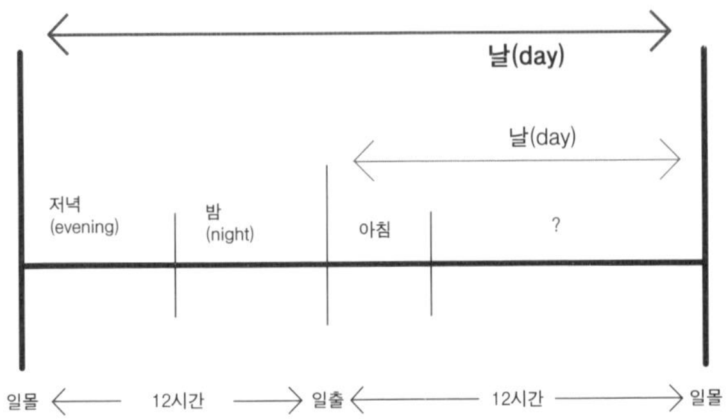

저녁(evening)은 해질 때에서부터 잠자리에 들 때까지의 시간이다.

첫째 날부터 여섯째 날까지 “저녁이 되며 아침이 되니” 에서 밤(night)이라고 표현하지 않고 -밤은 해가 뜰 때까지의 시간이다- 저녁(evening)이라고 말씀하셨다.

그러나 히브리어에서 밤(night)이라고도 쓰이기 때문에 저녁이 되며는 일몰에서 일출까지의 12시간이 될 수 있다.

그러나 아침(morning)은 동틀 무렵이다.

낮 시간 -일출에서 일몰까지의 12시간-이 포함되지 않는다.

하나님께서는 저녁이 되며 아침이 되니 첫째 날(day)이라고 말씀하셨는데 낮 12시간은 어디에 포함되는가?

더욱이나 일곱째 날에는 “저녁이 되며 아침이 되니” 하시는 말씀은 없고 하나님께서 일곱째 날(day)은 복 주셨다(blessed).

낮(day)은 세상의 빛이신 예수이시다.

"예수께서 대답하시기를 "낮은 열두시간이 아니냐? 누구나 낮에 다니며 넘어지지 아니하리니, 이는 그가 이 세상의 빛을 보기 때문이라 그러나 사람이 밤(night)에 다니며 넘어지나니, 이는 빛이 그 사람 안에 없기 때문이라 "고 하시더라"(KJV 요11:9, 10)

"그때에 예수께서 다시 그들에게 말씀하시기를 "나는 세상의 빛이라 나를 따라오는 사람은 결코 어두움 속에 다니지 아니하고 생명의 빛을 얻으리라" 고 하시더라"(KJV 요8:12)

밤(evening, night)이 지나면

아침(morning)에 동이 터서 낮(day)이 오고 여섯째 날이 지나면 하나님께서 복 주신 일곱째 날이 온다. 그리고 하나님께서 안식하심 같이 영원한 쉼을 누리게 된다. 하나님의 말씀을 대하는 각 사람에게 자기 자신의 믿음을 시험하고 확증하라고 말씀하신다. 생명의 빛이신 예수님께서 자신에게 있는가? 아니면 아직도 어두움 속에서 죄에 매여 사는가?

"너희가 믿음 안에 있는지 너희 자신을 시험하고 스스로 입증하라. 예수 그리스도께서 너희 안에 계신 것을 스스로 알지 못하느냐? 그렇지 못하면 너희는 버림받은 자들이라. (고후 13:5)

예수님께서 영원한 안식을 주시기 위해 부르고 계신다.

"수고하고 무거운 짐 진 자들아, 다 내게로 오라. 그러면 내가 너희에게 쉼을 주리라. (마 11:28)

만물을 지으신 하나님

신10:14 "하늘과 모든 하늘의 하늘과 땅과 그 위의 만물은 본래 네 하나님 여호와께 속 한 것이로되"

신33:6 "여호와의 말씀으로 하늘이 지음이 되었으며 그 만상이 그 입 기운으로 이루었도다"

사11:6-9 "그때에 이리가 어린양과 함께 거하며 … 나의 거룩한 산 모든 곳에서 해됨도 없고 상함도 없을 것이니 이는 물이 바다를 덮음 같이 여호와를 아는 지식이 세상에 충만할 것임이니라"

렘10:12 "여호와께서 그 권능으로 땅을 지으셨고 그 지혜로 세계를 세우셨고 그 명철로 하늘들을 펴셨으며"

행4:24 "… 대주재여 천지와 바다와 그 가운데 만유를 지은 이시요"

고전8:5, 6 "비록 하늘에나 땅에나 신이라 칭하는 자가 있어 많은 신과 많은 주가 있으나 그러나 우리에게는 한 하나님 곧 아버지가 계시니 만물이 그에게서 났고 우리도 그를 위하며 또한 한 주 예수 그리스도께서 계시니 만물이 그로 말미암고 우리도 그로 말미암았느니라."

히3:4 "집마다 지은 이가 있으니 만물을 지으신 이는 하나님이시라"

히3:12-4:13 "… 그런즉 안식할 때가 하나님의 백성에게 남아 있도다. 이미 그의 안식에 들어간 자는 하나님이 자기 일을 쉬심과 같이 자기 일을 쉬느니라 그러므로 우리가 저 안식에 들어가기를 힘쓸지니 이는 누구든지 저 순종치 아니하는 본에 빠지지 않게 하려 함이니라 …"

히11:3 "믿음으로 모든 세계가 하나님의 말씀으로 지어진 줄을 우리가 아나니 보이는 것은 나타난 것으로 말미암아 된 것이 아니니라."

노아 때의 홍수

창7:11, 12 "노아 육백세 되던 해 이월 곧 그 달 십칠일이라. 그 날에 큰 깊음의 샘들이 터지며 하늘의 창들이 열려 사십 주야를 비가 땅에 쏟아졌더라"

창8:1, 2 "하나님이 노아와 그와 함께 방주에 있는 모든 들짐승과 육축을 권념하사 바람으로 땅위에 불게 하시매 물이 감하였고 깊음의 샘과 하늘의 창이 막히고 하늘에서 비가 그치매"

창8:22 "땅이 있을 동안에는 심음과 거둠과 추위와 더위와 여름과 겨울과 낮과 밤이 쉬지 아니하리라"

창9:2, 3 "땅의 모든 짐승과 공중의 모든 새와 땅에 기는 모든 것과 바다의 모든 고기가 너희를 두려워하며 너희를 무서워하리니 이들은 너희 손에 붙이웠음이라 무릇 산 동물은 너희의 식물이 될지라 채소 같이 내가 이것을 다 너희에게 주노라"

욥37:9-12 "남방 밀실에서는 광풍이 이르고 북방에서는 찬 기운이 이르며 하나님의 부시는 기운에 얼음이 얼고 물의 넓이가 줄어지느니라 …"

욥38:29,30 "얼음은 뉘 태에서 났느냐 공중의 서리는 누가 낳았느냐 물이 돌같이 굳어지고 해면이 어느니라"

시104:6-9 "옷으로 덮음 같이 땅을 바다로 덮으시매 물이 산들 위에 섰더니 주의 견책을 인하여 도망하며 주의 우뢰 소리를 인하여 빨리 가서 주의 정하신 처소에 이르렀고 산은 오르고 골짜기는 내려갔나이다. 주께서 물의 경계를 정하여 넘치지 못하게 하시며 다시 돌아와 땅을 덮지 못하게 하셨나이다."
시135:7 "안개를 땅 끝에서 일으키시며 비를 위하여 번개를 만드시며 바람을 그 곳간에서 내시는도다"
마 24:32-44 "… 노아 때와 같이 인자의 임함도 그러하리라 …"
벧전3:18-21 "… 그들은 전에 노아의 날 방주 예비할 동안 하나님이 오래 참고 기다리실 때에 순종치 아니하던 자들이라. 방주에서 물로 말미암아 구원을 얻은 자가 몇 명뿐이니 겨우 여덟 명이라 물은 예수 그리스도의 부활하심으로 말미암아 이제 너희를 구원하는 표니 곧 세례라 …"

예수께서 다시 오실 때

시102: 25-27 "주께서 옛적에 땅의 기초를 두셨사오며 하늘도 주의 손으로 지으신 바니이다. 천지는 없어지려니와 주는 영존하시겠고 그것들은 다 옷같이 낡으리니 의복같이 바꾸시면 바뀌려니와 주는 여상하시고 주의 년대는 무궁하리이다"
전12:1 "너는 청년의 때 곧 곤고한 날이 이르기 전, 나는 아무 낙이 없다고 할 해가 가깝기 전에 너의 창조자를 기억하라"
전12:7 "흙은 여전히 땅으로 돌아가고 신은 그 주신 하나님께로 돌아가기 전에 기억하라"
사13:10 "하늘의 별들과 별 떨기가 그 빛을 내지 아니하며 해가 돋아도 어두우며 달이 그 빛을 비취지 아니할 것이로다"
사13:13 "나 만군의 여호와가 분하여 맹렬히 노하는 날에 하늘을 진동시키며 땅을 흔들어 그 자리에서 떠나게 하리니"
사24:19,20 "땅이 깨어지고 깨어지며 땅이 갈라지고 땅이 흔들리고 흔들리며 땅이 취한 자같이 비틀비틀하며 그 위의 죄악이 중하므로 떨어지고 다시 일지 못하리라"

사24:23 "그때에 달이 무색하고 해가 부끄러워하리니 이는 만군의 여호와께서 시온산과 예루살렘에서 왕이 되시고 그 장로들 앞에서 영광을 나타내실 것임이라"

사48:7 "이 일들은 이제 창조된 것이요 옛적 것이 아니라 오늘 이전에는 네가 듣지 못하였느니라 그렇지 않았더면 네가 말하기를 내가 이미 알았노라 하였으리라"

사60:19-22 "다시는 낮에 해가 네 빛이 되지 아니하며 달도 네게 빛을 비취지 않을 것이요 오직 여호와가 네게 영영한 빛이 되며 네 하나님이 네 영광이 되리니 다시는 네 해가 지지 아니하며 네 달이 물러가지 아니할 것은 여호와가 네 영영한 빛이 되고 네 슬픔의 날이 마칠 것임이니라"

사62:4,5 "다시는 너를 버리운 자라 칭하지 아니하며 다시는 네 땅을 황무지라 칭하지 아니하고 … 여호와께서 너를 기뻐하실 것이며 네 땅이 결혼한 바가 될 것임이라. 마치 청년이 처녀와 결혼함 같이 네 아들들이 너를 취하겠고 신랑이 신부를 기뻐함 같이 네 하나님이 너를 기뻐하시리라"

겔38:18-22 "… 그 날에 큰 지진이 이스라엘 땅에 일어나서 바다의 고기들과 공중의 새들과 들의 짐승들과 땅에 기는 모든 벌레와 지면에 있는 모든 사람이 내 앞에서 떨 것이며 모든 산이 무너지며 절벽이 떨어지며 모든 성벽이 땅에 무너지리라 … 내가 또 온역과 피로 그를 국문하며 쏟아지는 폭우와 큰 우박덩이와 불과 유황으로 그와 그 모든 떼와 그 함께한 많은 백성에게 비를 내리듯하리라 …"

나1:2-8 "여호와는 투기하시며 보복하시는 하나님이시니라. 여호와는 보복하시며 진노하시되 자기를 거스리는 자에게 보복하시며 자기를 대적하는 자에게 진노를 품으시며 여호와는 노하기를 더디하시며 권능이 크시며 죄인을 결코 사하지 아니하시느니라… 그로 인하여 산들이 진동하며 작은 산들이 녹고 그의 앞에서는 땅 곧 세계와 그 가운데 거하는 자들이 솟아 오르는도다. 누가 능히 그 분노하신 앞에 서며 누가 능히 그 진노를 감당하랴 그 진노를 불처럼 쏟으시니 그를 인하여 바위들이 깨어지는도다. 여호와는 선하시며 환난 날에 산성이시라. 그는 자기에게 의뢰하는 자들을 아시느니라. 그가 범람한 물로 그곳을 진멸하시고 자기 대적들을 흑암으로 쫓아내시리라"

합3:11-15 "주의 날으는 살의 빛과 주의 번쩍이는 창의 광채로 인하여 해와 달이 그 처소에서 멈추었나이다. 주께서 노를 발하사 땅에 둘리셨으며 분을 내사 열국을 밟으셨나이다. 주께서 주의 백성을 구원하시려고, 기름 받은 자를 구원하시려고 나오사 악인의 집머리를 치시며 그 기초를 끝까지 드러내셨나이다 (셀라). 그들이 회리바람처럼 이르러 나를 흩으려 하며 가만히 가난한 자 삼키기를 즐거워하나 오직 주께서 그들의 전사의 머리를 그들의 창으로 찌르셨나이다. 주께서 말을 타시고 바다 곧 큰 물의 파도를 밟으셨나이다."

마24:29 "그날 환난 후에 즉시 해가 어두워지며 달이 빛을 내지 아니하며 별들이 하늘에서 떨어지며 하늘의 권능들이 흔들리리라"

마24:35 "천지는 없어지겠으나 내 말은 없어지지 아니하리라"

막13:19 "이는 그날들은 환난의 날이 되겠음이라. 하나님의 창조하신 창초부터 지금까지 이런 환난이 없었고 후에도 없으리라"

막13:24-27 "그때에 그 환난 후 해가 어두워지며 달이 빛을 내지 아니하며 별들이 하늘에서 떨어지며 하늘에 있는 권능들이 흔들리리라 그때에 인자가 구름을 타고 큰 권능과 영광으로 오는 것을 사람들이 보리라 또 그때에 저가 천사들을 보내어 자기 택하신 자들을 땅 끝으로부터 하늘 끝까지 사방에서 모으리라"

- 딤후4:8 "이제 후로는 나를 위하여 의의 면류관이 예비되었으므로 주 곧 의로우신 재판장이 그 날에 내게 주실 것이니 내게만 아니라 주의 나타나심을 사모하는 모든 자에게니라"

행3:21 "하나님이 영원 전부터 거룩한 선지자의 입을 의탁하여 말씀하신 바 만유를 회복하실 때까지는 하늘이 마땅히 그를 받아 두리라"

고전7:31 "세상 물건을 쓰는 자들은 다 쓰지 못하는 자 같이 하라 이 세상의 형석은 지나감이니라"

고전15:45-49 "기록된 바 첫 사람 아담은 산 영이 되었다 함과 같이 마지막 아담은 살려주는 영이 되었나니 그러나 먼저는 신령한 자가 아니요 육 있는 자요 그 다음에 신령한 자니라 첫 사람은 땅에서 났으니 흙에 속한 자이거니와 둘째 사람은 하늘에서 나셨느니라. 무릇 흙에 속한 자는 저 흙에 속한 자들과 같고 무릇 하늘에 속한 자는 저 하늘에 속한 자들과 같으니 우리가 흙에 속한 자의 형상을 입은 것 같이 또한 하늘에 속한 자의 형상을 입으리라"

*히1:10-12 "… 주여 태초에 주께서 땅의 기초를 두셨으며 하늘도 주의

손으로 지으신바라. 그것들은 멸망할 것이나 오직 주는 영존할 것이요 그것들은 다 옷과 같이 낡아지리니 의복처럼 갈아입을 것이요. 그것들이 옷과 같이 변할 것이나 주는 여전하여 연대가 다 함이 없으리라 …"

히12:26-29 "그 때에는 그 소리가 땅을 진동하였거니와 이제는 약속하여 가라사대 내가 또 한 번 땅만 아니라 하늘도 진동하리라 하셨느니라. 이 또 한 번이라 하심은 진동치 아니하는 것을 영존케 하기 위하여 진동할 것들 곧 만든 것들의 변동될 것을 나타내심이니라. 그러므로 우리가 진동치 못할 나라를 받았은즉 은혜를 받자. 이로 말미암아 경건함과 두려움으로 하나님을 기쁘시게 섬길지니 우리 하나님은 소멸하는 불이심이니라"

벧후2:17 "이 사람들은 물 없는 샘이요 광풍에 밀려가는 안개니 저희를 위하여 캄캄한 어두움이 예비되어 있나니"

벧후3:3-13 "먼저 이것을 알지니 말세에 기롱하는 자들이 와서 자기의 정욕을 좇아 행하며 기롱하여 가로되 주의 강림하신다는 약속이 어디있느뇨 조상들이 잔 후로부터 만물이 처음 창조할 때와 같이 그냥 있다 하니 이는 하늘이 옛적부터 있는 것과 땅이 물에서 나와 물로 성립한 것도 하나님의 말씀으로 된 것을 저희가 부러 잊으려 함이로다. 이로 말미암아 그 때 세상은 물의 넘침으로 멸망하였으되 이제 하늘과 땅은 그 동일한 말씀으로 불사르기 위하여 간수하신 바 되어 경건치 아니한 사람들의 심판과 멸망의 날까지 보존하여 두신 것이니라. 사랑하는 자들아, 주께는 하루가 천년 같고 천년이 하루 같은 이 한 가지를 잊지 말라 주의 약속은 어떤이의 더디다고 생각하는 것같이 더딘 것이 아니라 오직 너희를 대하여 오래 참으사 아무도 멸망치 않고 다 회개하기에 이르기를 원하시느니라. 그러나 주의 날이 도적같이 오리니 그 날에는 하늘이 큰 소리로 떠나가고 체질이 뜨거운 불에 풀어지고 땅과 그 중에 있는 모든 일이 드러나리라 이 모든 것이 이렇게 풀어지리니 너희가 어떠한 사람이 되어야 마땅하뇨 거룩한 행실과 경건함으로 하나님의 날이 임하기를 바라보고 간절히 사모하라 그날에 하늘이 불에 타서 풀어지고 체질이 뜨거운 불에 녹아지려니와 우리는 그의 약속대로 의의 거하는바 새 하늘과 새 땅을 바라보도다"

계21:1 "또 내가 새 하늘과 새 땅을 보니 처음 하늘과 처음 땅이 없어졌고 바다도 다시 있지 않더라"

계21:2-8 "또 내가 보매 거룩한 성 새 예루살렘이 하나님께로부터 하늘에서 내려오니 그 예비한 것이 신부가 남편을 위하여 단장한 것 같더라 내가 들으니 보좌에서 큰 음성이 나서 가로되 보라 하나님의 장막이 사람들과 함께 있으매 하나님이 저희와 함께 거하시리니 저희는 하나님의 백성이 되고 하나님은 친히 저희와 함께 계셔서 모든 눈물을 그 눈에서 씻기시매 다시 사망이 없고 애통하는 것이나 곡하는 것이나 아픈 것이 다시 있지 아니하리니 처음 것들이 다 지나갔음 이러라. 보좌에 앉으신 이가 가라사대 내가 만물을 새롭게 하노라 하시고 또 가라사대 이 말은 신실하고 참되니 기록하라 하시고 또 내게 말씀하시되 이루었도다 나는 알파와 오메가요 처음과 나중이

라. 내가 생명수 샘물로 목마른 자에게 값없이 주리니 이기는 자는 이것들을 유업으로 얻으리라. 나는 저의 하나님이 되고 그는 내 아들이 되리라. 그러나 두려워하는 자들과 믿지 아니하는 자들과 흉악한 자들과 살인자들과 행음자들과 술객들과 우상 숭배자들과 모든 거짓말하는 자들은 불과 유황으로 타는 못에 참예하리니 이것이 둘째 사망이라"

계21:22-27 "성안에 성전을 내가 보지 못하였으니 이는 주 하나님 곧 전능하신 이와 및 어린양이 그 성전이심이라. 그 성은 해나 달의 비췸이 쓸데없으니 이는 하나님의 영광이 비취고 어린 양이 그 등이 되심이라 만국이 그 빛 가운데로 다니고 땅의 왕들이 자기 영광을 가지고 그리로 들어가리라. 성문들을 낮에 도무지 닫지 아니하리니 거기는 밤이 없음이라. 사람들이 만국의 영광과 존귀를 가지고 그리로 들어오겠고 무엇이든지 속된 것이나 가증한 일 또는 거짓말하는 자는 결코 그리로 들어오지 못하되 오직 어린 양의 생명책에 기록된 자들뿐이라"

계22:20,21 "이것들을 증거하신 이가 가라사대 내가 진실로 속히 오리라 하시거늘 아멘 주 예수여 오시옵소서 주 예수의 은혜가 모든 자들에게 있을지어다 아멘"

진광교회 사경회

진광교회 사경회 - 첫 날

조금 전에 소개를 하시는데 제 얘기를 소개하시는 것 같기도 하고 딴 사람 소개하시는 것 같기도 했지만 제가 다른 건 몰라도 예수님 얘기라면 밤을 새워서 하고 싶은 사람이고 주인이신 예수님 소개하는 일이라면 바다 건너 산 너머 전하고 싶은 사람입니다. 이번 집회 기간 중에 여러분이 가지고 계신 모든 것을 다 내려놓으시기 바랍니다. 여러분이 가지고 계신 모든 것이라고 하면 지금까지 생각하던 철학이던가 자기의 사회적인 모든 것인데 다 내려놓고 밑바닥부터 다시 뒤지는 시간되시기 바랍니다. 제가 왜 자꾸 이런 걸 느끼는가 하면요 이상하게 한국 사람들은 세계 가는데 마다 있어요. 미국에도 출장 다니다 보면 웬만한 도시에는 다 있어요. 뉴욕 일원에는 한국 사람들이 제법 많고 대학교에도 한국 학생이 제법 있습니다. 기독교 학생회에서 성경을 가르쳐 달라는 부탁을 받았습니다. 학생들에게 성경을 가르쳤는데 한번은 뉴욕시의 대학생들이 연합 성회를 한다고 초청을 해서 갔습니다. 각 대학교에서 성경을 가르치는 목사님들이 다 왔는데 학생들을 나누어서 분반토의를 하는 것입니다. 제가 도착을 해 보니까 목사님들이 설교 제목을 다 골라가고 하나만 남았어요. 근데 제목이 "무엇을 믿어야 하는가? 왜 믿어야 하는가? (What to believe? Why believe?)" 입니다. 자기들 좋은 제목 다 뽑아가고 늦게 왔다고 나만 이런 걸 줬나 하면서 보니까 교실도 자기들이 다 차지해 버렸어요. 제가 학생들 인도할 장소가 학생 식당 구석에 있더라구요. 앉아서 "예수님께서 오늘은 무엇을 하시려고 이렇게 하셨는가?" 하고 기도를 하면서 기다렸습니다. 저는 이미 대학생들을 가르쳐 보았고, 뉴욕일원에 있는 한국 교민들 중에 75%이상이 교인입니다. 그래서 가르칠 내용을 마음으로 정리하고 있었습니다. 놀라운 일인데 학생들이 제일 많이 왔어요. 그때 제가 느꼈습니다. 아! 예배당이 많고 교인이 많아도 무엇을 믿어야 하는지 왜 믿어야 하는지 정리를 하지 못한 사람이 많구나. 학생들에게 제가 많은 질문을 하면서 설교를 했습니다.

이번 집회를 하면서 제가 질문을 많이 하게 됩니다. 대납을 꼭 하셔야 합니다. 제가 대학생 집회에서 학생들에게 왜 왔느냐고 물었더니 예배당에는 몇 년을 다녔는데도 "무엇을 믿어야 하는지, 왜 믿어야 하는지?" 모르겠다는 거예요. 그래서 성경을 펴서 하나님 말씀을 가르치니까 학생들이 따라오는 거예요. 그런 모습을 보면서, 뭔가 처음부터 시작이 제대로 되어야 모든 것이 순탄하지 않겠는가 하는 생각을 했습니다.

학생들과 한참 성경말씀을 나누고 있는데 우리 교실이 제일 좋은 것을 알았어요. 왜냐하면 거기서 마지막에 모두 모여서 찬송을 드리고 헤어져야 하는데 우리 때문에 못 들어오고 있는 거예요. 우리가 마쳐야 다음

행사로 마무리되는 거였습니다.

나중에 어떤 학생 하나가 "알겠습니다" 그러더라고요. 제가 "나하고 자주 만나지 못하더라도 하늘 나라 가서 보면 되지 뭐". 그랬습니다.

그렇죠. 하늘나라 가서 보면 되는 겁니다. 예배당에 다니면서 하늘나라 못 가면 큰일 납니다. 그거 안 되면 딴 거 다 소용없는 거예요. 그렇지 않아요? 뭐라고 그래야 되나? 그것 때문에 사는 재미가 있는 건데 말입니다. 그게 확실하면 얼마나 좋겠어요?

근데 이거 뭘 믿어야 되는 건지? 왜 믿어야 되는 건지? 그리고 갈 것도 같고, 못 갈 것도 같고. 말 못하는 벙어리처럼 속에 감추고 살면 곤란하죠.

우선 성경에 대한 말씀을 잠깐 나누고 창세기 1장 말씀을 계속하겠습니다.

누가복음 24장 44절입니다. 신약성경 141페이지입니다.

"또 이르시되 내가 너희와 함께 있을 때에 너희에게 말한바 곧 모세의 율법과 선지자의 글과 시편에 나를 가르쳐 기록된 모든 것이 이루어져야 하리라 한말이 이것이라 하시고 이에 저희 마음을 열어 성경을 깨닫게 하시고" 그 두절 말씀입니다.

우선 성경이라 하면요 '성인 성(聖)'자, '글 경(經)'자입니다. 영어로 얘기할 때는 "The Bible"인데 이 세상에 한 권 밖에 없는 책이라는 뜻입니다. 헬라어에서 비블리아(biblia) 이러면 여러 권의 책이라는 말입니다. 성경책 맨 앞에 보시면 목차가 있습니다. 구약성경 39권의 목차가 쭉 나옵니다. 뒤에 보시면 신약전서 27권의 목차가 나옵니다. 66권의 책이 한권으로 모아진 것입니다. 약 1,100년에 걸친 기간 동안에 약 40명 정도의 사람들이 성경을 기록했는데 서로 아는 사람들도 있었고 모르는 사람들도 있었습니다. 그리고 기간이 1,100년이라고 하면 대단히 긴 기간입니다.

창세기부터 요한계시록까지 66권인데 이중에 하나만 빠져도 안 되고 더 있어도 안되는 것이 무엇이냐 하면 성경 말씀을 읽다 보면 절묘하게도 창세기에서 요한계시록까지 예수님 말씀인 것을 알 수 있어요.

방금 읽은 누가복음 24:44에서 예수님께서 뭐라고 하셨냐 하면 '모세의 글과 시편과 선지자의 글이다' 이렇게 말씀하셨어요.

원래 교회는 둘러 앉아서 얘기하는 겁니다. 예수님께서 사람을 마주하시고 말씀을 하셨습니다. 그런데 그 말씀을 따라 말 대답하다가 천국 가는 사람이 있어요. 누군인지 아시죠. 요한복음 4장의 수가 성 여자가 예수께서 한 마디 하시면 꼭 말 대답했습니다. 예수께서 "물을 좀 달라" 하시니까 "당신은 유대인으로서 어찌하여 사마리아 여자 나에게 물을 달라 하시나이까?"하고 말대꾸했습니다. 유대인이 왜 사마리아인 나에게 말하십니까 이런 투였거든요. 그러다가 사실은 천국 갔어요.

예수님이 하나님의 말씀이십니다. 듣고 답하고 주고받는 것입니다. 이제 설교를 들으시면 아! 그거였구나! 하는 것도 있고 궁금해지는 것도 있을 겁니다. 내일 오전 열 시 반에 집회 마치고 가시기 전에 궁금한 거 있으시면 말씀하셔야 됩니다. 주고받는 것이 제일 좋습니다.

예수님께서 성경을 모세의 글과 시편과 선지자의 글이다 그러시면서 이것들이 나를 가리켜 기록한 모든 것이다 그렇게 말씀하셨습니다. 이 모세의 글과 시편과 선지자의 글이 예수님께 대한 얘기다 이런 말씀입니다. 성경은 예수님 얘기입니다. 그것 뭔 소리를 그렇게 하시요? 창세기1장 아까도 읽어 보고 두 번씩이나 읽어 보니까 거기 예수는 한마디도 없는데. 그러나 이 창세기 1장 1절부터 2장 3절까지 물론 그 뒤에 가도 마찬가지입니다만 이 속에는 예수님께 관한 얘기로 꽉 차 있습니다.

이 성경을 신약 성경은 이해가 쉬운데, 구약 성경은 읽을 때에 눈이 가리워지는 수가 있습니다. 예수님께서 누가 24장 44절에서 "저들의 마음을 열어 깨닫게 하셨다."는 말씀이 있습니다. 심지어는 예수님께서 말씀하실 때 "귀 있는 자는 들을지어다" 이렇게 말씀하셨습니다. 요한계시록 2장과 3장에서도 계속해서 교회의 사자들에게 "귀 있는 자는 들을 지어다."라고 하십니다. 하나님의 말씀은 눈이 열리고 마음이 열리고 귀가 열려야 됩니다.

그 일은 누구만 하실 수 있느냐 하면 하나님께서 말씀을 통해서만 하실 수 있어요. 그래서 첫 번째로 모세의 글이라고 하셨고, 시편이라고 하셨고, 선지자의 글이라고 하셨는데 이것이 예수님께 관한 말씀이라고 하는 것입니다. 그러니까 창세기 1장 1절부터 2장 3절은 예수님께 관한 말씀입니다.

요한복음 5장 45절부터 47절까지입니다. 신약성경 152페이지입니다.

"내가 너희를 아버지께 고소할까 생각지 말라. 너희를 고소하는 이가 있으니 곧 너희의 바라는 자 모세니라 모세를 믿었다면 나를 믿었으리니 이는 그가 내게 대하여 기록하였음이라. 그러나 그의 글도 믿지 아니하거든 어찌 내 말을 믿겠느냐 하시니라"

자, 이제 예수님은 하나님의 말씀이시기 때문에 그 분이 하신 말씀을 보면 하나님의 심정이 다 들어 있고 구약성경을 모아서 아주 함축적으로 말씀하십니다. 예수님 하신 말씀을 보면 구약성경에 다 배경이 있어요. 왜냐면 그 분이 말씀이시니까요.

시편이다 하면 욥기, 시편, 잠언, 솔로몬의 아가입니다.

모세의 글이라는 표현은 예수님께서 하셨습니다. 여러 번 하셨습니다. 그러니까 예수께서 모세를 아시는 거예요? 모르시는 거예요? 하신 말씀을 아시는 거예요? 모르시는 겁니까? 다 아십니다.

모세의 글이니까 창세기가 모세의 글인 것 틀림없습니다. 그런데 그 모세의 글을 뭐라고 말씀하셨냐 하면 "내가 너희를 고소할 것이 아니라 모세의 글이 너희를 고소할 것이라." 모세의 글이 너희를 고소한다는 겁니다. 그렇다면 얘기가 약간 방향이 달라져요.

아까 최 목사님께서 말씀하셨지만 제가 원래 우 장로님이 저를 길음동에 오라고 하셔서 길음동에 내가 왜 가야 하나? 거기 옛날에 내가 술 먹으러 다니던 데인데 거기 또 가야 하다니. 하나님은 참 심하시다. 왜냐면 제가 컴퓨터를 전공했지만 술은 일찍부터 전공했거든요. 컴퓨터는 70년대에 소문이 뭐라고 났냐 하면 머리 좋은 사람만 하는 것이라고 했어요. 사실은 거짓말이거든요. 저를 보면 알거든요. 그래서 제가 머리가 좋은가 나쁜가 보려고 시작을 했는데 직업이 되어 버렸어요.

미국에 와서 가만히 생각을 해보니까 저 백인들과 싸워서 이겨야 되는데, 부처님 내세워 가지고 이길 것 같지 않아요. 그렇지 않습니까? 그리고 불교는 불편해요. 밥을 먹고 있으면서도 좀 불편한 게 뭐냐 하면, 착하게 살면 어디 간다고 그러고 잘못 살면 짐승으로 태어난다는데 내가 먹는 이 불고기가 우리 조상인지 아닌지 알 길이 없는 거에요. 그리고 불쾌한 것이 더 있는데 내가 가만히 생각해 보니까 뭐 좋은데 가기는 틀렸거든요. 그러잖아요. 술이나 마시러 다녔는데 좋은데 가겠어요? 그러면 내 후손들이 나를 맛있다고 먹을 거 아닙니까? 그러니 불교 가지고 안 되는 것 같아서 예배당을 택했습니다.

성경을 읽으면 앞뒤가 맞아야 되지 않습니까? 뭐든지 성경 말씀이라고 해도, 하나 더하기 하나는 둘이 나와야 합니다. 그렇지 않습니까? 그런데 그것을 영적이라고 해서 도대체 내 머리로 이해가 안 된다면 그 것을 누가 믿겠어요? 그것을 거기다 한 수 더 떠서 '성령을 받으면 돼! 성령을 받으면 다 깨닫게 돼!'한다면, 그 말이 틀리는 말이 아닌데, 그러면 성령을 교회에 모셔오지 그러면 내가 열심히 할 테니까 할 거 아닙니까?

제가 처음에 마태복음 5장까지1장, 2장, 3장, 4장, 5장 읽는데 며칠 걸렸겠습니까? 마태복음 5장을 딱 읽는데 아 예수님은 뭔가 다른 분이구나 이 분은 뭔가 다른 분이야 이 생각이 들었습니다. 이 분은 다른 사람하고 전혀 다른 분입니다. 마태복음 5장 말씀을 하시는데 이렇게 간략하게 정곡을 찌르는 표현을 할 수 있는 사람은 이 세상에 하나도 없다는 생각이 들면서 그냥 딱 무릎을 꿇게 되더라고요. 그러면서 술을 마시고 다니던 입이 찬송가를 부르기 시작한 겁니다.

성경을 읽는데, 이 한국어 성경이 1800페이지에서 조금 안 됩니다. 천칠백 몇 십 페이지 됩니다. 한국어 읽을 수 있는 사람이 읽기 시작하면 보통 한 시간에 20페이지에서 25페이지 정도 읽습니다. 빨리 읽는 사람은 30페이지 읽을 수 있습니다. 생각하면서 읽어도 그렇습니다. 넉넉하게 잡아서 한 시간에 20페이지 읽으면 성경 모두 읽는데 몇 시간 걸리는 것입니까? 90시간 걸리는 거 에요. 1800 페이지이니까요. 맞습니까? 하루에 한 시간씩 읽으면 3개월이면 이것 한 번 다 읽습니다. 제가 계산 잘못한 거 아닙니다. 정확한 계산입니다. 그건 목사님 얘기이시고 거여동에서 시청 앞까지 출근하려면 전철 타면서 죽을 고생을 하는데 무슨 성경을 읽으란 말이에요? 나는 죽어도 못 읽겠어. 그러시면 하루에 30분씩 읽으시면 어떻습니까? 하루에 30분 읽으시면 6 개월이면 한 번 읽습니다. 누구는 팔자 좋아서 전철 타고 다니고 나는 버스 타고 다니니까 그것도 못하겠어요. 그러면 하루에 15분 읽으면 어떠십니까? 그럭저럭 하루에 15분씩 읽으면 12달 안 걸려요. 왜 1800페이지 다 안 되거든요. 그러고 중간에 몇 줄 안되는 페이지가 있거든요. 하루에 15분씩만 읽어도 1년이면 한 번은 읽을 수가 있습니다. 그러니까 예배당에 나온 지 3년 됐으면 3번은 읽었어야 됩니다. 하루에 15분 안 읽고서 천국 가겠다고 하면 도둑놈입니까 천사입니까? 문제가 어디 있느냐 하면 교회를 다니기는 다녔는데 성경 읽어야 되는지 모르는 사람이 있어요. 거짓말 아닙니다. 교회를 오래 다녔는데, 성경을 안 읽는 사람이 있어요. 나라의 기본 법은 헌법입니다. 교회 다니면서 성경 안 읽으면 뭐한 겁니까? 교회 다니면서 성경도 읽어야 돼? 전도만 열심히 하면 되는 거 아니야? 아닙니다. 성경을 반드시 읽어야 합니다.

모세의 글이라고 하셨는데 창세기 1장 1절부터2장3절까지가 모세의 글입니다. 모세가 기록한 글이거든요. 제가 신학대학원 다닐 때 훈장을 받은 건지 상처를 받은 건지 모르지만 학점 안 좋은 과목이 조직신학 두 번째 거예요. 조직신학이요. 목사님, 신학대학원에 가서 조직신학 제일 잘 해야 하는 건데. B맞을 때 그렇게 맞게 돼있었어요. 나는 B+ 준 것도 그 미국 교수님이 아주 마음 좋은 교수님이라고 생각을 해요. 왜 그러냐 하면 창조에 대하여 창조론을 배우는 겁니다. 그 창조론을 배울 때 창세기를 배우는 거 아닙니까?

오늘부터 나누는 이 창세기 말씀이 사경회 동안 연결되는 것입니다. 그래서 오늘 안 오신 분은 내일 오시나 마나입니다. 오늘 오신 분은 계속 와야 됩니다. 그러다 보면 여러분 마음속에서 탁하고 터지는 것이 있어요. 계속 들으셔야 합니다. 쭉 듣다 보면 제가 지금 드리고 있는 말씀이 슬슬하는 것 같지만 뼈가 있는 얘기이고 어디로 가고 있는 중인데 턱 하고 잡히기만 하면 되는 거예요. 그러면 그 다음부터는 세상 살 맛 납니다.

그런데 신학대학원 교수님이 '창세기를 누가 기록했나? 어디서 근거했나?'를 강의하시는 겁니다.

"태초에 하나님이 천지를 창조하시니라." 누가 이걸 본 것처럼 기록했습니다. 첫째 날에 누가 본 겁니까? 이게 왜 문제가 되느냐 하면요 첫째 날이니라, 둘째 날이니라 셋째 날이니라 넷째 날이니라 다섯째 날이니라 그리고 여섯째 날에 하나님께서 사람을 만드셨어요. 그럼, 첫째 날을 본 사람이 누굽니까? 누가 썼습니까? 모세가 썼어? 영감으로? 어디서 많이 듣던 소리입니다.

아, 그런데 교수님이 뭐라고 가르치셨냐 하면 이렇게 가르치셨어요. 구전이다. 말로 전해온 거다 이 말입니다. 말로 전해 내려오다가 모세가 기록했다 이렇게 가르치셨어요. 이것을 구전이라니 말이 됩니까? 그래 제가 그랬거든요. '교수님, 그것 말이 안 되는데요.' 그랬더니 '그게 무슨 말이냐?'고 하셨습니다. 그래서 제가 그럼 우리 지금 여기서 한 번 해봅시다. 그랬거든요. 쉽게 얘기해서 짧은 문장으로 시작해서 20명만 해봅시다 그랬거든요. 그럼 저기 끝에 가 가지고 다른 말이 나오지 않습니까? 아이들 놀이하잖아요. 첫 번째로 말로 전해왔다는 게 말이 안 되는 거죠. 왜냐면 모세까지 벌써 세월이 얼마입니까? 창세부터 모세까지.

두 번째는 그럼 누가 맨 처음 시작했냐 그 말 이예요. 아담이 이걸 봤냐 이 말입니다. 아담 못 봤거든요. 아담 못 봤습니다. '그러면 너는 뭐냐?' 물으시더라구요. 그래서 하나님이 모세한테 보여줬습니다 그랬거든요. 네가 어떻게 알아 이런 식이에요.

그래서 제가 히브리서 8장, 출애굽기에 있는 말씀을 폈어요. "하나님이 산에서 모세에게 보여줘 가라사대". 하나님이 딱 보여주셨으니 모세는 자신 있죠. 아니 창조가 벌써 언제인데 그걸 나중에 보여줘. 하나님은 시작도 없고 끝도 없으시기 때문입니다. 뭐하고 똑 같으냐 하면 스데반을 돌로 쳐 죽일 때 하늘 문이 열렸습니다. 스데반이 보면서 "하늘 문이 열리고 예수 그리스도께서 하나님 우편에 서신 것을 보노라" 이랬거든요. 그러니까 하나님이 딱 열어 주시면 훤히 보인다 이 말입니다. 또 사도 바울이 뭐라고 했냐면 "내가 말로 할 수 없는 것을 가서 보고 왔다"고 했거든요. 세 번째 하늘에 갔다 왔다고 그랬습니다. 인간의 육신을 입고 갔다 본 거예요. 하나님이 딱 열어서 보여주시니까 탁 보인 거예요. 이것은 시간을 초월해서 다 보여 주신 거예요. 그러니까 성막이 얼마나 정교한지 모릅니다. 성막이 치수 하나까지 모양 하나까지 정확합니다. 하나님께서 어떻게 하셨냐 하면 똑같은 성막이 하늘에 있습니다. 광야에서 이스라엘 백성들이 만든 그 성막과 똑 같은 것이 하늘에 있습니다. 거기에 예수님께서 자기 피를 뿌리신 거예요. 그래서 예수님의 피로 영원히 죄 사함을 받는다는 것입니다. 그런데 그것을 하나님이 하늘을 여시고 그 식양대로 그리라고 하셨습니다. 그러니까 "내가 산에서 보여준 식양대로" 말씀하신 것처럼 그 모양 그대로 그려 가지고 온 거에요. 그러니까 하나님이 모세에게 하늘 문을 여시고 다 보여 주신 것입니다. 그러니까 '모세의 글' 이라고 할 때에는 하나님이 모세와 대면하여 말씀하신 글입니다.

그런데 '이 말이 너희를 고소한다' 이 말이예요. 창세기 1장1절부터 있는 말씀이 너희를 고소한다 이 말입니다. 이것이 무슨 소리야? 창세기 1장이면 하나님이 어떻게 창조 하셨는가 그것만 써 놓은 줄 알았더니 그 모세의 글이 너희를 고소한다고? 그렇다면 창세기 1장 1절 2절 3절 4절 5절 할 것 없이 어디서든지 잘못하면 그 말씀으로 고소당합니다. 더욱이나 예수님이 하시는 말씀이 "모세의 글도 믿지 아니하거든 내 말을 믿겠느냐" 그러셨습니다. 순서가 달라집니다. 예수님 믿으려면 지나갈 게 하나 있어요. 모세의 글을 먼저 믿어야 돼요. 아까 읽었잖아요. 요한복음 5장 읽었잖아요. 자, 요한복음 5장 제가 다시 읽습니다. 152페이지입니다. 요한복음 5장45절을 보세요. 이것 누가 하신 말씀이냐 하면 하나님의 아들 예수 그리스도께서 하신 말씀입니다. 뭐라고 말씀하셨냐 하면은 "내가 너희를 아버지께 고소할까 생각지 말라 너희를 고소하는 이가 있으니 곧 너희의 바라는 자 모세니라" 그러시면서 하신 말씀이 "모세를 믿었다면 또 나를 믿었으리니 이는 그가 내게 대하여 기록하였음이라" 그러면서 하시는 말씀이 "그러나 그의 글도 믿지 아니 하거든 어찌 내 말을 믿겠느냐 하시니라"입니다.

여기 순서 정확합니다. 무슨 말이냐 하면요 창세기 1장 1절부터 2장 3절까지 아까 봉독했습니다. 거기에서 두 가지 중요한 것이 무엇이 있냐 하면 이게 여러분 고소할 수 있는 내용입니다. 제 말 이해하십니까? 모세가 너희를 고소한다. 예수께서 내가 너희를 고소한다 생각지 말라 예요. 예수님은 고소 안 하십니다. 그러나 모세가 너희를 고소할 것이다 이 말씀입니다. 그러니까 창세기 1장에서도 나를 고소할 수 있다 이 말이예요. 누구든지 창세기 1장으로 고소당할 수 있습니다. 두 번째는 모세의 글 못 믿는 사람은 예수 못 믿어요. 아, 그러니 창세기 1장 죽으나 사나 믿어야 되는 거예요. 제 말 이해하세요? 죽으나 사나 창세기 1장 믿어야 해요. 이거 안 믿고는 예수가 안 믿어지는 겁니다. 아! 모세의 글이 믿어 지면 딱 예수님이 믿어져요. 그러면 아주 기초적인 것 내 밑바닥에 뭔가 있던 게 퍽하고 풀어집니다. 아! 됐구나. 그 다음부터는 다 소용없어 아 됐어 끝났어. 그러니 그 사람이 소주를 먹으라고 한들 먹겠어요? 담배를 피우라고 한들 피겠어요? 뭘 한다고 하겠어요?

예수님이 내 맘에 들어오고 나서는 뭐라고 그래요? 쇼핑 안가요. 옛날에 거짓말 대회를 했어요. 누가 상을 받았냐 하면은 저는 돈이 없어요. 가난해서 아이 쇼핑할 돈도 없습니다 이랬어요. 꼭 뭐하고 똑 같으냐 하면 부자 집 아들 보고 야 너 우리 집 잘 산다고 하지 마. 그래서 글 짓기 할 때 우리 집은 가난해요. 운전수도 가난해요. 정원사도 가난해요. 그런 식으로 나는 가난 하다고 했습니다. 아이 쇼핑이 뭐 예요? 이렇게 지나가면서 보는 건데 그것도 할 돈이 없답니다. 그래서 그 사람이 상을 받았습니다. 이제 집에서 쇼핑하러 가겠다 이러면 빨리 가 빨리 합니다. 도대체 갑자기 이 사람이 왜 이러는 거야 하는 건데 저는 할 일이 생겼거든요. 나가면 성경 읽는 겁니다. 그러니 전에는 한 두 시간만에 돌아와도 불평인데 이제는 늦게 올수록 좋아요. 마음이 바뀌어 버린 거예요. 모세의 글이 믿어져 버린 거예요. 예수께서 그대로 들어와 버린 거 에요. 그러니까 이 것 외에는 아무것도 할 것이 없어요. 그러니까 기차를 타면 뉴욕도 바쁜 시간에는 비집고 타야 해요. 근데 성경을 읽고 싶어서 폈는데 안 보이잖아요. 한번은 성경을 읽다가 사람 사이에 끼어 서 있는데 흑인이 사람을 쭉 밀었어요. 그리고 내 앞을 치워 주더라구요. 영어로 Read it (읽어) 그러 더라구요. 하나님의 말씀이 믿어지면 딱 바뀌어 버리는 거예요. 이것 외에는 좋은 것이 없어요 이것만 읽으면 막 날아갈 것 같아요. 그리고 잠이 안 와요 예수님은 약속을 지키셔야지 속히 오신다고 하셨으면 빨리 오셔야지. 속히 오리라 하셨으니까 빨리 오셔야 되는데 안 오시는 겁니다. 그런데 어떤 사람이 한다는 소리가 정신나간 소리 하지마 지금 오시면 어떡하라고 그래요. 여기도 그런 분은 이번에 확실히 해결되시기 바랍니다. 창세기 1장 1절부터 2장 3절까지를 보면 두 가지예요. 이것이 예수님에 관한 말씀이라는 것 틀림없습니다. 예수님에 관한 말씀이예요. 그리고 고소할 수 있습니다. 아니 아무리 읽어봐도 이게 뭐가 날 고소한다는 거야. 그러나 틀림없이 이 말씀이 여러분을 고소할 수 있습니다. 그리고 이것을 믿느냐 안 믿느냐입니다.

창세기 2절을 다시 보시겠습니다.

"땅이 혼돈하고 공허하며 흑암이 깊음 위에 있고 하나님의 신은 수면 위에 운행하시니라".

그런데 진광교회는 쉽게 얘기해서 자기네들이 잔치 벌여 놓고 괜히 헛물 기는 것 아닌지 모르죠. 반 사람들만 좋은 일 해수는 것 아닌지 모르죠. 그러면 그게 뭡니까? 그러면 안되죠. 주인 노릇 톡톡히 해야지요.

"땅이 혼돈하고 공허하다". 그러시면서 그 뒤에 하신 말씀이 뭐라고 하시냐 하면 "흑암이 깊음 위에 있다"고 말씀하셨습니다.

절간의 중 한 사람이 죽었는데 그 분 말이 산은 산이고 물은 물이다 이러고 죽었어요 아니 누가 그걸 몰라? 그런데 사람들은 고승이 돌아가셨다고 말입니다 아! 산은 산이고 물은 물이지 그런데 그 뜻을 해석을 안 해주시고 돌아가셔서 우리는 모른답니다. 벌거벗은 임금님입니다. 산은 산이고 물은 물이지.

깊음이 무슨 말씀이냐 하면 깊음은 물입니다. 많은 물입니다. 그런데 많은 물 위에 뭐가 있냐 하면 흑암이 있다 이런 말씀입니다. 흑암이 뭐냐면 깜깜하다는 것입니다. 말이 됩니다. 바다 밑은 깜깜합니다. 물이 많으면 깜깜해요.

그러니까 창세기 1장 2절을 쉽게 설명하면 하나님이 만드신 땅이 그러하다는 말씀입니다.

1장 1절에서 "하나님이 천지를 창조하시니라". 1장 2절은 하나님께서 창조하신 땅이 공허하고 혼돈하다는 말입니다. 그냥 '땅' 이러는 것 보다는 의미가 더 깊죠. 하나님께서 "창조하신 땅이 공허하고 혼돈하다" 그 다음에 그 땅이 깜깜하게 덮여 있다는 말씀입니다. 땅이 혼돈하고 공허하며 흑암이 깊음 위에 있으면 땅이 어디 있는 거예요? 흑암은 많은 물 위에 있다고 했는데 땅과 물은 어떻게 되어 있습니까? 흙 따로 있고 물 따로 있는 거예요? 섞여 있는 거예요?

어떻게? 물 밑에? 누가 물 밑이라고 대답하셨어요? 어떻게 아세요? 나중에 분리되었으니까. 맞습니다.

베드로 후서 3장 3절입니다. "먼저 이것을 알지니 말세에 기롱하는 자들이 와서 자기의 정욕을 좇아 행하며 기롱하여 가로되 주의 강림하신다는 약속이 어디에 있느뇨 조상들이 잔 후로부터 만물이 처음 창조할 때와 같이 그냥 있다 하니 이는 하늘이 옛적부터 있는 것과 땅이 물에서 나와 물로 성립한 것도 하나님의 말씀으로 된 것을 저희가 부러 잊으려 함이로다. 이로 말미암아 그 때 세상은 물의 넘침으로 멸망하였으되 이제 하늘과 땅은 그 동일한 말씀으로 불사르기 위하여 간수하신 바 되어 경건치 아니한 사람들의 심판과 멸망의 날까지 보전하여 주신것이니라"

집사님 정확하게 대답하신 거에요. 땅이 어디서 나왔다고 되어있어요? 물에서 나와서 성립되었다는 말씀이거든요. 땅이 있는데 이 땅은 혼돈하고 공허합니다. 그런데 흑암이 깊음 위에 있다고 했는데 이 깊음은 많은 물이라는 말입니다. 히브리어 사전을 찾아보면 구약 성경에서 깊음이라고 표현하기도 하고 큰 바다라고도 표현하고 또는 큰 물이라고도 표현합니다. 그러니까 깊음이라고 하는 것은 많은 물입니다. 많은 물이 있는데 땅이 이 물에서 나와 성립한 것을 베드로 후서 3장 5절이 증명합니다. 무엇이냐 하면 창세기 1장 둘째 날 셋째 날 물이 나뉘어 지는 걸 알 수 있죠. 그리고 궁창 아래의 물이 한곳으로 모이는 것을 볼 수 있습니다. 그러니까 집사님이 말씀하시는 것처럼 땅이 물에서 분리되는 것을 볼 수 있다 이 말이죠.

창세기 1장 2절의 모습은 땅으로 표현된 지구가 이렇게 있다고 하면 이 주위가 전부 물인 거에요. 쉽게 얘기하면 물이 찬 양동이 한 중간에 공 같은 거 하나가 중간에 걸쳐 있다고 생각하시면 되죠. 지구는 이렇게 있고 전부 물이 둘러싸고 있는 거에요. 여기까지 이해가 되십니까? 그런데 그 물 위에 또 흑암이 있다 이 말이에요. 그림을 그리면 이렇게 되는 겁니다. 창세기 1장 2절을 우리가 눈으로 볼 수 있다면 이런 모습이에요.

그러니까 땅이 지금 어떤 상태인 겁니까? 공허하고 혼돈한 것만 아니라 깜깜해요. 이해되시죠? 깜깜한 것이 위에서 덮고 있으니까.

또 뭐라고 하셨냐 하면 하나님의 신은 어디에 운행하신다고 하셨어요. 어느 수면이요? 땅은 혼돈하고 공허한데 그 위에 많은 물들이 땅을 덮고 있어요. 그냥 둥그러니까. 그 위에 전부 다 물이 덮고 있다 이 말이예요. 근데 설상가상으로 그 위에다가 깜깜한 흑암이 이 깊음 위에 있는 거예요. 그러니까 이 땅은 그렇지 않아도 죽겠죠. 왜? 혼돈하고 공허하니까. 그런데 거기에 깜깜하기까지 한 거예요. 이게 어느 정도까지 깜깜한 거냐 하면 말이예요 옆 사람이 안보입니다. 그게 어디에 나오냐 하면 출애굽기에 흑암이 덮었을 때 서로 볼 수 없을 정도예요. 그게 얼마나 깜깜한지 아시겠어요? 왜 칠흑같이 어둡다고 그러죠? 사람이 안 보일 정도예요. 그 정도로 깜깜한 겁니다. 그러니까 그 안에 밝은 것은 하나도 없는 거예요. 선문선답입니다. 깜깜하다는 것은 밝은 게 없다는 거예요. 그렇죠? 이해하셨네. 안 적는 것은 괜찮아요. 받아 적다 보면 금방 말을 못 따라갈 수가 있어요. 그러니까 적되 탁탁 적고 따라오는 게 제일 좋아요. 그런데 적으려면 제대로 적으시고 따라오세요. 하나님의 신은 수면에 운행하시니라. 이 수면은 많은 물 위입니다. 물 겉면입니다. 물 겉면은 지구에서 먼 쪽이예요. 바깥쪽입니다. 하늘 쪽입니다. 하나님의 신은 영(Spirit)이신데 수면에 즉 물 위에 다시 말하면 지구 바깥 쪽에 운행하십니다.

성경을 몇 군데 보시지요.

신명기 32장 11절.

"마치 독수리가 그 보금자리를 어지럽게 하며 그 새끼 위에 너풀거리며 그 날개를 펴서 새끼를 받으며 그 날개 위에 그것을 업는 것 같이"

"그 새끼 위에 너풀거리며"를 기억하시기 바랍니다.

그 다음에 예레미야 23장 9절

"선지자들에 대한 말씀이라. 내 중심이 상하며 내 모든 뼈가 떨리며 내가 취한 사람 같으며 포도주의 잡힌 사람 같으니 이는 여호와의 거룩한 말씀을 인함이라".

"뼈가 떨리며"를 기억하시기 바랍니다.

예레미야 23장 9절 "선지자들에 대한 말씀이라" 앞에 동그라미 쳐 놓은 성경 가지고 계신 분 있으세요? 맨 처음에 예레미야가 이 말씀을 하나님의 감동으로 기록했을 때는 장과 절이 없었습니다. 무슨 내용이냐 하면 예레미야 23장 이런 분류가 없었습니다. 동그라미 치는 것도 없었습니다. 그런데 1250년경에 휴거라는 사람이 장을 나누었어요. 창세기 1장 2장 요것만 나눴습니다. 그러다가 약 400년 즈음 뒤에 어떤 사람이 절을 다 나눴어요. 그러다가 후에 또 어떤 사람이 동그라미를 쳤어요. 그런데 동그라미를 친 이유는 문단이 바뀌었다 이런 표시입니다. 그런데 성경 구절을 보면 문단이 바뀌는 것이 아니죠. "선지자들에 대한 말씀이라" 하시면서 "내 중심이 상하며 내 모든 뼈가 떨리며"라고 여호와께서 말씀하신 거라구요. 이게 동그라미를 제대로 친 겁니까 잘못 친 겁니까? 요한복음 8장 1절을 보면 7장 마지막 절하고 중간이 딱 잘린 것을 알 수 있어요. 장과 절이 있음으로 말미암아서 도움을 받는 면도 있습니다. 창세기 1장 1절 2장 1절 이러면 쉽잖아요. 그러나 원래는 창세기 1장 1절부터 50장까지가 그냥 한 권이다 한 권의 책이다 쭉 쓴 겁니다. 창세기 전체가 하나의 글입니다. 그래서 제가 창세기 1장 1절에서 2장 3절까지 함께 읽은 이유입니다. '일곱째날에 안식하시니라' 하는 말씀이 1장에 들어가야 하는데 중간을 딱 잘랐습니다. 어찌 생각하면 여섯째 날 하고 일곱째 날의 창조가 분리된 것처럼 보이잖아요. 인간의 착각입니다. 인간의 뇌는 착각이 있습니다. 사람들이 잘못하면 성경의 장과 절에 속을 수 있어요. 우리가 성경을 읽는데 도움이 되는 것은 사실이지만 원래 없던 것이거든요. 성경의 장절이 나뉘기까지1250년이라고 하면 오랜 기간입니다. 그 오랜 기간 동안에 그 사람들은 어떻게 읽었어요? 그냥 읽은 거예요, 나누지 않고. 그러니까 죽 읽은 거예요. 그래서 아까 제가 드린 말씀이 뭐냐 하면 성경은 매일 읽어야 된다는 얘기입니다. 그냥 읽는 거예요. 쭉 읽는 거예요. 읽다 보면 아하, 하나님께서 그래서 아 하나님 예수님 고맙습니다. 아 사실 제가 벌레만도 못한데 이렇게 좋은 것을 주시니 고맙습니다. 이렇게 되는 거예요. 성경 말씀은 읽는 거예요. 하나님께서 뭐라고 말씀하셨냐 하면 하나님의 율법서를 등사하여 옆에 놓고 늘 손목에 기호를 삼아라. 이마에 기호를 삼아라. 앉으나 일어서나 말씀을 읽고 강론하라 그러셨거든요. 성경은 그냥 쭉 읽는 겁니다. 창세기1장 1절에서 2장 3절까지가 첫째 날부터 일곱째 날 까지니까 나누려면 하나로 나눴던지 중간을 잘라놓으면 혼돈합니다. 그러나 그것을 아시고 연결해서 읽으시면 됩니다. 그래서 창세기도 그렇게 이해하시면 되는 겁니다.

"하나님의 신은 수면에 운행하시니라" 이렇게 말씀하셨는데 신명기 32장 11절에서 독수리가 그 새끼 위에 너풀거린다 말씀하셨어요. 예레미야 23장 9절에는 "내 모든 뼈가 떨리며" 이렇게 말씀하셨어요. 이 두 군데에 있는 하나님의 말씀과 창세기 1장 2절에 있는 "운행하시니라"는 같은 말씀입니다. '수면에 운행하시니라'가 뭐냐면 "독수리가 그 새끼 위에 너풀거리는 것 같다". 독수리가 날개가 있잖습니까? 날개가 있는데 그 새끼 위에 너풀거리는 것과 같다. 그런데 "중심이 떨린다"고 하셨지요? 부르르 떨린다고 하지 않으셨습니까? 너풀거리는 것 같다 하고 같은 표현입니다. 그 표현들이 "운행하시니라"입니다.

마태복음 23장 37절에 예수님이 예루살렘을 향해서 한탄하시는 말씀이 나옵니다.

"예루살렘아 예루살렘아. 선지자들을 죽이고 네게 파송된 자들을 돌로 치는사여 암닭이 그 새끼를 날개 아래에 모음과 같이 내가 네 자녀를 모으려 한 일이 몇번이냐 그러나 너희가 원치 아니하였도다"

예수님은 하나님의 말씀이예요, 그 분은 태초부터 계신 하나님의 말씀입니다. 그러니까 태초부터 계신 모든 말씀을 다 아시는 분이시고 그 분이 그 말씀 본체시라구요. 그 분이 마태복음 23장에서 이 말씀을 하실 때에는 창세기 1장 2절 때문에 이 말씀을 하신거에요. 왜? 예루살렘을 향해서 뭐라고 하셨냐 하면 "암탉이 그 새끼를 날개 아래 모으듯이 모으려" 하셨다는 겁니다. 암탉이 새끼를 모을 때 보면 날개 밑으로 새끼들이 죽 들어가서 서있는데 심지어 그런 거 있지 않습니까 불이 나서 닭이 탔는데 툭 쳐보니까 밑에 자기 새끼들이 다 살아있는 거예요. 그만큼 이 날개 밑으로 모은다고 하는 것은 이 예수님의 간절한 심정입니다. 어디를 향해서요? 예수께서 부르시는 것이 예루살렘입니까? 진광교회입니까?

생각을 해보세요. 예수님께서 예루살렘을 향해서 뭐라고 하시냐 하면 "예루살렘의 딸들아 나를 위하여 울지 말고 너희와 너희 자녀를 위해 울라" 이러십니다. 그러니 예수님이 어떤 한 사람을 향해서 그것도 딴 분이 하신 얘기가 아니라 하나님의 아들께서 하신 말씀이 '내가 너를 부르려고 암탉이 새끼를 모으듯이 너를 부른 것이 한 두 번이 아니거늘 네가 내게 나오기를 원치 아니 하였도다' 이러십니다. 이게 자기 자신이라면 큰일 날 말이예요. 보통 큰일 날 말이 아닙니다.

예수님이 부르시는 거예요. 어떻게요? 암탉이 새끼를 모으듯이 부르시는 거예요. 그래서 '하나님의 신은 수면에 운행하신다'는 말이 뭐냐면 '독수리가 너풀거리듯이' 그런 말씀입니다. 장로님하고 그 말씀을 나눴습니다만 하나님의 말씀을 증거할 때 뭐 세상 지식이 많아야 되느냐 몰라도 되느냐. 뭐 아니다 은혜만 있으면 된다 성경만 잘 알면 된다 이런 식입니다. 사회 지식은 필요악입니다. 좋기도 하지만 그게 잘못 이용되면 성경 증거하는데 오히려 해가 됩니다. 무슨 말씀인지 아세요? 많은 상식을 안다고 성경을 잘 아는 것은 아닙니다. 그러나 그게 또 도움이 될 때가 있지만 거기에 잘못 빠지면 악이 되어 버려요. 어찌됐든 암탉이 알을 품고 21일이 차면 그 안에서 병아리가 나오려고 해요. 병아리가 지금 어디 있어요? 그 알 속에 있거든요. 나오려 하지만 나올 수가 없어요. 못 나오죠. 그 때 암탉이 날개를 푸드득 하고 흔든답니다. 성경과 똑같죠. 흔들면 어떻게 되지요? 알이 깨지면서 생명이 나오는 거예요.

땅은 혼돈하고 공허합니다. 골로새서에 보면 '땅에 있는 지체를 죽이라' 이런 말씀이 있어요. 인간을 흙으로 지으셨어요. 우선 여기까지 이해되십니까? 다 이해하고 넘어가야 합니다. 이 말씀이 계속 연결되어 지는 겁니다.

찬송가545장을 함께 부르시겠습니다. 지금 찬송가 왜 부르는지 아시죠. 545장 찬송을 잘 생각해보면 지금 내 앞에 뭐가 있는 거예요? 지금 내 앞에 하늘가는 밝은 길이 펼쳐져 있다면 뭐든지 걱정 없어요 그렇죠? 그것 하나 때문에 우리가 그것 하나에다 소망을 두고 믿음을 향해서 찾아 나서는 것이지 이것만 있으면 그 다음부터는 아무 걱정 없어요. 그 길 하나면 이 세상 뭐가 부러워.

찬송가를 부를 때는 그 가사 내용을 생각하셔야 합니다. 그리고 내 믿음도 함께 생각하면서 불러야 합니다. 곡조에 감정만 도취돼서 부르시면 안됩니다.

하늘 가는 밝은 길이 내 앞에 있으니
슬픈 일을 많이 보고 늘 고생하여도
하늘 영광 밝음이 어둔 그늘 헤치니
예수 공로 의지하여 항상 빛을 보도다

내가 걱정하는 일이 세상에 많은 중

속에 근심 밖에 걱정 늘 시험하여도
예수 보배로운 피 모든 것을 이기니
예수 공로 의지하여 항상 이기리 로다

내가 천성 바라보고 가까이 왔으니
아버지의 영광집에 가 쉴 맘 있도다
나는 부족하여도 영접하실 터이니
영광나라 계신 임금 우리 구주 예수라

성경을 풀어서 생각해 보세요. 창세기1장2절이 무엇인지 알게 뭐야. 아 그런가 보다 하고 넘어 갈 수도 있는 거지요. 이 말씀 속에서 나를 고소할 수도 있고 이것만 믿어지면 예수가 그냥 믿어진다는데. 그것도 누가 하신 말씀입니까? 예수님이 직접 하신 말씀이거든요

하나님의 신이 수면을 치십니다. 하나님이 날개로 떠시는 거예요. 마치 암탉이 푸드득 날개를 쳐가지고 팍하고 뭐가 깨집니까? 지금까지 짓눌렸던 것이 팍 깨지면서 새 생명이 올라오는 거예요.

하나님께서 사람을 흙으로 지으셨다고 하는 것은 틀림이 없어요. 더군다나 이게 몇 겹입니까? 많은 물이 감쌌죠. 흑암으로 깜깜합니다. 더욱이나 흙 자체도 공허하고 혼돈해요. 내 마음이 허전하거든요. 소주하고 삼겹살 먹으면 허전한 마음이 깨끗이 사라집니까? 그때는 기분 좋아요. 그런데 탁 내려가지고 골목에 들어설 때 그 전깃불 하며 그 골목길에 발을 딛어 놓을 때 외롭다 쓸쓸하다 뭔가 빈 것 같습니다. 예배당에서 통성으

로 기도하고 찬송가 부르고 할 때는 좋은데 집에 혼자 있으면 가슴이 허전하거든요. 여기서 찬송가 부를 때나 혼자 있을 때나 똑같아야지. 사람들과 어울릴 때 좋으면 집에 가서도 좋아야 되는데 집에 가면 외롭다. 그리고 무언지 마음 깊은 곳에 불안한 게 있다.

흙이요 화학요소가 많습니다 그 안에 얘기 들어보니까 몇 년 전에 79가지라고 그러더니 요즘 83가지라고 그럽디다. 죽으면 어디로 가요? 장사 지내지요. 무덤을 파 보면 뭐가 나옵니까? 뼈도 오래 가면 없어요 흙과 똑 같아요. '사람이 흙에서 와서 흙으로 간다고 하는 것'은 그냥 쉽게 증명되는 거예요 사람이 흙이예요. 하나님께서 흙으로 만드셨습니다.

"태초에 하나님이 천지를 창조하시니라"는 하늘과 지구를 만드셨다는 말씀입니다. 그런데 창세기3장에 '네가 얼굴에 땀을 흘려야 식물을 먹고 필경은 흙으로 돌아가리니 그 속에서 네가 취함을 입었음이니라' 이렇게 됩니다. 무슨 말씀인가 하면 창세기 1장부터 3장 사이에 땅을 표현할 때 네 가지 다른 표현이 나옵니다

'땅에서 왔으니 필경은 흙으로 돌아가리라' 이 말씀에서 땅이 지구입니다. 그 안에는 불이 있습니다 욥기 28장5절 '지면은 식물을 내나 지하는 불로 뒤집는 것 같고'이렇게 됩니다.

제가 말씀드린 것처럼 세상 지식은 필요악입니다. 과학 시간에 뭐라고 하냐 하면 이 지구 속에 용암이 있다. 용암은 뭐냐 하면 바위가 높은 온도로 녹은 것입니다. 바위가 녹은 것이 펑하고 터져서 나오는 게 화산입니

다. 그래서 지금도 하와이 같은데 가면은 푹푹 연기가 납니다. 그래서 화산의 종류가 여러 가지 있습니다. 이 산이 전부 무엇으로 되어있어요? 욥기에 불로 뒤집는 것 같다고 되어있죠? 지면은 식물을 내나 지하는 불로 뒤집는 것 같다고 되어있죠? 그렇다면 누가 앞선 겁니까? 과학입니까? 성경입니까? 욥기는 언제 쓴 것인지 아십니까? 3,000년 전에 쓴 것입니다.

'마우리'라는 사람이 있었는데 병원에 입원했습니다. 1920년 대 사람입니다. 미국 버지니아주에 사는 사람인데 병에 걸렸어요. 병원에 누워있습니다. 이 사람이 교인이니까 아들보고 성경을 읽어 달라고 그랬습니다. 그랬더니 시편 8편을 읽다 보니까 '바다의 어족과 해로에 다니는 것이니이다' 이렇게 되어 있어요.

태평양 바다의 바닷물이 돕니다. 사람들이 몰랐어요. 그래서 직선으로 배가 온 거예요. 물은 빙빙 도는데 거기를 거슬러 가려 하니까 얼마나 힘들어요. 그런데 마우리라는 사람이 듣다 보니 시편 8편에 해로에 다니는 것이 있다고 이렇게 되어있습니다. 그러니까 이 사람이 기도를 했습니다. 뭐라고 기도를 했냐 하면 '주님 제가 만약에 건강해서 나간다면 이 말씀이 무엇인지 알게 해주십시오'라고 기도를 한 거예요. 근데 정말로 병이 나았어요. 그래 가지고 이 사람이 온 바다를 돌아다닌 겁니다. 바다를 돌아다니면서 바다 지도를 다 그렸어요. 이 물이 도는 방향을 모두 그렸습니다. 나중에 그 물결을 따라서 가니까 3주 걸리던 바닷길을 일주일만에 가는 거예요. 바다 물은 모두 빙빙 돕니다. 미국 해군사령부에서 동상을 세워줬어요. 미국 해군 사령부에서 쓰는 지도중에 90%가 이 사람이 그린 것입니다. 시편 언제 쓴 거예요? 다윗왕은 3000년 전에 살았습니다. 인간은 그 사실을 1920년대에 알게 된 겁니다. 성경에는 3000년 전에 써 놓았습니다. 땅 밑에 용암 있다는 것 언제 알았어요. 기껏 해봐야 18세기에 과학자들이 발견했습니다. 그러나 욥기 28장에 '지하는 불로 뒤집는 것 같다'고 기록했습니다. 땅 밑에 용암이 있다 이 말입니다. 이게 땅을 뚫고 폭발하면 화산인 거예요. 이 겉과 안을 합하여 '지구'라고 부르고 '지면은 식물을 낸다'고 했으니까 흙에서 식물을 얻는다고 표현합니다. 그러니까 "땅"이렇게 표현할 때는 지구라는 말이고, 흙이라고 표현할 때는 농사지을 수 있는 식물을 내는 곳입니다.

그런데 또 있습니다.
창세기 2장을 보시죠.

창세기 2장7절 '여호와 하나님이 흙으로 사람을 지으시고' 이렇게 되어 있어요. 이 사람을 만든 흙은 '먼지'입니다. 시편 103편에 진토라는 말씀이 표현 나오죠. 진토는 먼지예요. 바람 훽 불면 날아가는 겁니다. 사람은 먼지로 만들었다고 되어 있어요. 아무것도 아니예요. 영어로 'dust'라고 되어 있어요. 그렇지 않아도 땅이 공허하고 혼돈한데 사람을 만들기를 훽 하고 불면 날라가는 먼지입니다.

그리고 '혼돈하다'라는 말도 모양이 없다는 말입니다. 뭐냐 하면 어렸을 때 한민족은 동방예의지국으로서 세계를 제패해야 된다는 교육대로 일생 계획을 세웠는데 그대로 되신 분 한번 손 좀 들어보세요? 어렸을 때 일생 계획 세우라고 그러잖아요. 세계를 제패하는. 좀 더 나이 들어가면 세계에서 무엇으로 바뀝니까? 사람이 꿈이 자꾸 쭈그러들었는데 그것도 안됐어요. 제 말이 맞습니까? 틀립니까? 자기가 계획한대로 안 되더라 이 말입니다. 자기가 계획 세운데로 100% 완수하신 분 손 좀 들어보세요. 그런 분 있으면 이 성경 틀렸어요. 알 길이 없어요 인생은 알 길이 없이 혼돈합니다. 모양이 없습니다.

걱정 없는 집이 없어요. 집집마다 자식 걱정에, 그리고 자기가 원하는 대로 된 사람이 없어요. 누가복음 12장에 어떤 사람이 농사를 잘 지어서 작년보다 소출이 많아졌거든요. 그래서 '곡간을 헐고 더 크게 짓자' 이랬더니 하나님께서 뭐라고 하셨어요? "어리석은 자여 오늘 밤에 네 영혼을 도로 찾으리니 그러면 예비한 것이 뉘 것이 되겠느냐' 이렇게 말씀하셨습니다.

인생들이 잊고 사는 것 한가지가 있어요. 자기 목숨 자기 것 인줄 알아요. 누가복음에 있는 그 말씀대로 누가 영혼을 걷어가요? 내 인생인데 내 마음데로 못 해요. 딱 걷어만 가시면 끝입니다. 오늘 아침에 일어났으니 내일 아침에도 일어날 줄 압니다. 제가 미국 사람들과 인사할 때 절대로 'see you tomorrow' 안 합니다. see you tomorrow가 내일 또 보자 이 말이잖아요. 전 그 인사 잘 안 합니다. 미국 사람들은 왜 그러는지도 모르지. 제가 기껏 하는 인사가 'have a nice evening' 오늘 저녁 잘 지내라고 말하고 헤어져요. 내일 보자는 말 안 합니다. 아침에 눈을 떠보니 없는 걸. 산천은 유구하되 가보니까 없어요. 아침에 눈 뜨고 보니까 남편이 죽었어요. 그 전날 저녁에 싸우고 잤거든요. 거짓말 아닙니다. 두 사람이나 있어요. 한국사람 하나 미국사람 하나. 슬피 울었다고 합니다. 이 미국 백인 여자가 남편 죽었으니까 슬피 우는 줄 알았지요. 아 그런데 초상을 치르고 보니까, 전날 저녁에 싸우고 잔 것 때문에 그렇게 슬피 울었답니다.

미국식 장례식은 멋있어요. 딱 관 이렇게 해 놓고 다 얼굴도 보이고 화장도 하고. 사람이 딱 죽으면 냄새가 얼마나 나는지 아십니까? 성경에 어떻게 기록되어 있는지 아십니까? 요한 복음 11장에 있는 죽은 나사로에 대해서 그 누이 마르다가 뭐라고 했습니까? '죽은 지가 나흘이 되었으매 벌써 냄새가 나나이다'. 썩은 냄새가 나나이다. 어떤 썩은 냄새인가 하면 말입니다. 출애굽기에 보면 죽은 개구리를 무더기로 쌓았습니다. 그런데 악취가 났습니다. 그것하고 똑같은 표현입니다. 요한복음 11장에 있는 이미 냄새가 난다는 그 말은 사람이 죽고서 나흘이면 썩습니다. 이 육체가 다 썩으면 뭐가 남아요? 이것 다 없어지면 뭐가 됩니까? 나사로만 그런 것이 아니고 모두가 그렇습니다. 사람의 몸은 한 줌 흙입니다. 흙. 제 체중이 170 파운드쯤 됩니다. 170 파운드면 한 80kg 조금 못됩니다. 모두 먹은 음식에서 오는 무게입니다. 제가 오늘 점심에 우 장로님과 사모님 그리고 최 목사님과 함께 삼겹살을 먹었습니다. 돼지 고기지요. 돼지가 뭘 먹습니까? 소는 뭘 먹습니까? 여물도 먹고 풀도 먹고. 풀이 무엇으로 자랍니까? 풀이 뭡니까? 흙에서 영양분이 올라온 것 아닙니까? 채소이든 과일 이든지 어디에서 올라온 겁니까? 흙에서 올라 온겁니다. 그것을 누가 먹은 겁니까? 소나 돼지나 토끼나 먹은 겁니다. 나는 돼지 고기 먹었는데 사실은 무엇을 먹은 겁니까? 흙을 먹은 겁니다. 흙에서 왔으니까요. 제가 유지하고 있는 이 170 파운드가 흙입니다. 이해하십니까 사람이 흙인 것을.

그런데 흙이 얼마나 형편없는 거냐?

물리학이 두가지 법칙이 있습니다 제 일 법칙은 아인슈타인이죠. 유대인. 모든 물질은 '우주 안에 있는 질량은 절대로 변하지 않는다' 입니다.

에너지 보존의 법칙이라고도 얘기합니다. '우주 안에 있는 에너지는 질량은 절대로 변하지 않는다'입니다. '질량보존의 법칙'이라고도 하고 '에너지 보존법칙' 이라고도 합니다 그러니까 이 법칙에다 맞추느라고 '펑' 터졌다고 그랬거든요. 과학자들이. 그래서 '펑' 터졌는데 이 우주가 이렇게 되었다 이랬거든요. 근데 자기들 스스로 함정에 빠진 게 83년도 뉴욕타임스 과학판에 무엇이 나왔나 하면 지금도 별이 만들어지고 있다'. 어떻게 알았나 하면요 우주 광학 망원경으로 보다 보니까 뭐가 허연 게 보이기 시작했어요. 여러 해를 보다 보니까 뿌연 줄 알았는데 이 안에 뭐가 나타나기 시작한 거예요. 뭐냐 하면 그 안에서 별이 만들어지고 있었어요. 그러니까 과학자들이 미치는 겁니다. '펑' 터져 가지고 우주가 생성됐다고 했는데 새로운 별이 더 생기니까요. 왜? 질량은 불변하니까 거기에 맞추어야 하는데 안 맞는 거예요.

두번째 것은 물리학에서 entropy(**엔트로피**) 라는 것이 있습니다. Entropy(**엔트로피**)는 불규칙의 법칙입니다. 예를 들어 건물이 있거나 나무나 돌이 있습니다. 생각해 보세요 모든 물건은 시간이 지나면 망가져요. 나무도 어느 때까지는 자라지만 가지가 썩기 시작하고 언젠가는 죽거든요. 풀도 오래되면 죽습니다. 시멘트도 처음에 붙여 놓을 때는 단단한데 시간이 오래가면 떨어지죠. 하나님께서 만드신 창조 법칙입니다. 뭐든지 오래 가면 불완전 해져요. 돌도 오래 되면 가루가 되기 시작합니다. 건물도 시간이 지나면 수리를 해줘야 돼요. 사람 몸도 그래요. 사람의 몸은 15살까지는 세포 분열이 일어납니다. 풍성하게 자랍니다. 15살까지 약간의 차이는 있지만 자라요. 15살부터 25살까지는 힘이 왕성 해집니다. 25살때부터는 내리막이에요. 동의보감에 나오는 말입니다. 40살이 넘어가면 신기로 산다고 했습니다. 신이 주는 기운으로 산다고 했습니다. 40살이 넘어가면 미국사람들도 생일 파티 크게 해줍니다. down the hill. 내리막길이라고 합니다. 마흔 살 넘어가면 희한하게 대부분 안경도 쓰고 늙는 걸 알 수 있습니다. 모든 물질이 불안전 해져요. 안경 쓴다는 게 무슨 일입니까? 눈이 잘 움직여 주다가 초점을 못 맞춰요. 왜? 법칙이 있어요. 내리막길 가는 겁니다. 인생 내리막길 가는 겁니다. 그러다가 그대로나 살면 괜찮은데 병이 턱 들면 어떻게 합니까? 물리학 둘째 법칙에서도 그럽니다. 그렇지 않아도 '모든 게 불안전 해 지는데 외부의 힘이 가해지면 가속시킨다'고 합니다. 집도 그냥 서있을 때에는 시간이 지나야 집이 무너지는데 갑자기 무거운 장비로 기둥을 치면 퍽 하고 무너집니다. 정상적으로 있는데 외부의 힘이 가해져서 질서를 무너뜨리는 겁니다. 불완전한 상태로 바뀝니다. 사람도 그렇습니다. 그냥 살면 70이나 80까지 사는데 중간에 눈에 보이지도 않는 세균이 들어와 몸을 무너뜨립니다. 못 견디면 죽는 겁니다. 왜? 사람도 이 법칙안에 들어 있습니다.

그러나 하나님께서 사람에게 특별히 뭘 원하십니까? '수면에 운행하시니라'입니다. 부르시는 겁니다.

어떤 분이 2주일동안 미국 구경 오셨다가 관광 안하고 우리 집에 와서 창세기 1장 공부만 하신 분이 있었습니다. 이 말씀에 사로 잡힌 거죠.

'태초에 하나님이 천지를 창조하시니라'. 하나님께서 하늘과 땅을 창조하셨습니다. 그 땅이 공허하고 혼돈합니다. 그 위에 많은 물이 있고 어두움이 있습니다. 땅 위에 물이 꽉 덮여 있고 그 위에 흑암이 꽉 찼기 때문에 먼지로 지은 인간은 그 앞에서 꼼짝달싹을 못합니다. 깜깜한데 공허하고 혼돈합니다. 그게 여러분의 인생입니다. 이렇게 깜깜하고 앞길을 알 수 없고 어려운 일에 퍽퍽 부딪히고 살면 살수록 슬픈 일이 많아요. 살면 살수록. 많이 살았다는 얘기는 슬픈 것 많이 봤다는 얘기입니다. 그런데 그것으로 끝이라면 우리는 진짜 허무한 겁니다. 그러나 하나님이 그 물을 마치 그 암탉이 마지막 순간에 치듯이 그 물을 쳐서 흔들어 내가지고 둘째날에 물을 가르듯이 또 셋째날에 갈라내서 마른 땅이 나오면 열매 맺는 과실이 생길 수 있습니다. 그걸 위해서 하나님의 신(영)은 첫 날부터 물위에 운행하고 계십니다. 그러니까 모세의 글을 믿으면 예수를 믿는 겁니다.

하나님께서 허락하시는 대로 어떻게 부르시는지에 관한 말씀을 계속하도록 하겠습니다.

진광교회 사경회 - 둘째 날

오늘 출석을 뭘로 부르냐 하면, 오늘 성경 읽으신 분은 한번 손 좀 들어보세요 15분 읽으신 분. 15분이 뭔지도 모르시는 분 손 좀 들어보세요. 아이고 하나도 안 읽었단 말이야? 이렇게 되면 어제 저녁에 나 염불한 것 아닙니까? 그러면 15분 읽으면 1년에 성경 몇 번 읽는다고 그랬습니까? 예? 1번이요. 예배당 다닌 지 3년 됐으면 3번은 읽었어야 됩니다.

어제 저녁에 집에 가자마자 성경 읽고 주무신분? 손 들었나? 거봐 있잖아요

그러려면 간절한 심정으로 받고 날마다 성경을 상고해야 된다 이 말이에요. 그게 어저께 한 얘기에요. 15분얘기가. 제가 여러분에게 복병을 둔 얘기에요. 그게 복병이라구요. 낮 시간에 말씀드렸는데 이스라엘 사람들이 전쟁할 때 복병을 제법 두었습니다 앞에서는 지는 척하고 도망하다가

성 옆에 숨겨두었던 복병이 적의 뒤를 치고 앞에서는 도망치는 척하다가 뒤돌아서 중간에 두고 몰살시키는 작전입니다. 그런데 오늘 안 읽었는데. 그것 빠지면 안되요. 그건 예언이에요. 자기가 안 읽고는 안돼. 거짓말 아니예요. 어저께 목사님 소개할 때 말씀하셨잖아요. 저는 성경 읽다가 구원받은 사람입니다. 그래서 저는 자신 있어요. 읽기만 하면 구원받는다. 읽기만 하면 천국 가요. 안 읽는 건 안되요. 이 두 개가 딱 맞아야 돼요. 자기가 안 읽으면 안 된다니까요. 그러니까 어제 저녁에 집에 가자마자 성경 읽고 주무신 분? 손 들었나? 거봐 있잖아요. 우리 미국에서 한 6개월 성경공부 하다가 목숨을 걸고 진리를 향해 달려 가는 분. 어제 저녁에 읽었어야 되는 것 아네요? 집에 가자마자. 아니 말로는 목사님 은혜 받았습니다 뭐 인제는 알 것 같아요. 그게 다 거짓말이지. 진짜 그 생각이 들면 집에 가서 읽었죠. 어디부터 읽어야 될 것 같아요? 만약 오늘 집에 딱 가서 읽으면 어디서부터 읽어야 될 것 같아요? 마태복음부터 하세요. 괜히 어려운데 고르지 말고 쉬운 데부터 하세요. 마태복음 1장부터 자세히 보시면 놀랍습니다 이제부터 눈에 탁탁 띄기 시작할 거예요. 아 이런 말씀이 있었구나 왜? 자기가 지금 간절한 마음으로 듣고 그런가 하여 지금 성경을 뒤지는 중 아니예요? 그럼 눈에 띄기 시작한다고요. 그러다가 어느 날 보면 예수님 아! 고맙습니다 나는 이제 죽어도 한이 없어요. 빨리 오세요. 그런데 지금 오시면 안 되는데 하면 준비 안 되신 거죠.

사도행전 8장에 에디오피아 왕의 모든 국고를 맡은 권세가 있는 내시가 예루살렘에 왔다가 돌아 가는데 병거 안에서 이사야서를 읽으며 가고 있었습니다. 빌립이 읽는 것을 깨닫느냐고 물었는데 모르겠다는 거예요. 읽고는 있는데 몰라요. 이게 지금 이디오피아 내시 얘기입니까 내 얘기입니까? 그건 가능합니다. 그러나 하나님의 말씀은 읽어야 돼요. 새로 나온 성경이 있어요. 요즘 나온 겁니다. 킹 제임스 성경이라고 있는데 저는 그걸 사가지고 그걸 다섯 번 읽었어요. 이게 정말 어떤 건가 싶어 가지고요. 개역성경은 뭐 얘기할 필요도 없어요. 그럼 뭐 저를 본받으라는 얘기는 아니지만 아니 이게 기본인데 이걸 안 읽으면 어떻게 하겠다는 얘기입니까? 그럼 얘기 끝났습니다. 이 이디오피아 내시는 이것이라도 읽고 있었으니까 얘기가 되는데 이것도 안 읽었으니까 누구하고 얘기를 할 겁니까? 아 목사님 그런 소리 마십시오. 목사님 추어탕 사드리느라고 제가 바빴어요. 저 목사는 추어탕 얻어먹고 칭찬은 못해줄 망정 성경 안 읽은 것만 얘기하나? 전도왕이 있죠? 내가 기념으로 가지고 갈려고 주보 빼놨는데 뭐라고 전도하는지 모르지. 나 15분 성경 안 읽었다 그래도 너는 우리 교회 와야 된다? 아니 근데 여기 소명협회 10인은 뭡니까? 목사님 토탈 이렇다는 거예요? 새끼 친다 이 말이죠? 예? 야 대단하군요. 그 추어탕 먹을 만하네. 에디오피아 내시가 딱 성경을 읽고 있는데 눈뜬 소경입니다. 누가요? 일국의 장관이 그러고 있는데 성령이 그걸 아셨거든요. 정말 읽고 싶어서 알고 싶어서 발버둥치는 사람은 결국은 알게 돼있어요. 안 읽으니 문제죠. 이게 지금 남의 얘기 아니죠? 그러니까 생각을 해 보세요

광야에 병거가 가고 있는데 성령께서 빌립을 거기에 내보낸 거예요. 그래 가지고 딱 하는 말이 읽는 것을 깨닫느뇨? 이 내시의 솔직한 대답이 '지도하는 사람이 없으니 어찌 깨달을 수 있느뇨' 입니다. 그래서 병거에 올라 같이 앉아서 쭉 풀어주었습니다. 이 내시가 흔연히 가더라. 기뻐하면서 가는 거예요. 그 다음부터 이사야서 읽을 때 어떻게 됐을까요? 이 내시는 눈이 확 열렸습니다. 무슨 말씀이냐 하면요 그 뒤에 사도행전 17

장입니다. 217 페이지입니다. 사도행전 17장11절 '베뢰아 사람은 데살로니가에 있는 사람보다 더 신사적이어서 간절한 마음으로 말씀을 받고 이것이 그런가 하여 날마다 성경을 상고하므로 그 중에 믿는 사람이 많고 또 헬라에 귀부인과 남자가 적지 아니하나'. 베뢰아는 지명입니다. 동네 이름입니다. 데살로니가도 동네 이름인데 두 지역을 비교한 것입니다. 베뢰아 사람들은 더 신사적이다. 하나님께서 신사적이라고 하는 거예요. 왜 신사적이냐 하면 말씀이 그런가 하여 간절한 마음으로 받았어요. 사도행전 8장에서 지도하는 사람이 없으니 어찌 깨달으리요 하는 그 상태를 하나님께서 어떤 사람을 통해서 말씀을 전할 때 간절히 받지만 뒤에 따르는 말씀이 무엇이냐 하면 '그런가 하여'입니다. 말씀을 증거한 사람이 한 그 말이 '그런가 하여' 자기가 날마다 성경을 상고해야 합니다. 두 가지가 따라줘야 됩니다. 하나는 가르치는 사람이 있어야 됩니다 그리고 나서는 자기가 그런가 하여 상고해야 합니다

상고한다는 단어는 헬라어에서 수사 용어입니다. 다른 표현으로 하면 탐문 수사를 벌인다. 어떤 사건이 일어나면 그 현장을 샅샅이 뒤져서 지문도 찍고 집집마다 수색도 하고 증거 수집을 해서 그 사건을 밝혀야 합니다. '상고한다'는 단어는 영어로 얘기하면 investigation(인베스티게이션)입니다. 뒤져내는 거예요. 15분씩 안 읽으신 분들. 마태복음부터 시작해야 돼요. 죽으나 사나 기도해야 돼요. 전화 안 오게 해달라고. 성경 좀 모처럼 연중 행사로 마음에 감동받은 바 있어서 한번 좀 읽으려고 펴면 전화가 그렇게 와요. 다른 때는 안 오다가. 또 조금 있다 보면 별놈의 생각이 다 나요. 평소에는 생각도 안 나던 생각도 나고 그래서 골치 아프게 만들어요. 간절히 기도하고 딴 생각나면 다시 읽고 딴 생각나면 다시 읽고 그

래서 한시간 정도 읽어야 됩니다. 애 키우고 또 시어머니도 모셔야 되고 남편도 오면 또 깩깩거리고. 그러시면 새벽 일찍 일어나시면 되지. 한시간. 밤에 한시간 늦게 주무시던지. 식구 다 자고 나면 읽지 왜 하필 그 때 읽으려고 그래요? 성경만 읽으려고 하면 무슨 일인지 몰라요. 성경을 펴면 딴 생각 때문에 읽어도 몰라요. 사실은 처음에 전쟁하는 거예요. 눈을 비벼도 안되고 자꾸 딴 생각나고 그 15분이 사실은 고비이거든요. 그래서 조용히 읽다 보면 빠져 들어가는데 그래서 1시간 정도 읽어야 돼요. 그냥 읽는 거예요. 제가 어제도 말씀을 드렸지만 그냥 읽는 거예요. 그러면 하나님이 성령을 보내신다고요. 왜? 일단은 들었거든요 간절한 마음으로 들었거든요. 그리고 나서 날마다 자기가 상고를 해야 돼요. 그것 빠지면 안되요. 거짓말인가 두고 보세요. 그것은 제가 하는 말 아니예요. 성경에서 하시는 하는 말씀이예요. 예언입니다. 그러니까 죽어라 하고 교회 다니고 지옥 갈수도 있습니다.

목사님 하고 그 대화를 했는데 아 목사님 저는 미국 가길 잘했습니다. 미국 안 갔으면 지옥에 수석합격 할 뻔했습니다. 지금도 술 마시러 다닐 거 아닙니까? 제가 미국에서 혹시 친구들 전도할 사람 있을까 혹시 하나님께서 마음을 움직여서 전도할 사람이 있을까 싶어서 전화를 했어요. 어 너 웬 일이냐? 부흥회를 인도하러 가야 하는데. 저쪽에서 말이 없어요. 제가 말을 걸어서 야 너희들 요즘도 모이냐? 응 모이지. 모이면 뭐하냐? 술도 먹고. 그건 내가 알지 너희들 모이면 그 것 밖에 할 게 더 있냐? 그 다음에 뭐하냐? 뭐 고스톱 치고. 야! 아직도 하냐? 모이면 그 것 밖에 할 것이 없어? 내가 그것 선생이거든요. 그냥 몰아가지고 다니면서 술이나 먹고 이랬으니. 제가 여기 있었으면 큰일 날 뻔했죠. 또 다른 사람은 전화했더니 연락도 안되고. 그런데 어느 때쯤 되니까 하나님께서 다시 한국에 보내시는 거죠. 예수 믿는 것 꼭 실패해야 믿는 거 아닙니다. 실패할 때만 기다립니까? 그렇지 않습니다. 그래야 하나님께서 누구든지 부르시는거지. 실패한 사람만 뒤쫓아 다니십니까? 그렇지 않습니다. 내가 도대체 왜 사나 내가 도대체 무엇 때문에 이러고 있는가? 그래서 그리스도인이라고 하면 고도의 이기주의입니다.

자기 문제가 해결 안되면 헛고생하는 거예요. 예를 들어서 자기 남편은 천국가고 자기는 지옥 간다면 되겠어요? 지옥이 어딘지 알고 하는 소리입니까? 나는 천국 못 가도 너나 가라. 자식새끼는 먼저 보내야지. 그럼 자식은 천국 가고 자기는 지옥가면 좋겠습니까? 아이구 부모님께 효도해야 하니까 부모님이나 먼저 가세요 나는 천천히 갈께요. 그러다 문 닫히면 안되잖아요. 내가 못 가는데 무슨 소용입니까? 그럴려면 '간절한 심정으로 받고 날마다 성경을 상고해야 된다' 이 말이예요. 그게 어저께 한 얘기예요.

창세기 말씀도 원칙이 똑같습니다 모세의 글이 너희를 고소할 수도 있다 모세가 너희를 고소한다. 모세의 글도 믿지 아니하거든 어찌 내 말을 믿겠느냐? 창세기1장1절부터 나를 고소할 수도 있다는 것입니다. 그리고 이 말씀이 믿어지면 예수 그리스도 안으로 들어가는 믿음도 그대로 확실해진다는 말입니다.

어제 나눈 말씀이 '땅이 혼돈하고 공허하며 흑암이 깊음위에 있고 하나님의 신은 수면에 운행하시니라'. 땅이 있는데 공허하고 혼돈하다. '깊음'은 많은 물이다 이런 말씀입니다. 깊음이 있고 그 위에 흑암이 있다. 땅은 성경에서 지구를 얘기합니다. 일단은 그렇습니다. 어떤 지구인가 하면 욥기28장에 있는 말씀처럼 지면은 식물을 내나 안에는 불로 뒤집는 것 같다. 그래서 지구 안에는 몇 천 도가 되는 용암이 지금도 끓고 있습니다. 그게 펑하고 터지면 화산입니다. 무섭죠. 그것 한번 터지면 아주 그냥 그대로 싹 쓸어가는 겁니다. 그래서 표면을 지면이다 아니면 흙이다 라고도 표현을 합니다. 땅하고 흙의 차이는 이런 차이입니다. 땅을 ground(그라운드)라고도 합니다. 하나님께서 창세기 2장 7절 말씀에서 사람을 만드실 때는 먼지 혹은 진토로 사람을 만드셨습니다. 훅 불면 날아가는 먼지입니다. 그것으로 사람을 만드셨습니다. 그 말씀이 사실인 것이 '흙으로 왔으니 흙으로 갈지어다'. 가면 거기서 흙하고 똑같아져 버립니다. 다를 게 없어요. 내가 먹은 게 다 흙에서 온 것입니다. 예로 든 것이 돼지가 여물도 먹지만 풀도 먹고 또 토끼고기 소고기 그것 다 풀 뜯어먹은 거예요. 창세기 1장 30절 말씀에 모든 짐승에게 푸른 풀을 식물로 주노라. 그 짐승들이 푸른 풀을 먹고 돼지고기가 됐고 소고기가 됐는데 짐승의 고기를 먹은 것 같지만 흙에서 온 것 먹는 거예요. 사실상 따지고 들어가보면 그렇다 그 말이예요. 우리가 지금 유지하고 있는 이것이 흙에서 온 것이에요. 모두 다. 그러니까 하나님께서 호흡만 딱 걷어 가시면 흙이 됩니다. 사람들이 이 호흡도 자기 것인 줄 알지만 하나님 것입니다. 자기 목숨인 줄 알지만 이것 언제 걷어 가실지 몰라요. 딱 걷어 가시면 그럼 어디로 가요? 드러눕죠? 왜요? 왜 드러눕죠? 그것이 하나님이 세우신 창조법칙 이예요. 열역학 둘째 법칙 entropy(엔트로피)는 불규칙을 나타내는 지수인데 항상 증가하는 방향으로 진행한다. 무슨 말이냐 하면 나이 들면 자꾸 눕고 싶죠? 왜냐면 힘이 없어져서 그래요. 불완전해지는 거예요. 모든 것이 다 마찬가지예요. 집도 오래 되면 무너지죠. 더 이상 견딜 수 없으면 무너집니다. 사람들은 자꾸 누우려 해요. 다 가루가 되어 흙에 딱 누워 버리면 그러면 더 이상 무너질 게 없습니다. 물리학 둘째 법칙대로 불규칙이 극대치가 되는 겁니다. 흙으로 먼지로 되돌아 가는 거예요. 그러니까 먼지로 되돌아 가기 전에 찾아야 될 분이 누구냐 하면 수면 위에 운행 하시는 분입니다. 그 분은 지금 부르고 계십니다 왜? 이 깜깜한 흑암 중에 있는 인간을 불러 내서 어디로 가기를 원하시냐 하면 창세기 1장 3절에 '하나님이 가라사대 빛이 있으라 하시매 빛이 있었고 그 빛이 하나님이 보시기에 좋았더라'. 하나님께서 빛이 있으라 하시매 빛이 있었습니다. 이 빛이 땅에 비춰지면 땅이 훤해지겠죠. 지금은 깜깜합니다. 그래서 어제 예를 든 것이 인생의 허무함입니다. 인간은 자식도 있고 남편도 있고 부인도 있고 있는데 이상하게 어디 하나가 안 찬것 같아요. 이상하게 비어요. 그래서 노래방이 잘되요. 육십 된 할아버지가 중학교 이 학년 아이 뒤에 줄 서 있다가 마이크 탁 받아서 흔들거든요. 그래도 되돌아올 때는 허전하거든요. 술이요? 먹으면 먹을수록 더 말짱해요. 근데 어떤 때는 한 잔만 들어가도 필름 끊어지고. 깨고 나면 더 기분 나빠요. 허전해요. 이게 도대체 자기 문제에 대한 확실한 해답이 있어야 합니다. 인생의 문제를 해결할 수 있는 길은 예수님 밖에 없습니다. 그 깜깜한 내 마음 속에 앞길을 알 수 없는 그 혼돈함 속에 있는 인간에게 빛이신 예수님이 들어와야 됩니다. 그것을 위해서 이 말씀을 나누고 있습니다.

하나님께서 창조를 하셨는데요 첫째 날부터 일 하셨습니다. 둘째 날 셋째 날 넷째 날 다섯째 날 여섯째 날 일하셨습니다.

그런데 '보시기에 좋았더라'라는 말씀이 있습니다. '하나님께서 보시기에 좋았더라' 하는 말씀이 첫째 날 셋째 날 넷째 날 다섯째 날 여섯째 날입니다. 둘째 날은 없어요. '보시기에 좋았더라'가 두 번 있는 날은 어느 날 어느 날입니까? 셋째 날은 두 번 하셨어요 그리고 여섯째 날입니다. 셋째 날과 여섯째날은 '보시기에 좋았더라'가 두 번입니다.

그 다음 질문은 하나님이 창조하신 날은 어느 날입니까? 첫째 날 다섯째 날 여섯째 날입니다.

질문은 여기 까지만 하고 이 도표를 보면 여러분이 몇 가지 질문이 생깁니다. 창세기라고 하면 매일 창조하신 줄 알았잖아요? 그러나 둘째 날 셋째 날 넷째 날은 창조 하셨다는 말씀이 없습니다. '만드셨다'는 말씀이 있습니다. 창세기 1장 1절부터 2장 3절은 아니지만 창세기 2장 7절 말씀에는 '지으셨다'는 말씀도 나옵니다.

이 셋이 어떻게 다르냐 하면 '창조한다'고 하는 말씀은 히브리 말에서 '어떤 사물의 기원이 시작됐다' 로 이해할 수 있어요. 그리고 '무엇인가 새로운 것을 만들어 냈다' 라는 뜻도 들어 있습니다. 창조는 아무것도 없는데 뭔가 생겨났다고 생각을 하지만 히브리어 사전에 의하면 무에서 유를 창조했다는 의미보다는 '질적으로 변화돼서 뭔가 새로운 것을 만들어냈다' 하는 의미를 가지고 있습니다. 히브리어서는 그렇게 쓰이는 경우가 오히려 더 많습니다. 그러니까 아예 없던 것에서 새로운 것이 생겼다가 아니라 '바뀌어서 새롭게 시작됐다' 그런 표현입니다.

'만들었다'라는 말은 쉽습니다. 그냥 여기 진흙이 있으면 그것으로 도자기를 만들었다 이 말입니다. 재료는 있는 겁니다. 그 형질 자체가 바뀌지는 않았습니다.

'지으셨다'고 하는 말씀은 사람에게만 사용되었습니다. '먼지로 사람을 지으셨다'고 말씀하셨습니다. '지으셨다'는 '만드셨다' 보다 훨씬 범위가 좁습니다. 여기에 쇠로 된 틀이 있다고 한다면 거기다 밀어 넣었다는 말입니다. 사람에게만 '지으셨다'는 말씀이 있습니다. 사람을 어떤 틀에다 딱 넣으신 거예요. 먼지로 사람을 만들었다는 말씀이 어떤 틀에다 가둬버렸다는 말씀입니다.

여섯째 날에 '하나님께서 보시기에 좋았더라' 하는 말씀이 두 번이 있는데 하나님이 인간을 지으시고 기뻐하셨습니까 안 하셨습니까? '하나님이 보시기에 심히 좋았더라' 그 앞에 뭐라고 써 있나 보세요. 크게 읽어 보세요. '하나님이 지으신 모든 것을 보시니 심히 좋았더라'. 무엇을 보시고 '심히 좋았더라'예요? 모든 것. 어떤 모든 것이지요? 지으신 모든 것. 그런데 "지으신 모든 것"이 "만드신 모든 것"이예요. '보시기에 심히 좋았더라' 인데 '모든 것을 보시니 심히 좋았더라'입니다. 그러면 사람은 어떻게 된 거예요? 하나님이 사람을 만드시고 기뻐하셨습니까 안 하셨습니까? '모든 것'이라고 하셨으니까 포함은 돼요. 그런데 창세기1장26절을 보시기 바랍니다. '하나님이 가라사대 우리의 형상을 따라 우리의 모양대로 우리가 사람을 만들고 그로 바다의 고기와 공중의 새와 육축과 온 땅과 땅에 기는 모든 것을 다스리게 하자 하시고'입니다. 창세기 1장 27절은 '하나님이 자기형상 곧 하나님의 형상대로 사람을 창조 하시되 남자와 여자를 창조하시고'입니다.

처음에 하나님께서 1장 26절에서 말씀하실 때에는 '우리의 모양대로 우리의 형상을 따라 사람을 만들자'고 하셨거든요. 그런데 27절에서는 남자와 여자를 창조 하셨습니다. 31절은 '지으신 모든 것을 보시니 보시기에 심히 좋았더라'는 '창조'는 해당이 안됩니다. 혼돈되십니까? 그래서 '간절한 마음으로 듣고 그런가 하여 생각해 보셔야'돼요.

그러면 창세기6장을 보시기 바랍니다. 창세기 6장 5절입니다. '여호와께서 사람의 죄악이 세상에 관영함과 그 마음의 생각에 모든 계획이 항상 악할 뿐임을 보시고 땅위에 사람 지으셨음(**만드셨음**)을 한탄하사 마음에 근심하시고 가라사대 나의 창조한 사람을 지면에서 쓸어버리되'.

하나님께서 인간을 지으신 것(**만드신 것**)을 후회하셨어요. 후회하셨다니까요. 왜요? 밴 나쁜 짓만 골라서 해요. 마음의 생각이 밴 나쁜 짓만 하고 '계획이 항상 악 할 뿐임을 아시고'예요. 문제는 하나님께서 우리를 아신다고 하는 겁니다. 그래서 후회하셨어요. 하나님께서 후회하셨어요. 그래서 창조한 인간을 성경이 무어라고 했습니까? 지면에서 쓸어버리겠다고 하셨습니다. 언제 입니까? 언제 그런 일이 일어났습니까? 노아의 홍수 때에 그런 일이 일어났습니다.

'창조했다' '만드셨다' '지으셨다'는 말씀이 성경에 있어요. 그런데 하나님께서 '사람을 만드셨음'을 후회하셨습니다. 만드신 모든 것을 보시고 심히 좋아하셨지만 사람 때문에 문제가 생겼어요. 왜? 맨날 나쁜 짓 만해요. 그래서 죄가 꽉 차버렸어요. 온 세상에. 그래서 하나님께서 후회하고 근심하셨어요. 그래서 창조한 사람을 쓸어버릴 계획을 하셨어요. 어떻게 쓸어버리셨냐? 동의하든지 말든지 일단 성경에 그렇게 적혀 있으니까요. 저 지금 해석 안 했습니다. 있는 것만 그대로 문자 그대로만 집어낸 거예요. 해석 안 했습니다. 해석까지 했으면 큰일납니다. 있는 것만 그대로 집어낸 건데 지금까지 왜 못 본 겁니까? 이런 얘기 어디서 그동안 들어 보셨습니까? 왜 못 본 거지요? 창세기를 창조로만 알았거든요. 물은 물이고 산은 산이다 하듯이. 그 중처럼. 종교는 벌거벗은 임금님입니다. 물은 물이요 산은 산이다. 그게 뭐 어려워서 안 풀어주고 돌아 가셨답니다. 그걸 뭘 풀어줍니까?

하나님 말씀도 이사야를 통해 뭐라고 하셨어요? 자세히 읽어봐라. 그러면 다 짝이 있다고 되어 있어요. 성경은 성경으로 해석하는 길 외엔 없습니다. 다른 것하고 같이 들여다봐야 헛소리입니다. 그건 남들이나 하게 놔두고 성경 안에 무엇이라고 기록되어 있는가 자세히 읽어보는 게 첫 번째예요. 성경은 자세히 읽는 거예요.

저 이것 신학대학원에서 배운 것 아닙니다. 이것 제가 뭐 주석보고 배운 것 아닙니다. 그렇게 쓰여 있습니다. 지금까지 해석 안 했습니다.

자 이제 그러면 어떻게 쓸어 버리 실 것인가? 하나님이 어떤 분인지를 알 수 있는 말씀입니다.

창세기1장 6절입니다.

"하나님이 가라사대 물 가운데 궁창이 있어 물과 물로 나뉘게 하리라 하시고 하나님이 궁창을 만드사 궁창아래의 물과 궁창위의 물로 나뉘게 하시매 그대로 되니라."

땅은 불로 뒤집는 것 같은 것입니다. 음부입니다. 사람이 그 속으로 떨어지면 거기가 지옥입니다. 민수기에 나오죠. 음부가 딴 데 있는 것이 아닙니다. 예수님께서 아시고 '예비된 영영한 불에 들어가라' 이렇게 말씀하셨습니다. `예비된` 그것을 피하실 수 있어야 돼요.

하나님께서 궁창을 만드셨습니다. 궁장을 만드시고 궁창 위의 물과 궁창 아래의 물로 나누셨습니다. 궁창은 `하늘궁(穹) 푸를 창(蒼)`자입니다. 궁창은 '푸르게 비어 있는 하늘' 이런 말입니다. 중국말 성경에서는 '천공(天空)'이리고도 씁니다. 하늘에 뚫린 곳이라고 씼어요. 일본말 성경에서는 '대공(大空)'이라고 썼습니다. '크게 구멍이 뚫렸다'입니다. 궁창은 크게 뚫린 하늘입니다.

하나님께서 궁창을 만드시고 궁창 위의 물과 궁창 아래의 물로 나누셨습니다. 창세기 1장 9절 말씀은 '하나님이 가라사대 천하의 물이 한곳으로 모이고 뭍이 드러나라 하시매 그대로 되니라' 입니다. 하나님이 궁창을 하늘이라고 부르셨습니다. `하늘` 이라고 할 때에는 복수로 쓰입니다.

히브리말에서 대부분의 경우에는 '하늘들'입니다. '하늘'이라고 칭할 때와' '하늘들'이라고 칭할 때에는 약간의 차이가 있습니다. 어찌됐든 하나님께서 궁창을 보시고 이것을 '하늘'이라고 부르셨습니다.

그런데 그 하늘 아래 있는 물이 땅으로 다 쏟아져 내렸습니다. 그리고 드러난 곳을 땅이라 부르셨고 모인 물은 바다라고 부르셨습니다. 그런데 왜 그 둘째 날은 하나님이 기뻐하지 않으셨을까요? '보시기에 좋았더라'가 없잖아요. 왜 그러냐? 왜 둘째 날은 '하나님이 보시기에 좋았더라'가 없는가? 다른 날은 다 '보시기에 좋았더라'가 있다가 더군다나 두 번씩 말씀하신 날도 있는데 왜 그날만 빠졌을까?

요한계시록21장 1절을 보시기바랍니다.

'또 내가 새 하늘과 새 땅을 보니 처음 하늘과 처음 땅이 없어졌고 바다도 다시 있지 않더라.

13절입니다.

"바다가 그 가운데서 죽은 자들을 내어주고 또 사망과 음부도 그 가운데서 죽은 자 들을 내어주매"

무슨 말씀이냐 하면요. 일단은 셋째 날에 물이 모여서 바다가 되고 뭍이 드러났지만 이 궁창을 만들고 물을 나누셨을 때에 벌써 물은 뭔가 문제가 있는 거예요. 이 셋째 날에 궁창 아래의 물이 다 밑으로 쏟아지고 모인 물을 바다라 칭하시고 드러난 뭍을 땅이라고 부르셨는데 이 바다에 뭐가 있냐 하면 죽은 자들이 들어가 있습니다. 그래서 하나님께서 심판하실 때 바다가 죽은 자들을 하나님의 심판 앞에 내어주죠.

예수께서 군대 귀신이 들린 사람을 만나셨습니다. 거사라 지방에 가셨을 때 귀신들이 먼저 알아봤어요. '하나님의 아들이시어 우리를 때가 이르기 전에 멸하러 오셨나이까?' 하면서 소리를 지릅니다. 귀신이 하나님의 아들을 먼저 알아봤어요. 예수님이 하나님의 아들이신 것을 베드로가 고백한 것은 마태복음16장입니다. 그러나 마태복음4장에서 벌써 귀신이 먼저 알아봤어요. 이것이 아주 복잡한 문제입니다. 그래서 풀려야 돼요. 귀신도 하나님의 아들로 믿었잖아요? 예수님을 귀신이 먼저 알아봤습니다. 그런데 우리를 나가라고 하지 말라고, 우리를 저 돼지에게 들어가게 해달라고 했어요. 예수께서 그러라고 하셨거든요. 돼지 떼에게 들어가라고 그러셨거든요. 예수님이 허락하셨어요. 그랬더니 돼지 떼에게 들어가니까 돼지 떼가 산에서 내리 달려서 바다로 빠졌습니다. 물이 아닙니다. 바다입니다. 몇 마리 가요? 이천 마리. 그럼 그 사람 속에 귀신 몇 마리가 있었습니까?

욥기 26장 절 6절 말씀은

"음령들이 큰 물과 수족 밑에서 떠나니 하나님 앞에는 음부도 드러나며 멸망의 웅덩이도 가리움이 없음이니라. 하나님 앞에서는 음부도 드러나며 멸망의 웅덩이도 가리움이 없음이니라'

물 밑에서 음령들이 떨고 있어요. 왜 떨어요? 심판 때에 바다가 죽은 자들을 심판자 앞에 던져주거든요. 바다는 음령이 있는 곳입니다.

하나님께서 궁창을 만드시고 궁창 아래의 물과 궁창 위의 물로 나누셨습니다. 그래서 둘째 날은 '보시기에 좋았더라'가 없는 거에요. 물에 대해서 '보시기에 좋았더라'가 없어요. 이제 깊이 생각할 수 있는 부분은 '물과 성령으로 거듭나야한다'는 말을 잘 생각하셔야 합니다. '물과 성령으로 거듭나야 한다'는 요한복음 3장 말씀을 잘 생각하셔야 돼요.

셋째 날에 천하의 물 하늘아래의 물이 다 쏟아져 내려왔어요. 그럼 그 위에는 어떻게 되어있어요? 궁창 위의 물은 어디 있어요? 아직 그냥 있어요.

창세기7장 11절과 12절입니다.

"노아 육백세 되던 해 이월 곧 그달 십칠일이라 그 날에 큰 깊음의 샘들이 터지며 하늘의 창들이 열려 사십 주야를 비가 땅에 쏟아졌더라."

깊음이 뭐라고 했습니까? 많은 물이라고 했습니다. 그 샘이 터졌습니다. 그리고 하늘의 창이 열렸다고 그랬잖습니까? 궁창을 하나님이 뭐라고 불렀다고 되어있습니까? 하늘. 그런데 그 창이 열렸습니다. 쉽게 이야기해서. 팽팽하게 물을 그냥 담고 있다가 터지니까 물이 쏟아졌다 그 말입니다. 그러니까 그때 그나마 이 밑에는 바다도 조금 있고 뭍도 조금 있었는데 그 궁창 위에 있던 깊음의 샘이 터져버렸어요. 깊음이 많은 물인데 샘이 터졌습니다. 하늘의 창이 열리니까 쏟아져 내렸습니다. 사십일 낮밤을 쏟아져 내렸습니다. 얼마나 많았던지 지구를 전부 덮었습니다. 높은 산봉우리까지 모두 덮였습니다. 그렇게 되니까 어떻게 되었습니까? 살아있던 숨 쉬는 건 다 죽었어요. 방주에 들어간 사람만 빼고. 방주에 몇 사람 들어갔습니까? 여덟 사람 들어갔습니다.

베드로전서3장 18절18절부터 21절까지의 말씀입니다. 381페이지입니다.

"그리스도께서도 한번 죄를 위하여 죽으사 의인으로서 불의한 자를 대신하셨으니 이는 우리를 하나님 앞으로 인도하려 하심이라. 육체로는 죽임을 당하시고 영으로는 살리심을 받으셨으니 저가 또한 영으로 옥에 있는 영들에게 전파하시니라. 그들은 전에 노아의 날 방주 예비할 동안 하나님이 오래 참고 기다리실 때에 순종치 아니하던 자들이라 방주에서 물로 말미암아 구원을 얻은 자가 몇 명뿐이니 겨우 여덟 명이라. 물은 예수 그리스도의 부활하심으로 말미암아 이제 너희를 구원하는 표니 곧 세례라 육체의 더러운 것을 제하여 버림이 아니요. 오직 선한 양심이 하나님을 향하여 찾아가는 것이라."

깊음의 샘이 터지고 하늘의 창이 열려서 물이 사십일 낮 밤을 쏟아져 내리니까 물이 산봉우리까지 덮었습니다. 큰 홍수가 난거죠. 예를 들어, 여기 실내를 물로 꽉 채우면 어떻게 됩니까? 여기 있는 사람은 모두 다 어떻게 됩니까? 물은 그런 거예요. 여기가 물로 꽉 차는 날은 머리가 천장에 닿아도 물이 아직도 있습니다. 그래서 숨을 쉴 수가 없습니다. 숨을 못 쉬어요. 하나님이 호흡을 걷어 가시는 방법으로 물을 택하시는 거예요. 그러나 그 중에 여덟 사람은 살아남았어요. 그러니까 죽으나 사나 그 여덟 명 속에 들어가는 수밖에 없어요.

이것이 배 '주(舟)'자입니다. 그 옛날에 유행가에 일엽편주 두둥실 있죠. 일엽이 뭐냐 하면 나뭇잎 하나처럼 조그마한 배 이런 말입니다. 일엽편주인데 이게 조그마한 배를 이야기할 때에는 배 '주'자입니다. 이것은 배 '선(船)' 자입니다. '선박' 하면 큰 배이죠. 큰 배에 여덟 식구가 탔다 이 말입니다. '배 주'자 옆에 여덟 '팔(八)' 자 입 '구(口)' 자. 그러니까 그 방주에 여덟 식구가 타고 가니까 큰 배인 거에요. 이건 말씀 '언(言)' 자 옆에 여덟 '팔(八)'자 입 '구(口)' 자 여덟 식구가 말씀 옆에 있으니 웃을 연(訟)자입입니다. 모든 사람이 물에 죽었는데 여덟 식구는 말씀과 함께 유유히 그 물 위에 살아서 떠 있거든요. 얼마나 기뻐요. 그래서 웃을 '연' 자입니다.

하나님께서 동산 중앙에 나무 둘을 세워놓으셨어요. 선악을 알게 하는 나무와 생명나무 둘을 세워 놓으시고 '동산에 있는 모든 나무의 실과는 임으로 먹되 동산 중앙에 있는 선악을 알게 하는 나무의 실과는 먹지 말라 먹는 날에는 네가 정녕 죽으리라' 말씀하셨습니다. '나무 목(木)' 자 둘(林) 그리고 밑에 '보일 시(示)' 자를 쓰면 '금할 금(禁)'자입니다. 금했다 이 말입니다. 그런데 여자가 그 두 나무를 보고 탐을 냈습니다. '나무 목' 자(木)' 두개(林) 밑에 '계집 녀(女)'를 쓰면 '탐람할 람(婪)'자입니다. 탐 냈거든요. 보암직도 하고 먹음직도 하고 지혜롭게 할 만큼 탐스러운지라. 양 '양(羊)' 자 밑에 나 '아(我)' 자입니다. 양 밑에 누가 있어요? 내가 있죠. 그래서 의로운 거예요. 의로울 '의(義)'자입니다. 양이 누구지요? 예수님 이십니다. 예수님 밑에 내가 있으면 나는 의로운 거예요. 그런데 나는 누구지요? 나는 이것 '손 수(手)'변입니다. '물 수(水)'자를 이렇게도 쓰지만 옆으로 갈 때에는 물 수 변이 되잖아요. 이것은 창 '과(戈) 자입니다. 내가 무엇을 들고 있습니까? 칼, 창 '과 자이니까요. 조그마한 칼. 무엇을 할려구요? 무엇을 찔러 죽인 거예요? 양을 찔러 죽인 거예요. 내가요. 내 죄 때문에 예수님을 내가 죽인 거예요. 그런데도 하나님은 나를 의롭다고 해준 거예요. 그러니까 물이 넘쳐서 다 죽는 사람들이 있는가 하면 그 중에 여덟 식구는 기뻐할 수 있어요. 방주에 들어 가면 삽니다.

방주에 못 들어 가면 큰 일 납니다. 물이 무엇 입니까? 죽은 자들이 음령들이 수족 밑에 떤다고 되어있지 않습니까?

하나님의 심판대 앞에 바다가 죽은 자들을 내어준다고 되어있지 않습니까? 그래서 곧 오십니다. 예수님 곧 오십니다. 잠시 잠깐후면 오십니다. 어느 정도냐 하면요? 어느 정도 잠시 잠깐이냐 하면 23시59분59초입니다. 미국 사람이 그런 것을 썼어요. 24시가 되면 나팔소리와 함께 예수님이 오시는데 지금은 어느 때냐면 23시59분59초. 그 예수님이 오실 때 과연 나는 의로운 자로 의롭다 함을 받는 칭찬받는 종인가? 아니면 모두들 가는 물속에 있는가? 얼마나 많은 사람들인지는 모르지만 어떤 사람은 노아의 홍수 때 인구가 이백 오십만 명이라고 합니다. 생각을 해보세요. 이백 오십만 명이 물귀신 되는데 여덟 명 밖에 살아나지 않았어요. 하늘나라는 그렇게 좁은 거예요. 그래서 좁은 문으로 좁고 협착한 그 길을 가는 거예요. 그런데 많은 사람들은 지금 멸망으로 인도하는 문은 길이 넓어 다 그리로 가고 있어요. 예배당 밖의 사람만 그런 건 아닙니다. 예배당 안에서도 그래요. 그래서 그런가하여 날마다 성경을 상고해야 합니다. 자기 문제이지 누가 해주는 것 아니잖아요. 좁은 문으로 들어가 보니 그곳에 생명이 있더라. 그 말 이예요. 그런데 그곳은 여덟 명 만 있어요. 뭐냐? 그 물이 아무리 넘친다 하더라도 방주 안에만 들어가 있으면 끄떡없는 거예요.

그렇게 되고 모든 홍수가 다 지나고 보니 창세기8장 22절입니다. '땅이 있을 동안에는 심음과 걷음과 추위와 더위와 여름과 겨울과 낮과 밤이 쉬지 아니하리라'. 전에는 농사를 지을 수가 없었어요. 그 전에는 심을 수도 없었고 걷을 수도 없었어요. 그런데 그 일이 있고 나니까 지금 우리가 가지고 있는 봄, 여름, 가을, 겨울, 춥고 더운 것도 생기고, 심고, 걷을 수 있는 것도 그때부터 생긴 거예요. 열매를 맺을 수 있게 된 거예요.

하나님께서 만드신 모든 것을 보고 심히 기뻐하셨으나 창조하신 모든 것을 기뻐하지는 않으셨거든요. 그런데 창조한 것은 첫째 날에 하늘과 땅을 창조하시고 다섯째 날에 창조하셨어요. 바다 물 속에 큰 물고기와 그 안에 생물들을 창조하셨죠. 큰 물고기가 마귀입니다. 하나님이 창조하신 큰 물고기가 있어요. 왜 그러냐 하면요. 이 큰 물고기라고 하는 것을 '괴물' 이라고도 번역합니다. 어떤 성경에는 큰 물고기라고도 번역하지만 욥기38장에 보면 악어가 있는데 불을 뿜는 악어입니다. 물 속에 있잖아요? 물 속에 음령들이 수족 밑에서 떤다고 되어있지 않습니까? 그리고 요나를 그 바닷물에 던졌을 때에 큰 물고기 뱃속으로 들어 갔다고 되어 있거든요. 더군다나 예수님께서 뭐라고 말씀하셨냐 하면 '요나가 물고기 뱃속에 삼일 밤낮을 있었던 것과 같이 인자도 이와 같이 삼일 밤낮을 땅속에 있으리라' 이렇게 말씀하셨거든요. 그래서 그 바다 속에 있는 그 생물들은 노아의 홍수 때에 영향을 안 받지요. 아니 물이 물에서 노는데 무슨 영향이 있겠어요? 물고기들, 큰 고래, 큰 물고기라고 하는 것은 끄떡없어요. 물고기들 죽었다는 말은 성경에 없어요. 땅에 기식하는, 하늘에 나는, 호흡하는 것은 다 죽었다고 되어있지만 물고기는 끄떡없어요. 그런데 그것을 하나님께서 창조하셨거든요. '창조'라는 단어가 여러분이 알고 있던 창조라는 단어보다 다릅니다. 마귀도 창조하셨습니다.

그러면 하나님께서는 인간에게 무엇을 원하시는가? 창세기6장에서 '사람을 지으셨음을 후회하시고 근심하시고 창조한 사람들과 모든 짐승들과 코로 호흡하며 기식하는 것들을 다 쓸어버릴' 계획을 세우셨거든요. 그럼 무엇을 원하시는 거예요? 우리가 지금 나눈 말씀으로 알 수 있는 것은 그 물이 넘쳐올 때 방주 안에 들어 가서 여덟 식구만 살아 남고 모두 죽은 것처럼 예수께서 다시 오실 때는 불로 이 세상을 쓸어버리십시다. 그 때 살아남을 사람은 없어요. 그런데 살아남을 길은 하나 있어요. 불로 쓸어 버리 실 때는 이 세상 모두 쓸어 버리 십니다. 지금 세계 각국에서 원자폭탄 때문에 난리예요. 저것 다 터지는 날에는 박살 나고도 남아요. 하나만 잘못 터져도 큰 일이예요.

갈라디아서6:15입니다.

"할례나 무 할례가 아무것도 아니로되 오직 새로 지으심을 받은 자 뿐이니라"

정확한 번역은 '새로 창조함을 받은 자 뿐이니라' 입니다. '새로운 피조물뿐이니라' 이렇게 번역된 한국어 성경도 최근에 나왔습니다. 그 옆에 영어로 보시면 A new creation입니다.

그 다음에 고린도후서5장 17절입니다. 291페이지입니다.
"그런즉 누구든지 그리스도 안에 있으면 새로운 피조물이라 이전 것은 지나갔으니 보라 새것이 되었도다"

여기 '새로운 피조물(New Creature)이라'는 말씀도 '새로운 창조물(New Creation)'이라는 말씀입니다.

그러니까 하나님은 창세기1장1절부터 2장 3절까지를 보이시면서 무엇을 계시 하셨냐면요 '인생 들이여, 이것은 아니다'. '할례나 무할례가 아무것도 아니로되 오직 새로 지으심을 받은 자 뿐이니라'. 정확한 번역은 '새로 창조함을 받은 자뿐이니라' 입니다. 새로운 피조물이 되기를 간절히 바라셨습니다.

자, 사람을 먼지로 지으셨습니다. 그렇지요? 더구나 어제도 말씀드렸지만 오래 살았다는 이야기는 슬픈 일을 더 많이 봤다는 이야기입니다. 더군다나 우리의 수한이 칠십이요. 강건하면 팔십입니다. 기껏 살아봐야 칠십 아니면 팔십까지 살아요. '우리 인생이 날아가나이다. 신속히 날아가나이다. 그러나 수고와 슬픔 뿐이라'고 모세가 고백했습니다. 인생은 그런 거예요. 그런 인생을 사는 것을 하나님이 계획하셨다면 왜 인간에게 특별히 생기를 불어 넣으셨겠어요? 짐승과는 다릅니다. 짐승도 흙에서 왔어요. 사람도 흙에서 왔습니다. 그러나 인간에게는 무엇을 불어넣으셨느냐 하면 생기를 불어넣으셨어요. 왜 그러냐 하면 영원한 것을 찾으라. 사람의 육신 그냥 푹 쓰러지면 끝나잖아요. 언제 쓰러질지 모르고 쓰러지잖아요. 건강하다고 자랑할 게 없어요. 자기는 불행을 안 당할 것처럼 이야기해도 소용없어요. 아무도 자신할 수 없어요. 가보니까 사람이 없어요. 없는 거예요.

요즘 많은 유학생들이 미주지역에 오는데 한 유학생이 국비로 왔어요. 국비 장학금이기 때문에 등록금만 주는 것이 아니라 박사과정을 하는데 생활비까지 줍니다. 잘 살며 공부할 수 있어요. 미국에서 아파트 얻고 다 쓰고도, 실컷 쓸 수 있을 만큼 돈을 받는 아주 뛰어난 장학생인데 어떤 아주머니가 전도했어요. 그랬더니 하나님 있느냐? 있다고 그랬더니 보여 달라는 거예요. 세 시간을 싸우다가 아주머니가 돌아왔어요. 그 사람 미국에서 유학 마치고 박사학위 받으면 이미 고위직에 가도록 돼있는 사람이예요. 그 머리 좋은 사람한테 중년 아줌마가 되겠어요? 그냥 한 세 시간을 하나님을 보여 달라 말장난을 하다 헤어졌어요. 그리고 무슨 약속을 했냐 하면 다음 주 화요일 날 가기로 약속을 했어요. 가 보았더니 어제, 즉 월요일 날 교통사고로 죽었어요. 그게 그 유학생 만의 이야기라고 단정하십니까?

인생은 어느 날인가 딱 하나님께서 숨만 거두시면 끝나는 거예요. 호흡만 걷어 가시면. 그런데 그 다음에 갈 데가 문제예요. 어디를 가느냐가 문제예요.

과연 '내가 흙으로 지으심을 받은 육체를 따라 사는 인생인가' 생각해 봐야 합니다. 그래서 골로새서에서 '땅에 속한 육체를 버리라' 이 말씀이거든요. '나는 땅에 속한 죽을 육체냐' 아니면 '나는 새로 창조함을 받았느냐' 이 말입니다. 그래서 예수께서 '물과 성령으로 거듭나지 아니하면 하나님의 나라를 볼 수도 없고 갈 수도 없다'고 하셨습니다.

그 물이 이 물입니다. 딴 물 아닙니다. 이 물은 쓸어버리는 물이예요.

만약에 이 문제가 해결이 안 되면 불바다가 옵니다. 그 날 '불속에서 영원히 이를 갈며 슬피 울리라'예요. 그게 눈 앞에 남아 있어요. 저는 그 것 피했어요. 확실히 피했어요. 그래서 예수님 오시기만 기다리는 사람이예요.

어떻게 피할 것이냐? 여기 있는 말씀대로라면 내가 새로운 창조물이 되는 길입니다. 그 새로운 창조물이 되면 됩니다. 땅이 있었는데 공허하고 혼돈했죠. 흑암은 깊음 위에 있었습니다. 그리고 하나님의 신은 수면 위에 운행했어요. 그런데 하나님께서 이 물을 가지고는 기뻐하지 않으셨어요. 그런데 하나님께서 일을 하시기 시작하셨어요. 어떤 일을 하셨냐 하면 궁창 아래의 물을 다 쏟아지게 하셨어요. 궁창 위의 물이 그대로 남아 있었어요. 남아 있던 궁창 위의 물이 노아의 홍수 때 쏟아 내렸는데 숨 쉬는 모든 것은 죽고 여덟 명은 살아났어요. 살아서 어디로 올라 갔습니까? 그들이 타고 있던 방주가 물 위로 올라갔죠. 가보니까 뭐가 있어요? 빛을 받을 수 있죠. 무슨 말인지 아세요? '빛이 있으라 하시매 빛이 있었고 하나님이 보시기에 좋았더라' 하셨는데 이 빛이 이 땅에 비칠 수가 없었습니다. 무엇 때문에요? 이 흑암 때문에. 그래서 노아의 홍수 때에 물이 쏟아졌지만 방주 안에 있는 여덟 사람에게는 물이 내려오면 올수록 더 좋습니다. 왜? 점점 방주가 물위로 떠오르니까요. 그래서 물이 다 쏟아지고 나서 방주가 물 위로 올라갔어요. 물은 아래에 있고 방주에는 빛이 그대로 비치죠. 이 빛이 예수님 이십니다. 그래서 '빛이 세상에 왔으되'입니다.

이 첫째 날의 빛은 빛의 근원입니다. 넷째 날의 빛은 반사체입니다. 이 빛의 근원이 이 세상에 오신 거예요. 그런데 사람들이 영접치 않아요. 생각해보세요. 이 흑암의 권세를 깨치기 위해서 오셨는데 사람들이 눈이 멀어서 그 예수님을 바라보지 못해요. 찾지를 않아요. 왜? 노아의 홍수 때에 장가가고 시집가는 것에 바빴어요. 먹고 사는 게 바빠서. 그 빛이 흑암에 비치고 있는데도, 하나님의 신이 수면에, 암탉이 새끼를 모으듯이 날개를 치고, 이 흑암의 권세를 깨치기 위해서 부르고 계신데 '너희가 응답치 아니하였도다'. 그래서 이 물 속에 죽은 사람들을 보고 순종치 아니하던 자들이라. 아까 읽은 베드로전서3장 말씀이예요. 순종치를 않았어요.

노아가 다른 사람하고 다른 것은 단 한가지입니다. 보세요. 창세기 6장 8절입니다. '그러나 노아는 여호와께 은혜를 입었더라'. 이 말씀, 요즘 새로 나온 킹제임스 한글성경에 '노아는 여호와의 눈에서 은혜를 찾았더라'입니다. 하나님께서 은혜의 눈으로 바라보고 계십니다. 하나님 눈에 은혜가 있어요. 그런데 노아가 그 하나님의 눈에서 은혜를 발견한 거예요. 안 쳐다보고는 찾을 수가 없죠. 무슨 이야기인지 아시겠어요? 이해되세요? 이제는 할 일이 뭐시요?

두드리라, 찾으라, 구하라. 생선을 달라 하면 전갈을 줄 사람이 어디 있어요? 그런데 하물며 하늘에 계신 너희 천부께서 성령을 주시지 않겠느냐? 주시겠다는 말씀이예요. 그런데 사람들이 안 찾아요. 왜요? 제가 아까 두 가지 말씀드렸잖아요. 바빠요. 무엇 때문 에요? 먹고 살려고. 먹고 사는 것이 바빠서 15분도 시간 못 내고 1시간도 시간 못 내서 되시겠습니까? 자기에게 충실한 사람. 내 문제인 사람. '내가 세상 모든 게 다 없어져도 이것 하나만큼은 하나님께 받기를 원합니다'하고 간절한 마음으로 받고 날마다 상고하는 중에 믿는 자가 많더라. 그것을 하나님이 신사적이라고 그러는 거예요. 그런데 안 찾아요. 부흥회 사경회 때는 그렇게 할 것 같아요. 그런데 어제 저녁에 안 했잖아요. 그게 인간입니다.

그래서 지옥이 그렇게 만원입니다. 욥기에 있는 대로면. 음부는 얼마든지 받아들일 수 있어요. 음부는 인원 제한이 없어요.

잠언30장 15절과 16절을 읽겠습니다.

“거머리에게는 두 딸이 있어 다고 다고 하느니라. 족한 줄을 알지 못하여 족하다 하지 아니 하는 것 서넛이 있나니 곧 음부와 아이 배지 못하는 태와 물로 채울 수 없는 땅과 족하다 하지 아니하는 불이니라”

참 묘하게 써 놓으셨어요. 음부. 아이 배지 못하는 태. 예수께서 마태복음24장에서 아이 가진 자와 젖먹이는 자에게 화 있을찐저 그러셨잖아요? 이게 아이들 키우는 그런 이야기 아닙니다. 맨 날 마음에는 있어요. 찜찜해요. 이게 확 해결됐으면 좋겠는데 오늘까지 왔어요. 그리고 해결 안 되었어요. 그러니까 안 돼요. 이게 뭐가 탁 들어와야 되거든요. 그래서 예수님 고맙습니다 이렇게 되어야 하는데 맨 날 뒤에 뭐가 걸려있어요. 찜찜한데 그냥 지금까지 온 거예요. 음부, 아이 배지 못한 태, 물로 채울 수 없는 땅. 표현이 묘하죠. 불도 부족한 것이 없어요. 음부의 불이 확 쓸어가요. 얼마든지 쓸어갈 수 있어요. 음부는 족한 법이 없어요. 그래서 예수께서 눈물을 흘리신 거예요. 다 아시니까. 그분이 하나님의 말씀이시니까. 다 아시니까 눈물을 흘리신 거예요. 예루살렘을 향해서. 나중에는 가겠지? 그러나 하나님께서 그 마음을 보십니다. ‘인간은 외모를 취하거니와 나 여호와는 중심을 보느니라'. 하나님이 벌써 계획을 세우신 거예요. 둘째 날 물과 물을 나누실 때 갈라 놓으실 때 계획 세우셨잖아요. 싹 쓸어버리시는데 왜 쓸어버리시느냐? 시집 가고 장가 가고 먹고 마시는 것 밖에는 머릿속에 없어서 그렇습니다.

하나님의 말씀이 생명입니다. 아 근데 그것을 안 찾아보고 어떻게 하겠다는 겁니까? 도둑도 상 도둑이지. 그렇지 않습니까? 그 말씀 안에 해답이 있지 않습니까? 그 안에 길이 있잖아요. 그래서 '그 말씀을 날마다 상고하는 중에, 믿는 자가 많더라'인데. 듣기는 들었습니다. 그리고 자기가 상고하는 게 없으면 안 맞잖아요. 이게 빠지니까 안 되는 거예요. 그러니까 맨 날 신앙이 절름발이지요. 그러고 결국은 어디로 가요? 이것 진짜 가는 것 알면 잠 못 자요. 제가 잠자다가 가위 눌려 가지고 그냥 비명소리 지르면서 일어나기를 몇 달을 했어요. 내가 왜 이렇게 살았을까? 하나님을 모르고 살았구나. 이게 술 먹은 잘못 정도의 문제가 아닙니다. 내가 하나님을 모르고 살았구나.

여러분 하나님을 아십니까? 하나님의 눈에 있는 은혜를 찾으셨습니까? 성경은 그 이야기에요. 왜? 요한계시록22장21절, 마지막 절에 '주 예수 그리스도의 은혜가 너희 모두와 함께 있을지어다'. 성경이 그렇게 끝납니다. 과연 '여호와의 눈에 있는 은혜를 찾으셨냐' 이 말 이예요. 아니면 아직도 찾고 계십니까? 준비되지 못했으면 큰 나팔 불면 끝나는 겁니다.

그 빛은 하나님이 만들어 놓으시고 보시기에 좋았어요. 그리고 그 물을 걷어 내시면서 여덟 명을 살려 올리시는 거예요. 그러나 나머지 사람들에게는 저주예요. 똑같은 일인데, 똑같은 사건인데, 어떤 사람들에게는 저주이고 어떤 사람에게는 축복입니다. 어디로 가실 거예요? 지금 무엇을 원하십니까? 예수님과 함께 있는 기뻐하는 여덟 식구 중에 들어가기를 원하십니까? 아니면 시집가고 장가가고 먹고 사는 일에 바빠서 맨 날 마음에 두고 만 살다가 영원한 후회를 하실 겁니까? 때는 오늘입니다. 때는 이 때입니다. 무릎을 꿇고 찾아야 됩니다. 이것 못 찾으면 큰일 납니다.

하나님은 그 새로운 피조물, '할례나 무할례나 아무것도 아니로되 오직 새로 지으심을, 새로 창조하심을 받은 자' 뿐인, 물이 걷히고 방주 안에 들어가 있는 은혜를 받은 그 사람을 하나님께서 원하시는 거예요. 그 창조까지 가야 심음과 걷음이 있는 거예요. 그냥 흙으로 지으심은 받은 사람들은 먹고 살기에만 바빠요. 왜? 육체는 그것을 원하거든요.

이제, 어찌됐든 하나님께서 계획하시고 허락하신 집회 절반이 넘어갔어요. 네 번 중에 두 번이 넘어갔으니까. 만약 우리가 내일 또 만날 수 있다면 앞으로 두 번 남아있어요. 절반 남은 거예요. 그러나 가르치는 자가 아무리 외친다 할지라도 자기가 찾지 아니하고 자기가 두드리지 아니한다면 이것은 새가 와서 먹어갑니다. 그 새는 마귀니라 말씀하셨어요. 자기 마음속에 떨어지지 아니하고 마귀가 먹어갑니다. 왜? 구원받지 못하게 하려고. 누가복음8장에 그렇게 기록되어 있어요.

여러분 지금 급하게 생각하시는 세상 살이는 조금 미뤄도 돼요. 여러분 그러잖아요? 솔직 하게 이야기합시다. 하루에 한 시간 못 내세요? 하루에 한시간. 그 시간 못 낸다고 그러면 거짓말 이예요. 저도 바쁜 사람이예요. 저도 새벽 다섯 시에 일어나서 밤 늦게까지 이리 뛰고 저리 뛰어야 하는 사람 이예요. 그런데 왜 제 마음속에는 누구도 빼앗아갈 수 없는 그 은혜가 왕 노릇하고 있습니까? 아버지께서 주시는 선물, 그것을 하나님께서는 주시기를 길 원하세요. 그것을 하나님은 암탉이 새끼를 모으듯이 부르고 계시고, 그 물들을 다 걷어내시고, 그 흑암을 다 걷어내시고 그 빛으로 여러분을 맞이하기를 원하십니다. 때는 이 때입니다. 미룰 수 없습니다.

찬송가 488장 찬송 하시겠습니다. 이 내용을 잘 생각해보세요. 찬송을 감정으로 부르면 안돼요. 물론 박자가 있고 곡조가 있습니다만, 과연 이 찬란한 빛이 내 안에 있는가? 아니면 이 빛을 내게 비춰 주길 간절히 원하는 그 3절에 있는 '주의 영광 빛난 그 빛, 내게 비춰 주시옵소서'를 간절히 원하는가? 그것을 잘 생각하시면서 찬송을 부르시기 바랍니다.

내 영혼에 햇빛 비치니 주 영광 찬란해
이 세상 어떤 빛보다 이 빛 더 빛나네.
주의 영광 빛난 그 빛 내게 비춰 주시옵소서
그 밝은 얼굴 뵈올 때 나의 영혼 기쁘다

내 영혼에 노래 있으니 주 찬양합니다
주 귀를 기울이시사 다 듣고 계시네
주의 영광 빛난 그 빛 내게 비춰 주시옵소서
그 밝은 얼굴 뵈올 때 나의 영혼 기쁘다

내 영혼에 봄날 되어서 주 함께 하실 때
그 평화 내게 깃들고 주 은혜 꽃피네
주의 영광 빛난 그 빛 내게 비춰 주시옵소서
그 밝은 얼굴 뵈올 때 나의 영혼 기쁘다

내 영혼에 희락이 있고 큰 소망 넘치네
주 예수 복을 주시고 또 내려주시네
주의 영광 빛난 그 빛 내게 비춰 주시옵소서
그 밝은 얼굴 뵈올 때 나의 영혼 기쁘다

기도하시겠습니다. 하늘에 계신 우리 아버지, 아버지 눈에는 은혜가 있사오나 사람들은 아버지를 등지고 세상에 팔려서 잠시 잠깐 후면 다시 오실 영원한 빛 되시는 예수님을 등지고 있습니다. 먹고사는 일이 너무 바빠서 시집가고 장가가는 일에 팔려서 순종치 않는 자들이 되고 말았습니다. 아버지께서 저들의 마음의 생각이 항상 악할 뿐임을 보시고 쓸어버릴 계획을 가지셨다는 슬픈 소식입니다. 하늘에 계신 우리아버지, 아버지께서 주시기를 원하시는 그 성령이 지금도 저들을 부르고 있사오니 하늘에 계신 우리 아버지여, 저들이 고개를 돌려 가던 길에서 돌이켜서 하늘에 계신 우리 아버지께 무릎을 꿇게 하시고, 주시기로 약속하신 성령을 받도록, 아버지의 눈에서 은혜를 찾도록 저들의 분주한 마음을 바꿔 주시옵소서. 참으로 족한 줄로 여기지 아니하는 음부가, 족한 줄로 여기지 않는 불이 입을 벌리고 삼킬 자를 찾아다니고 있으나 하늘에 계신 우리 아버지시여 저들로 피할 길을 내게 하시옵소서. 참으로 애통하는 심정으로 아버지께 간구 하옵나니 예배당에 마당만 밟는 자가 되지 않게 하시고 오늘 이 문제가 나의 가장 중요한 문제가 되게 하시며 진리 되시는 예수님께서 저들을 자유케 하도록 저들이 부르짖도록 도와 주시옵소서.

예수님의 이름으로 기도 드리옵나이다. 아멘

진광교회 사경회 - 셋째 날

창세기 1장 14절부터 19절까지의 말씀입니다.

"하나님이 가라사대 하늘의 궁창에 광명이 있어 주야를 나뉘게 하라 또 그 광명으로 하여 징조와 사시와 일자와 연한이 이루라 또 그 광명이 하늘의 궁창에 있어 땅에 비춰라 하시고 (그대로 되니라) 하나님이 두 큰 광명을 만드사 큰 광명으로 낮을 주관하게 하시고 작은 광명으로 밤을 주관하게 하시며 또 별들을 만드시고 하나님이 그것들을 하늘의 궁창에 두어 땅에 비취게 하시며 주야를 주관하게 하시며 빛과 어두움을 나뉘게 하시니라 하나님의 보시기에 좋았더라 저녁이 되며 아침이 되니 이는 넷째 날이니라"

14절에 '일자와 연한을 이루라'고 말씀하셨습니다. 이렇게 되면 이제 질문이 생깁니다. 첫째 날에 이미 '저녁이 되며 아침이 되니 첫째 날이니라'라고 말씀하셨기 때문입니다. 그러면 첫째 날부터 셋째 날까지는 넷째 날과 어떻게 다르며 다섯째부터 일곱째 날과는 어떤 관계에 있으며 우리가 어떻게 이해를 해야 할 것인가 하는 질문이 되어 지는 것입니다

여러분께 성경을 자세히 봐라 여호와의 말씀을 자세히 읽어 보아라 말씀드렸습니다. 그렇게 자세히 읽어 보면 '저녁이 되며 아침이 되니 첫째 날이니라' 하나님께서 그렇게 말씀하셨습니다. 그런데 그것을 첫째 날이라고 부르셨습니다. 순서를 나타내는 첫 번째 날이라고 하셨습니다. 그리고 '저녁이 되며'가 먼저입니다.

유대인들의 날은 해가 지는 저녁에 하루가 시작됩니다. 저녁은 밤과는 차이가 있습니다. 저녁은 해 지고 나서 어느 시간입니다 그래서 일반적으로 저녁이라는 시간은 해가 지고 나서 잠자리에 드는 정도의 시간을 저녁이라고 합니다. '첫째 날이니라'를 밤 12시간 낮 12시간으로 생각 할 수 있겠느냐 하는 질문입니다 저녁이 되었나고 하셨지 밤이 되었다고 하지 않으셨거든요. 밤이라고 한다면 해가 질 때부터 해가 뜰 때까지 12시간 정도입니다. 그런데 히브리어에서 저녁이라는 단어를 밤으로도 번역할 수 있습니다. 그러니까 일단 '저녁이 되며'하는 부분은 이해할 수 있습니다. 그런데 문제는 '아침이 되니 첫째 날이니라'입니다. '아침'이라고 하는 히브리어는 '땅을 깨고 파낸다.'라고 하는 어근에서 시작된 말인데 동이 트면서 햇살이 비추니까 '어두움을 파헤친다'는 의미입니다. 그러니까 '아침이 되니' 하는 것은 이리 보나 저리 보나 아침입니다. 그러면 하루라고 하는 것이 12시간 되는 밤이 있어야 하고 12시간되는 낮이 있어야 하는데 성경은 '저녁이 되며 아침이 되니 첫째 날'이라고 말씀하십니다. '낮'

이라고 말씀하지 않으셨습니다. 하루가 24시간으로 생각하고 있는 우리의 관념을 초월하는 하나님의 뜻이 이 속에 숨어 있습니다. 일단. 저녁이 지나고 동이 트면 그대로 낮으로 연결되어져 가는 연속적인 의미에서 첫째 날이다 이 말씀입니다. 아침을 맞이하면, '내가 낮이니 낮이 있는 동안에 내가 빛이니 빛이 있는 동안에는 너희가 어두움에 거하지 아니하리라' 하신 말씀대로입니다.

어두움 속에 있던 흙이 물을 헤치고 빛 되신 예수님을 만나게 되면 영원한 광명으로 이른다는 말씀입니다.

우리가 살고 있는 하루 24시간 1년 365일은 넷째 날부터 시작되었습니다.

'태초에' 하시는 시간에서부터 네째 날까지는 우리가 생각하는 하루24시간 365일로는 이해되지 않습니다.

네째 날부터 시작 되어 진 그 시간의 한계 안에 우리가 들어있어요. 왜 제가 '그 시간의 한계 속에 들어있다'고 표현했느냐 하면, 우리가 가지고 있는 1년 365일은 큰 광명으로 낮을 주관하게 하신 태양이 있기 때문입니다. 태양을 한 바퀴 도는 공전하는 것이 1년입니다. 그리고 하루는 지구가 한 바퀴 도는 자전입니다. 그런데 달이 옆에서 인력을 가지고 돌아가고 있습니다. 그런데 만약에 그 해가 없어지고 그 달이 없어진다면 어떻게 되겠는가 하는 것입니다. 해가 없어지고 달이 없어지면 우리 시간도 없어집니다. 어느 시점이라고 얘기할 수는 없지만 해가 없어지고 달이 없어지면 우리가 살고 있는 하루 24시간 1년 365일은 없어져버립니다. 그러면 어떻게 됩니까? 영원하게 됩니다. 왜 그러냐 하면 시간이 없어져 버리니까요. 날짜가 없어져 버리니까요. 일 년이라는 시간적인 존재가 아예 없어져 버리니까요. 그러면 영원해지는 거예요 우리는 지금 어떤 한정된 시간 안에 살고 있습니다.

마태복음 24장 29절을 보시겠습니다.

"그 날 환란 후에 즉시 해가 어두워지며 달이 빛을 내지 아니하며 별들이 하늘에서 떨어지며 하늘의 권능들이 흔들리리라"

해가 없어지고 달이 없어지면 우리가 가지고 있는 시간이 없어져 버립니다. 그런데 그 일이 일어날 것이라고 하나님의 아들이신 예수께서 예언하셨습니다.

선지자라고도 표현되어지고 예언자라고도 표현되어지는 하나님의 말씀을 증거하는 자들에게는 예언이 적중해야만 합니다. 이스라엘의 선지자들은 자기가 하나님의 예언이라고 해서 말씀을 증거했을 때 이루어 지지 않으면 사람들이 돌로 쳐 죽이거나 자기가 목숨을 끊었습니다. 하나님의 예언은 적중해야만 합니다. 예수님께서 하신 말씀 중에 한 가지만 이루어지지 않는다 해도 예수님의 모든 예언은 틀릴 수 있어요 예수님께서 하신 그것은 하나님의 말씀이기 때문에 적중해야만 합니다. 99%가 아닙니다. 100% 완벽해야만 그것이 하나님의 말씀입니다.

그렇다면 하늘의 권능들이 흔들리고 해가 권능을 잃고 달이 빛을 잃은 이 일은 언제 일어날 것인가 더욱이나 하늘의 별들이 하늘에서 떨어진다는 말씀입니다.

.

유다서를 좀 보시겠습니다. 유다서 12절과 13절입니다. 397 페이지입니다. 제가 읽겠습니다.

"저희는 기탄없이 너희와 함께 먹으니 너의 애찬의 암초요 자기 몸만 기르는 목자요 바람에 불려가는 물 없는 구름이요 죽고 또 죽어 뿌리까지 뽑힌 열매 없는 가을 나무요 자기의 수치의 거품을 뿜는 바다의 거친 물결이요 영원히 예비된 캄캄한 흑암에 돌아 갈 유리하는 별들이라"

하늘의 북쪽에 블랙 홀이 있습니다. 또 가끔 한 번씩 주기적으로 혜성이 나타나는데 과연 지구를 어떻게 스쳐갈 것인가 하는 것 때문에 초긴장하는 순간이 있습니다. 그런데 만약에 그 혜성이 지나 가다가 지구를 받는 날에는 박살 나는 거예요. 그런데 하늘에 저렇게 수도 없이 많은 별들이 있는데 와르르 하고 떨어져버리는 날이 옵니다.

북편 하늘에 하나님께서 허공을 매어 다셨습니다. 블랙 홀의 정체가 무엇인지를 몰라요. 왜 모르냐 하면 지금도 그 안에 별들이 수 없이 쏟아져 들어 가고 있는데 그 크기가 얼마인지 모릅니다. 캄캄한 흑암에 유리하는 별들이라는 표현은 그렇게 이해하시면 됩니다. 그러면 결국 나라고 하는 인간은 '그 환란 후에 하늘의 권능들이 흔들리는' 그 전 어느 시점에 살고 있는 것입니다. 사람이 그렇습니다. 그 날을 '예수께서 다시 오시는 날'이라고 말씀하십니다. 읽은 마태복음 24장 말씀처럼. 예수께서 다시 오시면 하실 일이 있습니다.

첫 날에 우리가 말씀을 나눈 것처럼 과연 '모세의 글이 너희를 고소한다'라는 그 말씀을 따라 넷째 날부터 시작해서 '사시와 징조와 일자와 연한을 이룬다' 라는 말씀 그리고 '모세의 글도 믿지 아니 하거든 나를 믿겠느냐' 라는 말씀에 비춰서 예수님께서 다시 오시면 여러 가지 하실 일 들이 있으나 그 중에 가장 중요한 것은 '심판' 입니다.

그 심판은 한 사람도 빠지지 않고 피할 수 없는 것입니다. 만약에 그 심판을 통해서 하나님으로부터 칭찬을 받는다고 하면 그것 보다 큰 기쁨은 없습니다. 만약에 하나님으로부터 칭찬을 받지 못한다고 했을 때에는 유다서에 있는 말씀처럼 저들은 흑암에 유리하는 별들입니다.

자, 그러면 예수께서 다시 오실 때까지 한정된 시간 안에 살고 있는 우리인데 예수님이 다시 오시자 마자 하늘에 있는 권능들이 흔들리기 때문에 예수께서 심판을 하시게 되면 영원해집니다.

영원하다고 하는 말은 시간이 없다는 말입니다. 그런데 그 시간이 없는 것이 좋은 쪽으로 영원한 것이냐 나쁜 쪽으로 영원할 것이냐 하는 문제가 남아 있습니다. 깜깜한 흑암 중에 유리하는 별들이 될 것인가 아니면 해와 달이 필요 없는 낮보다 더 밝은 예루살렘성에서 생명나무와 함께, 죽는 것도 없고 곡하는 것도 없고 병드는 것도 없이 영원한 기쁨을 누릴 것인가입니다. 미리 예비할 수 있을 것인가 대비책을 찾아야 합니다.

하나님의 말씀을 이해하기 위해서는 성경 창세기부터 요한계시록까지 한 묶음으로 한 문맥으로 이해를 해야 합니다. 어느 한 구절의 말씀을 이해하기 위해서는 그 책을 이해해야 되고 전체를 이해해야 됩니다.

하나님께서 창조하신 모든 자연법칙은 변함없이 지속되어 왔으나 인간만 변했습니다.

인간이 변한 문제는 어디에 있었느냐 하면 '실과'의 문제였어요. 하나님께서 아담에게 '동산에 있는 모든 나무의 실과는 네가 임의로 먹되 동산 중앙에 있는 선악을 알게 하는 실과는 먹지 말라 네가 먹는 날에는 정녕 죽으리라' 하셨습니다. 요한계시록 22장에는 그 성에 생명나무가 있습니다. 그런데 그 생명나무로 가는 길이 두루 도는 화염검과 그룹들에 의해서 막혀버렸어요. 동편에 있는 길입니다. 그 안에 들어갈 길이 없어요. 생명나무는 그 두루 도는 화염검 그 건너편에 있는데 과연 그 생명나무의 실과를 어떻게 내가 따 먹을 것인가 하는 문제입니다.

찬235 찬송을 하시겠습니다. 235장입니다.

달고 오묘한 그 말씀 생명의 말씀은
귀한 그 말씀 진실로 생명의 말씀이
나의 길 과 믿음 밝히 보여 주니
아름답고 귀한 말씀 생명 샘이로다
아름답고 귀한 말씀 생명 샘이로다

귀한 그 말씀 내 노래 제목이 되도다
모든 사람에 복 주는 생명의 말씀을

값도 없이 받아 생명 길을 가니
아름답고 귀한 말씀 생명 샘이로다
아름답고 귀한 말씀 생명 샘이로다.

널리 울리고 퍼지는 생명의 말씀은
맘에 용서와 평안을 골고루 주나니
다만 예수 말씀 들어 복을 받네
아름답고 귀한 말씀 생명 샘이로다
아름답고 귀한 말씀 생명 샘이로다. 아멘

마태복음 7장을 보시겠습니다. 15절부터 27까지 말씀입니다.

"거짓 선지자들을 삼가라 양의 옷을 입고 너희에게 나아오나 속에는 노략질하는 이리라 그의 열매로 그들을 알지니 가시나무에서 포도를 또는 엉겅퀴에서 무화과를 따겠느냐 이와 같이 좋은 나무마다 아름다운 열매를 맺고 못된 나무가 나쁜 열매를 맺나니 좋은 나무가 나쁜 열매를 맺을 수 없고 못된 나무가 아름다운 열매를 맺을 수 없느니라 아름다운 나무를 맺지 아니하는 나무마다 찍혀 불에 던지우느니라 이러므로 그의 열매로 그들을 알리라 나더러 주여 주여 하는 자마다 천국에 다 들어갈 것이 아니요 다만 하늘에 계신 내 아버지의 뜻대로 행하는 자라야 들어가리라 그 날에 많은 사람이 나더러 이르되 주여 주여 우리가 주의 이름으로 선지자 노릇하며 주의 이름으로 귀신을 쫓아내며 주의 이름으로 많은 권능을 행치 아니 하였나이까 하리니 그때에 내가 저희에게 밝히 말하되 내가 너희를 도무지 알지 못하니 불법을 행하는 자들아 내게서 떠나가라

하리라 그러므로 누구든지 나의 이 말을 듣고 행하는 자는 그 집을 반석 위에 지은 지혜로운 사람 같으리니 비가 내리고 창수가 나고 바람이 불어 그 집에 부딪히되 무너지지 아니하나니 이는 주초를 반석 위에 놓은 연고요 나의 이 말을 듣고 행치 아니하는 자는 그 집을 모래위에 지은 어리석은 사람 같으리니 비가 내리고 창수가 나고 바람이 불어 그 집에 부딪히매 무너져 그 무너짐이 심 하니라"

어제 저녁에 집에 가셔서 성경 읽으신 분 손 좀 한번 들어 보세요. 오늘 성경 읽으신 분 손 좀 한번 들어 보세요. 아 좋습니다. 정말 하나님께 감사드립니다. 어제보다는 나아요. 사도행전 8장에서 이디오피아 내시가 하는 말 '지도하는 사람이 없으니 어찌 깨달을 수 있느뇨'. 사도행전 17장에서는 '베뢰아 사람들은 데살로니가에 있는 사람보다 더 신사적이어서 간절한 마음으로 말씀을 받고 이것이 그러한가 하여 날마다 성경을 상고하므로 그 중에 믿는 사람이 많고'입니다. '상고하므로'는 뒤진다는 수사용어입니다. 샅샅이 뒤져서 증거를 찾아내는 것입니다. '상고하는 중에 믿는 자가 많더라'입니다. 하나님 말씀을 동냥이나 하러 다니면 뭐해요. 자기 것이 없는데. 하나님의 말씀을 자기 스스로 상고해서 확증하지 아니하면 자기 믿음 안 생깁니다. 그 증거는 성경 속에 있습니다. 하나님께서 값없이 주시는 그 생명. 어떤 생명이냐 하면 영원한 생명입니다. 하나님의 말씀 속에서만 있습니다. 성경을 읽어야 한다는 생각조차 못하신다면 불행한 사람입니다. 뭐가 그렇게 바빠 가지고. 이게 지금 천국이냐 지옥이냐 하는 지름길이고 갈림길입니다.

'환란 후에 하늘의 권능들이 흔들린다'고 하나님의 아들이신 예수께서 말씀하셨습니다. '빛을 잃는다'고 말씀하셨습니다. 유다서에는 '흑암에 유리하는 별들'이 있을 것이라고 말씀하고 있습니다. 마태복음 7장 우리가 읽은 그 부분에 두 가지 극과 극이 나타나 있습니다. 하나님의 말씀 속에는 축복이 있고 저주가 있습니다. 그런데 어느 부분이 내 것이냐 이 말입니다

사람은 살다가 어느 날 자기도 모르는 때에 생명을 주관하시는 하나님께서 홀연히 호흡을 취해 가십니다. 자기 계획은 없어요. 인간이 얼마나 유약한가 하면은 세상에 태어날 때 자기 의지대로 태어나지 않았어요. 좀 제대로 표현한다면 부모님도 이런 아들이나 딸을 낳을 줄 몰랐다 이 말이에요. 세상에 태어날 때 자기 의지로 태어나지 않았다고 하는 그 말 속에는 부모도 몰랐다가 포함됩니다. 무엇인지는 모르지만 어떤 간섭함이 있었어요.

엑스 레이라고 하는 것은 엑스라고 하는 선입니다. 빛은 직진합니다. 그 기계 앞에 서 있으면 엑스 레이를 찍죠. 나중에 이것이 내 것이라고 그러는데 진짜 그것이 내 것인지 남의 것인지 모르지만 뭐 허연 것이 보이고 뭐 둥글둥글 한 것이 있어요. 뼈라는 거죠. 엑스라고 하는 선이 내 살을 다 뚫고 지나가버린 거예요. 그런데 뼈는 좀 더 조밀하니까 통과를 못한 거예요. 그러니까 통과 못한 데만 하얗게 보이는 거예요. 그러면 내 살이 다 구멍 났어요. 선이 다 통과했으니까. 사람의 몸은 75% 이상이 수분입니다.

이번에 우 장로님께도 말씀을 드렸는데 이발소에 가서 머리 좀 점잖게 깎아 주세요 했더니 목사님 왜 그러십니까 물어요. 나 한국가게 됐어요. 뭐 한국까지 가서 부흥회를 하세요 미국에서 하시지. 몰라요 일이 그렇

게 됐어요. 그런데 그 양반이 머리를 더 짧게 깎아 놨어요. 제가 한국 가면 설교를 해야 하는데. 이 분은 맨날 천국 가야지요 하면서도 그냥 세상 사는 게 좋아요. 이 분은 머리 깎는 데는 최고입니다. 그런데 어떤 때는 희한하게 깎아 놓고는 무스 좀 발라 드릴까요 그래요. 무스가 이런 것 있잖아요 애들 바르는 것. 이것 보세요 목사가 그것을 바르고 있으면 내가 지금 애들 입니까? 그런데 내 머리를 이 양반이 버쩍 잘라 놓은 거예요. 이발사 때문에 참 속 썩죠. 그런데 머리를 잘 깎은 날은 요대로 계속 놔둘 수 없을까? 왜요? 내 머리이니까. 그러면 내 마음대로 돼야 되잖아요. 그런데 이 머리는 나 하고 상관없이 제 멋대로 자라고 싶은 대로 자라는 거예요. 내 머리인데. 그럼 내 머리입니까 남의 머리입니까? 내 머리인데 내 마음대로 못하는 겁니다. 어떤 사람들은 목사님 키가 크십니다 그래요. 그럼 나 미국 사람들 한 테도 꿀릴 것 하나도 없어 회의할 때도 가슴 딱 펴고 그냥 앉아 있으면 되는 거야. 누구는 키가 작고 싶어서 작아 졌습니까? 누구는 크고 싶어서 이렇게 됐습니까? 이상하거든요. 자기가 컴퓨터 프로그램 짜듯이 몸무게나 키를 정해 놓으니까 그대로 되는 것이 아니거든요. 내 키인데 내 마음대로 할 수 없다고 예수께서 말씀하셨습니다. 내 몸인데 밥을 먹어 주면 위장이 소화를 시켜주는데 몇 번을 움직이는지 알 수가 없습니다. 정해진 대로 움직입니다. 내가 호흡을 크게 하면 빨리 움직이고 뭐 이런 것 없어요. 그냥 이 안에서 자기 멋대로 돌아가는 거예요 피도 자기 멋대로 순환합니다. 내 것인데 내 마음대로 안 되는 거예요.

그것뿐입니까? 인생이 자기 마음대로 됩니까? 인생이 어디로 인가 흘러가고 있는데 아무리 막으려 해도 자기가 밀려가 버려요. 어느 쪽으로 밀려갑니다. 그게 나 자신이라고 하는 것이예요.

사람들은 미래를 알고 싶어 해요. 그래서 점쟁이를 찾아 갑니다. 그런데 다 웃기는 소리입니다. 나무 목자 가진 성씨를 조심 하시요. 그러 식이면 누구는 못합니까? 뭐 대개 그러잖아요. 물가를 조심하세요는 대개 여름에 나타나거든요. 그런 거 누구는 그것 못해요? 그런데 지나고 보면 맞는 것도 같고 틀린 것도 같거든요. 그러니까 그 다음에 또 가는 거예요. 미리 알고 싶거든요. 그런데 하나님께서는 '점 치는 자를 내가 미치게 하리라' 그러셨거든요. 최소한 지금까지는 내가 뭔 가에 밀려왔다 하더라도 앞으로는 내 계획대로 내 인생을 이끌어 가고 싶으나 늘 돌아보면 내 뜻대로 되지 않았어요. 어디로 인가 밀려가는 거예요. 그러다가 어디까지 갈 것이냐 하는 문제입니다.

밀리고 밀려 진광교회까지 왔습니다. 좋은 의미입니까 나쁜 의미입니까? 여기 예배당에 발을 드려 놨어요. 찬송을 하고 성경말씀을 상고합니다. 그런데 그 점쟁이한테 갈 때는 쌀 두 됫박을 잘도 싸가지고 갔습니다. 뭐 하려구요? 자기 앞 일을 알려고요. 그런데 예배당에 오면 자기 앞일 걱정을 안 해요. 어떤 앞 일 이요? 최소한 예배당에 와서는 내 영혼을 생각해 봐야 됩니다. 맨날 우리 아들 잘되게 해주고 우리 딸 뭐 시험에 붙게 해 주고예요. 목사님 입시 때 되면 골치 아프죠. 다붙게 해 달라고 기도해 줘야 합니까 아니면 다 떨어지게 해 달라고 기도해줘야 되는 겁니까? 사 대 일이면 누군가 세 사람은 떨어져야 하는 것 아니예요? 그런데 왜 하필 교회 다니는 애들은 다 붙고 절에 다니는 애들은 다 떨어져야 돼요? 그런 얘기 아니 예요.

최소한 예배당에 와서 성경 말씀 읽는 중에는 내 영혼이 어디에 도착할 것인가를 심각하게 생각해 봐야 합니다. 왜 그러냐 하면 시간의 문제 때문에 그래요. 이 시간이 영원해지기 때문에 그 문제가 그렇게 중요한 것입니다. 그래서 예수님이 오실 때에 하늘에 있는 권능들이 흔들려 버리고 빛을 잃어버리고 나서 심판하십니다. 그리고 그 심판은 영원한 심판입니다. 이해되십니까?

무엇으로 심판하시는가 하면 그 사람의 열매로 심판하십니다. 열매는 셋째 날에 시작됩니다. 나무를 나게 하셨는데 열매 맺는 나무입니다. 열매는 중요한 의미예요. 우리가 가지고 있는 시간 전에 태초부터 넷째 날 사이에 우리가 알 수 없는 어떤 시간 속에 열매 맺는 일을 그림자로 던져 놓으신 거예요. 그러니까 열매를 맺는다고 하는 그것이 내가 그런 열매를 맺어서 영원한 생명에 이르러야 한다고 하는 그림자이기 때문에 동산 중앙에 나무를 두셨습니다. 열매에 관한 문제입니다.

사경회가 이틀은 오르막 길이고 이틀은 내리막 길이니까 오늘은 내리막 길입니다. 모래 아침부터는 못 옵니다.

사과나무가 왜 사과나무입니까? 사과가 열려서 사과나무입니까 아니면 사과나무이니까 사과가 열리는 겁니까? 질문 이해하셨습니까? 다시 질문해 달라고 하면 바보라고 할 테니까 더 못 물어보시지. 다시. 사과가 열리니까 사과나무입니까? 사과나무이니까 사과가 열립니까?

예수께서는 열매를 보아 그 나무를 안다고 하셨어요. 사과를 보면 그

나무가 사과나무인 줄 안다 예수께서는 그렇게 말씀하셨어요. '그 열매를 보아 그 나무를 아시느라' 예요. 사람의 행실을 보면 어떤 사람인지 안다 그 말씀입니다.

마가복음이나 다른 성경 말씀에서는 좀 더 구체적입니다. 화 내보신 분 계시죠? 도대체가 그것 분하네 하고 얼굴이 붉어져요. 그러더니 숨까지 가빠져요. 식식거리면서 속에서 자꾸 뭐가 올라와요. 그래서 화가 치밀어 오른다 이렇게 표현하는 거예요. 뭐가 미는 겁니까? 화를 내가 낸 겁니까 딴 사람이 낸 겁니까? 내가 낸 거예요. 열매를 보아 그 나무를 안다고 그랬으니까 이 나무뿌리 자체가 그런 나무뿌리를 가지고 있는 거예요. 그 나무는 심판할 때 도끼로 쳐서 불에 던지겠다 예수께서 그렇게 말씀하셨습니다. 봐 주시지 않습니다.

이 세상에 두 종류의 아버지와 그 아버지 밑에 두 종류의 아들이 있습니디.

요한복음 8장을 보시겠습니다. 44절입니다.

"너희는 너희 아비 마귀에게서 났으니 너희 아비의 욕심을 너희도 행하고자 하느니라. 저는 처음부터 살인한 자요 진리가 그 속에 없으므로 진리에 서지 못하고 거짓을 말 할 때 마다 제 것으로 말하나니 이는 저가 거짓말 장이요 거짓의 아비가 되었음이니라."

하늘에 계신 하나님의 눈으로 봤을 때 이 세상에 두 종류의 자식들이 있어요. 먼저 하나님께서 내 아들이라고 표현하시는 무리들이 있습니다. 하나님의 아들들입니다. 반면에 너희는 너희 아비 마귀에게서 났다는 무리들이 있습니다. 나를 낳아 주신 부모님이 계시지만 죄를 짓는 거짓의 아비에게 속해 있습니다. 그 사람들의 특징은 거짓말을 잘합니다. 왜 그러냐 하면 자기 아버지가 거짓의 아비에요. 그리고 처음부터 살인한 자입니다. 마귀입니다. 거짓말을 해 놓고 그것을 무마하기 위해서 또 거짓말을 합니다. 그리고 자기도 모르게 거짓말이 탁 튀어 나가요. 그 거짓말이 어떻게 그렇게 자동으로 튀어 나가느냐 하는 것을 생각해 봐야 합니다.

인간의 근본을 뒤져 봐야 해요. 나를 뒤져 봐야 해요. 과연 나는 어디서 왔으며 어디로 가는가? 나는 누구인가? 자기를 뒤져 봐야 하는 것이 하나님의 말씀입니다. 더욱이나 처음부터 살인한 자라고 되어 있기 때문에 예수님 말씀은 '너희가 형제를 미워하면 이미 살인하였느니라' 입니다. 미워지면 부르르 떨며 전화로 욕을 해주고 나서도 식식거려요. 그리고 죽일 마음까지 일어납니다. 어떻게 내 속에서 그런 것 들이 일어날 것인가 하는 문제에요. 왜 그럴까? 도대체 나라고 하는 인간은 무엇이 길래 한번 화가 나면 꼭 끝까지 해 부쳐야 하고 어떻게 해서 거짓말이 자동으로 튀어 나가고 그것을 무마하기 위해서 또 거짓말을 하는가? 로마서 1 장에 있는 말씀은 '핑계치 못한다'고 하십니다. 저 녀석 나쁜 짓 했으니까 내가 화내는 것은 당연하다, 세상에 살기 위해서는 선의의 거짓말도 필요한 것 아니냐, 미워하지 않는 사람 세상에 있느냐고 사람한테 묻지 말고 하나님한테 물어보세요. 그래도 그 문제와 천국 가는 문제와 도대체 무슨 상관이 있다는 말이냐 믿으면 천국 가는 것 아니냐, 내가 세례를 받았고 십일조를 했고 기도를 했고 전도를 했고 봉사를 했고 그런데도 거짓말을 좀 했다고 그렇게 가혹하게 얘기할 수 있는 거냐, 내가 그래도 목숨을 바쳐 교회를 섬기려고 지금까지 주변에서 욕을 먹어 가면서까지 교회를 지키려고 섬기려고 발버둥 쳐 왔는데 내가 화를 냈다고 그 열매를 보아 그 나무를 안다고 도끼로 찍어 불에 던지겠다는 말씀이냐고 하셔도 소용없습니다.

이사야서1장을 보시겠습니다. 10절부터 15절까지입니다.

"너희 소돔의 관원들아 여호와의 말씀을 들을 찌어다 너희 고모라의 백성아 우리 하나님의 법에 귀를 기울일 찌어다 여호와께서 말씀하시되 너희의 무수한 제물이 내게 무엇이 유익 하뇨 나는 수양의 번제와 살진 짐승의 기름에 배불렀고 나는 수송아지나 어린 양이나 수 염소의 피를 기뻐하지 아니하노라 너희가 내 앞에 보이러 오니 그것을 누가 너희에게 요구 하였느뇨 내 마당만 밟을 뿐 이니라 헛된 제물을 다시 가져오지 말라 분향은 나의 가증 히 여기는 바요 월삭과 안식일과 대회로 모이는 것도 그러하니 성회와 아울러 악을 행하는 것을 내가 견디지 못하겠노라 내 마음이 너희의 월삭과 정한 절기를 싫어하니 그것이 내게 무거운 짐이라 내가 지기에 곤비하였느니라 너희가 손을 펼 때에 내가 눈을 가리 우고 너희가 많이 기도할지라도 내가 듣지 아니하리니 이는 너희의 손에 피가 가득 함이니라"

전도서 8장입니다 11절입니다

'악한 일에 징벌이 속히 실행되지 않으므로 인생들이 악을 행하기에

마음이 담 대하도다'

사무엘상 2장입니다. 3절입니다.

"심히 교만한 말을 다시 하지 말 것이며 오만한 말을 너희 입에서 내지 말 찌어다 여호와는 지식의 하나님이시라 행동을 달아 보시느니라"

예레미야서 13장입니다 23절입니다.

"구스 인이 그 피부를, 표범이 그 반점을 변할 수 있느뇨 할 수 있을 찐대 악에 익숙한 너희도선을 행할수 있으리라"

이게 무슨 말씀인가 하면 구스인은 이디오피아입니다. 이디오피아인은 흑인입니다. 그러면 흑인이 자기 스스로 피부 색깔을 희게 할 수 없습니다. 그리고 표범에게는 얼룩덜룩한 반점이 있는데 그 반점을 스스로 없앨 수 없다 이 말씀 이예요. 그러니까 사람이 악에 익숙하기 때문에 악을 행하는 일에 익숙하다 이 말씀 이예요.

전도서 8장 말씀을 따르면 죄를 지었는데 벌이 따라오지 않으니까 사람이 죄 짓는 일에 담대 해졌어요. 그러나 하나님께서 '행동을 달아 보신다'는 말씀이 사무엘상 2장 3절의 말씀입니다.

예배당에 왔다고 해서 이게 딱 없어지는 게 아니다 이 말 이예요. 예배당에 와서 하나님 아버지라고 하지만 꽥 하던 그 때는 누구 자식입니까? 누가 아버지입니까? 하나님을 아버지라고 부를 수 있습니까? 한 입으로 대고 마구 욕 하고서는 예배당에서는 하나님 아버지라고 부르는 이게 가능합니까? 성경은 아니 예요. 모르지, 또 누구 네 집은 되는지 모르지만 성경은 아니 예요. 한 입에서 두 말을 낼 수가 없는 거예요. 지금까지 하나님을 아버지 나 돈 필요해요 하면 돈이나 구해 주시고 아버지 새 차 주심을 감사합니다 아버지 건강 주심을 감사합니다 하던 분으로만 아셨으면 착각입니다.

내게 새 생명 주심을 감사 하나이다 하는 분은 왜 없어요? 내가 구스인과 같이 검은 피부를 가지고 있었고 표범과 같이 얼룩 반점을 가지고 있었으나 하늘에 계신 하나님 아버지께서 나를 번쩍 들어서 새 생명으로 옮겼다는 그 놀라운 찬양은 왜 없냐 이 말이예요. 내 뿌리를 완전히 바꿔 주셔서 감사하다는 사람이 왜 없느냐 이 말입니다. 나를 새롭게 바꿔 주셔서 감사하다는 헌금은 안 하십니까? 맨날 세상 사는데 준 것은 고맙다고 하면서 말입니다. 뭔가 잘못된 거예요. 누가 너에게 헛된 제물을 드리라 하였느냐 내가 언세 너희에세 이것을 요구하였느냐? 이사야서1장에서 하나님께서 직접 누구에게 하신 말씀이냐 하면 '이 말을 들을 귀 있는 자는 들을 찌어다 귀 있는 자는 들을 찌어다' 입니다. 하나님을 아버지로 섬긴다고 하는 일은 이 문제가 해결되지 않으면 늘 뒤통수가 가려워요. 마음속이 개운치를 않아요. 그 것 뿐이 아닙니다. 하나님을 아버지라 부를 자격이 없습니다. 죄를 짓는 자는 자기 아버지가 마귀이기 때문입니다. 그래서 예수께서 말씀하시기를 '물과 성령으로 거듭 나지 아니하면 하나님 나라를 볼 수 없느니라' 하셨습니다. 거듭난다고 하는 것은 하늘로부터 오는 생명으로 다시 태어난다는 말입니다.

찬송하고 계속하겠습니다. 315장입니다

돌아와 돌아와 맘이 곤한 이여
길이 참 어둡고 매우 험악하니
집을 나간 자여 어서와 돌아와
어서와 돌아오라

돌아와 돌아와 해가 질 때까지
기다리고 계신 우리 아버지께
집을 나간 자여 어서와 돌아와
어서와 돌아오라

돌아와 돌아와 환난 있는 곳과
죄를 범한 데와 미혹 받은 데서
집을 나간 자여 어서와 돌아와
어서와 돌아오라

돌아와 돌아와 집에 돌아오라
모든 것 풍성한 아버지 집으로
집을 나간 자여 어서와 돌아와
어서와 돌아오라

아버지께서 간절히 기다리시는 데요. 찬송가에도 있는 말씀처럼 죄가 있는 곳에서 돌아오라. 환난 있는 곳에서 돌아오라고 기다리고 계십니다.

세상에서도 일을 해결하는 지름길은 원인 분석입니다. 원인이 규명되지 아니하면 결과를 예측할 길이 없어요. 내가 왜 지금까지 신앙생활이 이 모양이었을까 열심히 했는데도 왜 뭔가 빠진 것 같을까 왜 어떤 사람은 날로 독수리같이 부상하는 믿음을 가지고 날로 충만한 삶으로 더욱 충만한 삶으로 변화해 가는데 나는 왜 먹고 사는 것에 매 달려서 세상 근심 걱정에 사로 잡혀서 앞으로도 못 가고 뒤로도 못 가고 이렇게 매달려 살까?

모태신앙은 골치 아픈 신앙입니다. 노아 다니엘 욥이 나타난다 할지라도 자기의 의로 자기만 구할 것입니다.

"가령 내가 칼이 그 땅에 임하게 하고 명령하기를 칼아 그 땅에 돌아다니라 하고 내가 사람과 짐승을 거기에서 끊는다 하자 비록 이 세 사람이 거기에 있을지라도 나의 삶을 두고 맹세하노니 그들도 자녀는 건지지 못하고 자기만 건지리라 나 주 여호와의 말이니라 가령 내가 그 땅에 전염병을 내려 죽임으로 내 분노를 그 위에 쏟아 사람과 짐승을 거기에서 끊는다 하자 비록 노아, 다니엘, 욥이 거기에 있을지라도 나의 삶을 두고 맹세하노니 그들도 자녀는 건지지 못하고 자기의 공의로 자기의 생명만 건지리라 주 여호와의 말씀이니라" (겔 14:17-20)

예수께서도 자기 아버지를 장사 지내려 하는 사람에게 '죽은 자로 죽은 자를 장사하게 하고 너는 나를 따르라'고 하셨습니다.

더욱이나 하나님 말씀은 뭐라고 하시느냐 하면 '아버지가 음식을 먹으니까 아들의 입이 시다' 하는 속담을 너희들이 사용할 수 있겠느냐고 물으십니다. 생각해 보세요. 아버지가 신 포도를 먹으니까 아들의 입이 십니까? 하나님께서 그렇게 비유하셨어요. '하나님은 죽은 자의 하나님이 아니요 산 자의 하나님이라' '아브라함의 하나님 이삭의 하나님 야곱의 하나님' 나의 하나님이어야 합니다.

어떻게 해서 아버지가 간다고 해서 가요? 천만에요. 사무엘의 아들들이 어쨌는지 아세요? 백성들이 왕을 세워달라고 할 때 당신의 아들들은 하나님을 경외하지 않는다고 했어요. 사무엘의 아들이 그 모양인데 우리 어머니 믿음 우리 아버지 믿음 이어받아서 나도 천국 간다? 천만의 말씀입니다. 모태 신앙 없습니다. 모태에는 죄가 있었어요. 다윗 왕이 시편 51편에서 고백하기를 '모친이 나를 죄 중에 잉태하였나이다' 했습니다. 나는 뜨거운 체험은 못했지만 어릴 때부터 기억 니은 배우기 전부터 예수님 노래 부르고 자랐으니까. 하나님께서 물으십니다. 너는 언제 뿌리가 바뀌었느냐? 왜? 이것이 영원한 그 시간에 심판하실 것이니까요. 너의 행위를 내놔 봐라. 네 행위를 내가 달아 보겠다고 하십니다. 하나님의 저울에 달아 봐서 모자라면 뜨거운 데로 가는 겁니다.

모두가 핑계입니다. 일단은 자기가 지금까지 가지고 있었던 것 다 옆으로 제쳐 놓고 무릎 딱 꿇고 하나님 그러면 내 문제는 이것이었습니까? 지금까지 제가 무언지 불안했던 그리고 왜 나는 이렇게 충만하지 못할까 하는 이런 것들의 근본적인 문제는 뿌리에 문제가 있었다는 말씀이십니까? 그렇다면 저는 아직도 죄 중에 있는 것입니까? 그렇다면 나는 마귀 자식인데 하나님을 지금까지 아버지라고 부른 착각하는 신앙을 가지고 있었습니까? 제가 하나님께서 원하시는 삶을 살고 싶습니다. 이렇게 무릎을 꿇어야 합니다.

원인 분석이 안 되면 해결할 길이 없어요. 시계가 하루 5분씩 늦어서 고쳤어요 그랬더니 또 5분씩 일찍 갑니다. 하나님은 인간을 수리해서 쓰시지 않습니다. 이것 부서지면 이것 고쳐주고 저것 부서지면 저것 고쳐줘서 수리해서 쓰는 것이 아니라 이것 갖다 버리고 새 것으로 갖다 주시는 거예요. 피부가 검은 사람이 아예 다른 색깔로 바뀌는 것처럼 표범의 반점이 아예 없어져 버리는 것처럼 하나님께서 새롭게 바꿔 주셔야 합니다. 그래서 내 뿌리가 바뀐 이 진액이 올라와서 내 생활이 바뀐 그 흔적을 보고 기뻐하십니다. 목사 장로 권사 집사 그런 호칭이 천국 보내 준다면 신학교 나와서 목사 안수받으면 되고 열심히 해서 장로 되면 되는 거예요. 그러나 예수께서 얼마나 심하게 책망하셨습니까? 거짓 선지자들을 삼가라, 요한복음10장에는 담 넘어 들어오는 자는 강도요 절도다 너희들이 하나님의 말씀을 경홀히 여기고 장로의 유전을 지킨다고 책망하셨습니다. 예배당이 감투싸움에 바쁩니다. 어떻게 된 게 하나님을 섬기고 찬양해야 하는데 엉뚱한 싸움하기에 바쁩니다. 대개 깨지는 예배당은 건축위원장을 어느 장로가 맡느냐 때문에 다툽니다. 차라리 장로가 안됐으면 어떻게 하든지 회개도 하고 자기 자신을 돌아볼 텐데 장로가 되가지고 계급장을 못 떼 가지고는 그렇습니다. 더욱이나 마태복음 7장에서는 뭐라고 말씀하십니까? '나더러 주여 주여 하는 자마다 천국에 다 들어 갈 것이 아니요'입니다.

하나님의 심판은 베드로서에 의하면 하나님 집에서 먼저 시작합니다.

이 안에 알곡과 가라지가 있거든요. 왜 알곡이라고 하셨습니까? 성경은 열매 얘기입니다. 처음에 열매를 따 먹었거든요. 내가 어떤 열매로 하나님 앞에 드려지는가 하는 문제로 알곡과 가라지가 어디서 갈라집니까? 하나님의 집에서 나누어 집니다. 예배당에 앉아있는 사람 중에서 가르는 거예요. 열 처녀의 비유에서 처음에는 모두 다 등을 켰어요. 마태복음 13장에 그물의 비유가 나옵니다. 어떤 그물이냐 하면 그물을 바다에 쳐 놓았어요. 그랬더니 물고기가 그물에 꽉 찼습니다. 그래서 이 그물을 밖으로 끌어냈어요. 그러면 이 그물 밖의 물고기는 무엇입니까? 그건 아무것도 아닙니다. 이것은 심판할 필요조차 할 것도 없어요. 이것은 그냥 보내면 되니까요. 그러나 그물 안의 물고기 중에서 좋은 것은 그릇에 담고 못된 것은 내어 버리십니다.

원인분석을 해야 됩니다. 지금 바로 시작하면 되는 거예요. 무릎을 꿇고 지금 아버지 앞에 부르짖으면 됩니다. 아예 다 떼어 버리고 처음부터 다시 시작하는 거예요. 그것 안 되면 영원히 지옥 간다는데 그것 못해요? 뭐가 아쉬워서 못합니까? 예배당에 발을 들여 놓았으면 흑암을 통과해야 빛을 만납니다. 그 흑암의 권세에서 건지실 수 있는 예수 그리스도의 능력이 있기 때문에 이 말씀을 하는 거예요. 그러나 자기가 흑암에 처한 백성인 것을 모르면 건져낼 길이 없어요. 지금까지 착각했으면 큰일나는 거예요. 영원한 착각을 한 거예요. 마태복음 13장에 '의인 중에서 악인을 골라낸다'고 하십니다. 성경에 '악인'이라는 말도 있습니다.

시편에 보면 의인 악인 죄인 말씀이 있습니다. 죄인은 죄인이지만 이 악인이 꼭 중간에 걸쳐서 문제입니다. 왜 하필 의인 중에서 악인을 골라낸다고 하셨을까요? 알곡과 가라지를 나눈다 염소와 양을 나눈다 다 무슨 얘기예요? 예배당 안에서 구분된다는 말씀 아닌가요?

또 어떤 사람이 있는가 하면 자기는 부모님께 개떡 같이 하면서 자식들에게는 부모한테 잘 해야 한다는 사람들이 있어요. 자기가 한 게 있으면서도 그래요. 그러면서도 받는 것은 잘 받으려고 그래요. 성경에 '부모를 공경치 아니하면 돌로 쳐 죽이라' 고 하시는 말씀이 있습니다.

'악인' 이라는 단어의 헬라어의 의미는 '뒷걸음질 친 자' 입니다. 믿으려면 확실히 믿어야 됩니다. 앞으로 가라 그 말입니다. 그 악인을 골라 내어 불에 던 지우는 겁니다. 불은 지옥입니다.

어니로 가실 겁니까? 남은 길은 한 길 밖에 없습니다.

로마서 말씀에 '저희가 부딪칠 돌에 부딪쳤다 이는 저희가 행위를 의지함이라' 예요. 네가 뭐 좀 했다고 가는 데가 아닙니다. 딱 한 가지 문제는 네가 지금 맺고 있는 열매가 무슨 열매이냐 하는 것이 문제입니다. 그래서 요한계시록에 보면 그 예수님 앞에 그 혼인 잔치에 참여하는 아내들의 모습을 '세마포 옷을 입게 하셨은즉 성도들의 옳은 행실' 이라고 하십니다.

자, 이제 땅이 몇 가지라고 했습니까? 첫날 말씀 나눴죠?

하나는 '하나님께서 천지를 창조하시니라'에서 말씀하시는 지구입니다.

또 하나는 땅의 한 가운데에는 불로 뒤집는 것 같고 이 지면은 식물을 내는데 지면을 흙이라고 합니다. 짐승은 흙으로 만드셨습니다.

하나님께서 사람을 만드실 때는 먼지로 만드셨습니다.

제가 첫째 날에 네 가지가 있다고 말씀드렸어요.

한 가지가 뭐냐 하면 창세기 1장 10절을 보시면, "하나님이 가라사대 천하의 물이 한 곳으로 모이고 뭍이 드러나라 하시매 그대로 되니라 하나님이 뭍을 땅이라 칭하시고 모인 물을 바다라 칭하시니라" 여기서는 같은 땅인데 지경입니다. 그래서 이제 십계명에 네 부모를 공경하라 그리하면 너의 하나님 나 여호와가 네게 준 '땅'에서 네 생명이 길리라 할 때의 이 '땅'입니다. 이런 땅이 아니고 지경입니다. 이 의미는 어떤 일정한 구역을 내 소유로 받았다는 말이 되어 집니다. 언제 이 일정한 구역이 내 것이 되어 지느냐 하면 물이 물러나고 마른 땅으로 드러날 때입니다. 마른 땅이라고 부를 때 그 일정한 구역이 나타납니다. 그러니까 이 사람에게는 무엇이 나타나는가 하면 빛이 비칠 수 있어요. 빛을 비출 수 있습니다. 무슨 말이냐 하면 첫째 날에 빛이 있으라 하시매 빛이 있었어요.

이 중에 계신 분 누구에게 하나님이 어떻게 일 하실지 모르기 때문에 저는 참으로 긴장이 돼요. 그리고 이 말씀이 일생에 영원한 생명을 얻는 귀한 기회가 되길 바랍니다. 하나님께서 만약에 그 사람이 하나님의 택하심을 받은 자라고 한다면 이 뿌리가 바뀌어서 전혀 다른 나무로 태어나는 것입니다. 그것을 보고 하늘로부터 오는 생명으로 다시 태어난다는 말입니다.

반면 혹여 영원한 후회를 하는 사람이 있을까 봐 긴장되요. 왜냐하면 마태복음 7장에서 분명히 나더러 주여, 주여 하는 자마다 다 천국에 갈 것이 아니라고 말씀하셨거든요. 예수님이 그렇게 말씀하셨거든요. 더욱이나 그 마지막은 바람이 불고 창파가 일어나니까 모래위에 지은 집이 무너짐이 심하리라 이거든요.

빛은 근본입니다. 무슨 말이냐 하면 개념이 설정되면 돼요. 제가 이렇게 밖에 설명을 못하는 것에 대해 죄송하게 생각합니다. 하지만 어쨌든 빛이라고 하는 근본을 만드신 거예요. 그 근본을 만드신 이유가 뭐냐 하면 어두움에서 빛을 빼내는 것이 목적이에요.

'빛을 어두움에서 나누사'가 무슨 말이냐 하면, 완전히 분리시킨다는 말이예요. 예를 들면 우리 눈에는 어두운 색으로 보이지만 그 중에 밝은 색이 어딘가는 있을 수 있거든요. 그와 같이 어두움이 있는데 그 안에 악간이라도 빛은 있을 수 있어요. 거기서 빛을 딱 빼어 버리면 분리되는 것입니다. 두 가지를 분리시키면 얼핏 보기에는 얼마 안 되는 것 같이 보이지만 쫙 빼어 보니까 제법 많이 되는 거예요. 근데 한 쪽은 완전히 칠흑같이 되어져 버리는 거예요. 빛을 만드신 하나님께서 빛과 어두움을 나누십니다. 완전히 빼어 내서 따로 두십니다.

교회가 무엇입니까? 빼어 낸다는 헬라어이거든요. 이 죄악 된 세상에서 빼어 내신다는 말씀이시거든요.

넷째 날에 광명을 만드셨습니다. 이 광명은 반사체입니다. 빛이라고 하는 근본이 있고 그 근본이 나에게 비춰져서 내가 빛을 낼 수 있습니다.

수학에서 1 2 3 4 5 6 7 8 9 10 이렇게 배우는데, 고등 수학에는 0도 있습니다. 0도 숫자입니다. 0이라고 하는 수학 개념을 인도 사람이 발견했어요. 수학에서 0이 없으면 해결이 안돼요. 모든 학문은 수학에 기초한 것입니다. 현대과학이 그렇습니다. 컴퓨터가 1과 0 이 아닙니까? 1이 있을 때는 데이터가 있는 것이고 0이 있을 때는 데이터가 없는 것이지만 1, 0, 1, 0, 1, 0이 반복되는 것이 컴퓨터입니다. 0이라고 하는 것이 아무것도 아닌 줄 알지만 그것이 없으면 수학 개념을 가지지 못해요. 수학 안에 축을 이루는데 그것이 빠져 버리면 기초가 없어져 버려요.

그것과 마찬가지로 빛이라고 하는 것을 만드셨는데 이 빛이 진짜 있는지 없는지 알 수 있는 것은 무엇입니까? 첫째 날에 만들어 놓으신 빛이 있는지 없는지를 알 수 있는 것은 빛이 확 비춰서 되돌아오는 것이 있어야 됩니다. 반사된 사실로 빛의 존재가 확실히 증명됩니다. 예수님이 빛이십니다. 예수께서 내가 빛이라고 말씀하셨습니다. 빛이 세상에 오셨는데 그 빛이 있다는 것을 알 수 있는 게 뭐냐 하면 사람들에게도 빛이 나타나야 그 빛이 있는 것을 알 수 있어요.

요한복음 1장을 보시죠. 1절부터 13절까지 입니다.

"태초에 말씀이 계시니라. 이 말씀이 하나님과 함께 계셨으니 이 말씀은 곧 하나님이시니라 그가 태초에 하나님과 함께 계셨고 만물이 그로 말미암아 지은바 되었으니 지은 것이 하나도 그가 없이는 된 것이 없느니

라. 그 안에 생명이 있었으니 이 생명은 사람들의 빛이라 빛이 어두움에 비치되 어두움이 깨닫지 못하더라. 하나님께로서 보내심을 받은 사람이 났으니 이름은 요한이라 저가 증거하러 왔으니 곧 빛에 대하여 증거하고 모든 사람으로 자기를 믿게 하려 함이라. 그는 이 빛이 아니요 이 빛에 대하여 증거하러 온 자라 참 빛 곧 세상에 와서 각 사람에게 비취는 빛이 있었나니 그가 세상에 계셨으며 세상은 그로 말미암아 지은바 되었으니 세상이 그를 알지 못하였고 자기 땅에 오매 자기 백성이 영접치 아니하였으나 영접하는자 곧 그 이름을 믿는 자들에게는 하나님의 자녀가 되는 권세를 주셨으니 이는 혈통으로나 육정으로나 사람의 뜻으로 나지 아니하고 오직 하나님께로서 난 자들이라"

디모데전서 6장 13절입니다.

"만물을 살게 하신 하나님 앞과 본디오 빌라도를 향하여 선한 증거로 증거하신 그리스도 예수 앞에서 내가 너를 명하노니 우리 주 예수 나타나실 때까지 점도 없고 책망 받을 것도 없이 이 명령을 지키라 기약이 이르면 하나님이 그의 나타나심을 보이시리니 하나님은 복되시고 홀로 한 분이신 능하신 자이며 만왕의 왕이시며 만주의 주시요 오직 그에게만 죽지 아니함이 있고 가까이 가지 못할 빛에 거하시고 아무 사람도 보지 못하였고 또 볼 수 없는 자시니 그에게 존귀와 영원한 능력을 돌릴찌어다"

마태복음 5장 14절입니다.

"너희는 세상의 빛이라 산 위에 있는 동네가 숨기우지 못할 것이요 사람이 등불을 켜서 말 아래 두지 아니하고 등경위에 두나니 이러므로 집 안 모든 사람에게 비취느니라. 이같이 너희 빛을 사람 앞에 비취게 하여 저희로 너희 착한 행실을 보고 하늘에 계신 너희 아버지께 영광을 돌리게 하라"

에베소서 5장 8절부터 17절까지입니다.

"너희가 전에는 어둠이더니 이제는 주 안에서 빛이라 빛의 자녀들처럼 행하라 빛의 열매는 모든 착함과 의로움과 진실함에 있느니라 주를 기쁘시게 할 것이 무엇인가 시험하여 보라 너희는 열매 없는 어둠의 일에 참여하지 말고 도리어 책망하라 그들이 은밀히 행하는 것들은 말하기도 부끄러운 것들이라 그러나 책망을 받는 모든 것은 빛으로 말미암아 드러나나니 드러나는 것마다 빛이니라 그러므로 이르시기를 잠자는 자여 깨어서 죽은 자들 가운데서 일어나라 그리스도께서 너에게 비추이시리라 하셨느니라 그런즉 너희가 어떻게 행할지를 자세히 주의하여 지혜 없는 자 같이 하지 말고 오직 지혜 있는 자 같이 하여 세월을 아끼라 때가 악하니라 그러므로 어리석은 자가 되지 말고 오직 주의 뜻이 무엇인가 이해하라"

첫째 날에 "빛이 있으라 하시매 빛이 있었고 그 빛이 하나님의 보시기에 좋았더라". 넷째 날에는 "두 큰 광명을 만드사 큰 광명으로 낮을 주관하게 하시고 작은 광명으로 밤을 주관하게 하시며 그 빛을 땅에 비추라"고 말씀하셨습니다. 그 말씀대로 됐습니다.

요한복음 1장에 "태초에 말씀이 계시니라 이 말씀이 하나님과 함께 계셨으니 이 말씀은 곧 하나님이시니라"이거든요. 원래는 '이셨느니라.'입니다. 원래는 과거 형태로 쓰여진 것입니다. 왜냐하면 '이시니라'라고 한다면 하나님 우편에 가신 예수님은 다른 하나님이십니다. 그 빛이신 하나님이 오셨다가 이제는 대제사장으로 자기의 피로 하늘의 성소에 피를 드리고 하나님 우편에 앉아 계신 하나님의 아들로 앉아 계시거든요.

그 빛이 세상에 오셨는데 그 분이 오셨다는 것을 알 수 있는 것이 뭐냐하면 '사람들 속에 있는 빛'이라고 하셨습니다.

마태복음 5장에서는 만약에 등에다가 불을 켜면 말 아래, 즉 이 말이 타고 다니는 말이 아니라 사람들이 앉는 평상이라는 말입니다. 그러니까 등불을 켜면 등경 위에다 놓아서 다 비취게 해야 돼요. 집안 모든 사람들이 볼 수 있게 해 줘야 합니다. 그래서 너희는 세상에 빛이기 때문에 어디에 놓느냐 하면 산꼭대기에 올려다 놓습니다. 이 빛은 아무것도 숨길 수 없어요. '그러므로 너희 착한 행실을 보고 하나님께 영광을 돌리게 하라'는 말씀입니다.

원래 빛은 영원히 죽지 않는 빛입니다. 오늘 제가 설교를 시작하면서 '시간에 관한 말씀을 나누자' 그렇게 말씀드리지 않았습니까? 시간의 제한 속에 있으면 안되요. 뭔가 영원한 속으로 들어 가야 합니다. 영원히 죽지 않는 빛 안으로 들어가야 돼요. 빛 안으로 들어갈 수 있는 길이 인간에게는 주어지지 않았어요. 왜 그럴까요?

생명나무로 가는 길목을 막아버렸거든요. 그런데 생명나무로 갈 수 있는 길이 있어요. 이것이 동산 중앙이라고 한다면 생명나무가 여기 있습니다. 근데 동편에서 이쪽으로 들어가는 길을 두루 도는 화염검으로 막아버렸거든요. 인간으로서는 그 생명나무로 갈 방법이 없어요. 하나님이 막아버렸는데 무슨 재주로 갈 거예요? 그런데 갈수 있는 방법이 있어요. 이것이 수직적 사고와 수평적 사고의 차이입니다.

옛날에는 최 진사 같은 사람이 많았는지 몰라요. 최 진사 댁에 딸이 하나 있었어요. 사위를 구하는데 이 양반이 문제를 내서 그 문제를 풀면 딸을 주겠다는 거예요. 문제를 못 풀면 곤장을 쳐서 내보내는 거예요. 수도 없이 많이 맞고 갔거든요. 또 한 청년이 왔습니다. 그래 네가 내 딸을 원하느뇨? 지금 그 젊은이가 사람이 온 이유가 뭐지요? 수수께끼 맞추러 온 거예요 그 딸을 원해서 온 거예요? 예배당에 왜 오신 거예요? 이해하시는지 모르겠네요. 이 청년이 지나가는 과정 중에 수수께끼 맞추는 거지 진짜는 그 딸을 원하는 것 아니예요?

예배당에 뭣 하러 오셨어요? 사경회 하러 왔지. 사경회는 지나가는 과정에 불과하고 진짜는 내가 과연 영원한 생명을 받았는가 영원한 그 빛을 가졌는가 하는 그것이 문제입니다. 그런데 전부 과정에 매달려 있어요. 그것이 목표인 줄 알고 큰일 날 착각들을 하고 있어요. 진짜 받을 것을 못 받고 있어요. 그러면 안돼요. 죄가 나를 사로잡고 있다니까요.

어찌되었든 영감님이 네가 진정 내 딸을 원하느냐? 그렇잖아요? 그것부터 확인 해야지요. 그 청년이 '나는 댁의 딸은 원하지 않고 수수께끼나 풀고 갈래요' 한다면 이 영감님 의도하고 안 맞는 것 아니에요? 이 영감님 지금 사위를 고르려고 수수께끼를 내는 것이지 수수께끼만 맞추러 온 사람은 소용이 없잖아요. 하나님께서는 궁극적으로 하늘나라를 주시기를 원하시는 것과 같습니다.

그런데 이 양반이 수수께끼를 내겠다고 하더니 봉지 하나를 가져와서는 거기다가 검정 콩 두 개를 집어넣습니다. 게다가 이 영감님은 그 봉지를 그 청년에게 건네는 겁니다. 그리고는 '이 봉지에서 흰 콩을 꺼내면 내 딸을 주겠네' 라고 합니다. 이 게임은 시작도 안하고 진 거지요. 검은 것 두 개를 넣고는 흰 것을 꺼내라고 하니 끝난 것 아닙니까? 어떻게 흰 콩을 꺼낼 거예요?

이 청년이 흰 콩을 꺼낼 방도를 만들었어요. 어떻게 했느냐 하면 이 청년이 봉지에 손을 넣고는 하나를 딱 집어 냈어요. 그리고는 입으로 삼켜 버렸어요. 그리고 남은 까만 콩을 집어 내서 최진사에게 여기 있습니다 봉지에 검정 콩이 남았으니까 흰 콩을 끄집어 낸 것입니다 했어요.

그 사람이 사위가 되었겠습니까? 못 되었겠습니까? 이것이 수평적 사고입니다. 사람들은 옆으로 돌아볼 생각을 안 해요. 그냥 수직으로만 생각해요.

제 질문이 뭐냐 하면, 죄를 져야 천국 갑니까? 죄를 안 져야 천국 갑니까? 이 질문에 대한 대답만 확실히 할 수 있으면 돼요. 이 생각과 이런 사고를 바꿔야 됩니다. 지금까지 내가 가지고 있던 생각대로 천국을 갈지도 모른다고 착각했으면 딱 바꾸어야 돼요. 그것이 아니예요.

하나님께서 네 안에 빛이 있는가를 원하시거든요. 예수께서 내 안에 오셨다고 하는 것은 내 안에 죽지 않는 빛이 들어온 거예요. 영원히 살 수 있는 빛이 들어왔기 때문에 영원히 사는 거예요. 하나님께서 원하시는 것이 '너희가 세상의 빛'이라고 하신 그런 말씀이에요. '등을 켜서 등경 위에 놓는다'는 말씀은 네가 어느 세상 어느 곳에 가도 '나는 그리스도의 빛' 이라고 얘기할 수 있느냐 하는 질문입니다.

그와 마찬가지로 이 생명나무에 가긴 가야 하는데 하나님께서 길을 막아 버리셨어요. 생명나무 쪽은 아예 갈 길이 없어요. 못 갑니다. 그런데 가야 돼요. 어떻게 하면 갈 수 있겠어요?

내가 그 생명나무의 실과를 먹어야 되잖아요. 영원히 죽지 않는 생명을 내가 가져야 하거든요. 어떻게 그것을 받을 수 있겠느냐 이 말 이에요. 그래서 수평적 사고와 수직적 사고를 말씀드린 거예요.

어떻게 갈 수 있겠는가? 어떻게 하면 그 화염검이 도는 그 길을 뚫고 가서 그 생명나무의 실과를 먹을 수 있겠는가 이 말입니다. 그것만 먹었다 하면 영원히 살 수 있어요.

잠언 3장 18절입니다.

"지혜는 그 얻은 자에게 생명 나무라 지혜를 가진 자는 복되도다."

생명나무를 말씀을 나누기 전에 '복되도다'라는 말씀을 좀 하겠습니다.

마태복음 5장에 '복있는 자는' 하시면서 예수께서 산에서 설교하셨어요. 그런데 거기 말씀에 잘 산다는 말씀은 한 마디도 안 하셨습니다. 그런데 왜 교회 다니면 잘 산다고 시작했는지 모르겠어요. 그러면 또 교회 가면 꼭 가난해져야 되나요? 어떤 사람은 목사를 나타내려고 옷도 다 떨어진 것 입고 다녔답니다. 거룩하게 보일려구요. 그랬더니 야, 예수 믿으면 다 그렇게 되냐 그러더래요. 먹고 사는 문제는 하늘에 계신 천부께서 하시는 문제이십니다. 오늘 그 얘기 길게 못합니다. 어찌 되었던지 먹고 사는 문제는 교인의 중요한 주제가 아닙니다. 절에 다니는 사람은 벌써 다 망했어야 되잖아요. 그럼 절에 다니는 사람들 잘 사는 것 하나님께서 허락하신 거예요 아니예요? 하나님께서 허락 안 하시고 이 세상에 되어지는 일 한 가지라도 있습니까? 그런 측면에서 잘 이해하셔야 됩니다.

복이 있다고 하는 얘기를 할 때에는 '하나님께서 복을 명하셨으니' 하시는 시편 133편 3절을 보셔야 합니다.

'헐몬의 이슬이 시온의 산들에 내림 같도다. 거기서 여호와께서 복을 명하셨나니 곧 영생이로다.'

영생이 하나님께서 주시려는 복입니다. 그래서 아브라함 보고 "너는 복의 근원이 될지어다." 하셨습니다. 하늘에 계신 아버지께서 주시고자 하는 복은 영원한 생명입니다. 영원한 그 빛에 들어가는 일이예요.

잠언 3장 18절을 다시 보시면 '지혜는 그 얻은 자에게 생명나무' 라고 하셨거든요. 지혜만 받으면 내가 생명나무를 받은 겁니다. 사고를 수직에서 수평으로 움직여 주면 되는 거예요. 생명나무가 그렇습니다.

봉지 안에 검은 콩이 남아 있으니까 흰 콩을 집은 것 아닙니까 하는 논리처럼 이것이 수평적 사고입니다. 사람들은 아주 고지식하게 생각들 하니까 복받은 것이 꼭 세상 복받은 것으로 고착된 사고를 갖고 있습니다.

복을 받는다는 복 자는 어디서 온 겁니까? 성황당에서 할머니가 비는 것도 복입니다. 여러분 성경에 나오는 용어들이 기독교에서만 사용하는 단어라고 생각하면 큰일납니다. 다만 의미는 하늘과 땅만큼 다릅니다.

무슨 말이냐 하면 그것이 한국어입니다. 기독교만 사용하는 용어가 아니라니까요. 무슨 말이냐 하면 불교 용어에도 지옥이 있어요. 불교에서도 기도한다고 해요. 중들도 기도해요. 불교에서도 금식합니다. 그러니까 자칫 단어가 같으니까 그 단어를 불교식으로 이해를 해 버리는 거예요. 똑 같은 한국어 단어이지만 의미는 전혀 다른데 불교식 개념을 그대로 성경에 끌고 들어오는 겁니다. '복'도 한국 사람들은 이가 튼튼하면 복이라고 합니다. 그러면 '여호와께서 복을 명하셨으니' 가 이가 튼튼하다 이 말이 아니잖아요. 성경의 단어를 그냥 자기들 단어들로 둘러대면 안 된다 그 말 이에요.
'여호와께서 복을 명하셨으니 곧 영생이로다'. 하나님께서 인간에게 주시는 복은 영원히 사는 겁니다. 생각을 해 보세요. 똑똑하게 살자구요.

세상이 돈에 미쳐 돌아 가고 있는데 거기에 기독교까지 같이 춤을 춰요. 복이 돈이나 잘 버는 것인 줄 알고 말이죠. 복 이란 단어만 나오면 돈으로 연결해 버려요. 그러니 차라리 애들처럼 돈을 모르는 때가 낫지 저

애들은 만 원짜리 보다도 짤랑짤랑 하는 동전을 더 좋아하니까. 저 애들에게 만 원짜리 줘 봤자 소용이 없다고요. 동전을 더 좋아하죠.

하나님께서 주시고자 하는 것의 값어치를 알아야 된다니까요. 하나님이 주시고자 하는 것이 '영원한 생명'이라는 것을 알아야 돼요. 모르면 '복' 이러면, 남의 등을 치든지 욕을 먹든지 그냥 돈이나 벌고 보자는 식입니다.

진광교회 사경회 - 마지막 날

창세기 1장 26절부터 28절까지의 말씀입니다.

"하나님이 이르시되 우리의 형상을 따라 우리의 모양대로 우리가 사람을 만들고 그들로 바다의 물고기와 하늘의 새와 가축과 온 땅과 땅에 기는 모든 것을 다스리게 하자 하시고 하나님이 자기 형상 곧 하나님의 형상대로 사람을 창조하시되 남자와 여자를 창조하시고 하나님이 그들에게 복을 주시며 하나님이 그들에게 이르시되 생육하고 번성하여 땅에 충만하라, 땅을 정복하라, 바다의 물고기와 하늘의 새와 땅에 움직이는 모든 생물을 다스리라 하시니라"

창세기 1장 26절부터 28절의 말씀을 보시게 되면 하나님께서 사람을 만드신 것을 알 수 있습니다.

그 밑에 창세기 2장 7절을 보시면

"여호와 하나님이 흙으로 사람을 지으시고 생기를 그 코에 불어넣으시니 사람이 생령이 된지라"

여기에서 흙은 '먼지'입니다. 그리고 하나님께서 사람에게 생기를 불어넣으셔서 '생령이 된지라' 입니다.

'생령이 된지라'의 히브리어 배경은 이렇습니다.

제가 가진 이 성경책은 어떤 성경책이냐 하면 최근에 나온 한글 흠정역 성경 그러니까 킹 제임스 버전입니다. 한국어로 나왔는데 몇 년 전에는 한국어로만 출판했는데 최근에는 한글과 영어 대역으로 나왔습니다. 복음적인 설교자들은 흠정역이 가장 정확하다는 합니다. 흠정역 성경을 히브리어 성경과 대조해 보면 상당히 정확한 것을 발견할 수 있습니다. 그래서 저도 한국어로 나왔기 때문에 반가워서 이 성경만 제가 다섯 번을 읽어봤어요. 상당부분 아주 정확한 번역인데 특별히 창세기 2장 7절의 '생기를 불어넣으신다'고 하는 말씀을 제가 이 성경으로 읽어 보겠습니다.

"주 하나님께서 땅의 흙으로 사람을 지으시고 그의 콧구멍에다 생명의 호흡을 불어넣으시니 사람이 살아있는 혼이 되었더라"

'생령이 된지라'는 '살아있는 혼이 되었다'입니다. 생령이 아니고 생 혼입니다. 우선 혼에 대한 말씀을 나누기 전에 사람과 짐승의 다른 점을 몇 가지 비교해 보겠습니다.

우선 알 수 있는 것처럼 짐승은 흙에서 지으심을 받았고 사람은 먼지로 창조하셨습니다. 그런데 체질적으로는 많은 기관들이 유사성을 띠고 있습니다. 그러나 단지 하나님께서 '콧구멍에다가 생기를 불어넣으셨다'고 하는 것만 다른 것이 아니라 짐승과 사람 사이에는 다른 것이 많이 있습니다. 우선 성경말씀을 몇 군데 보시겠습니다.

베드로 후서 2장 9절부터 14장까지의 말씀입니다.

"주께서 경건한 자는 시험에서 건지실 줄 아시고 불의한 자는 형벌 아래에 두어 심판 날까지 지키시며 특별히 육체를 따라 더러운 정욕 가운데서 행하며 주관하는 이를 멸시하는 자들에게는 형벌할 줄 아시느니라 이들은 당돌하고 자긍하며 떨지 않고 영광 있는 자들을 비방하거니와 더 큰 힘과 능력을 가진 천사들도 주 앞에서 그들을 거슬러 비방하는 고발을 하지 아니하느니라 그러나 이 사람들은 본래 잡혀 죽기 위하여 난 이성 없는 짐승 같아서 그 알지 못하는 것을 비방하고 그들의 멸망 가운데서 멸망을 당하며 불의의 값으로 불의를 당하며 낮에 즐기고 노는 것을 기쁘게 여기는 자들이니 점과 흠이라 너희와 함께 연회할 때에 그들의 속임수로 즐기고 놀며 음심이 가득한 눈을 가지고 범죄하기를 그치지 아니하고 굳세지 못한 영혼들을 유혹하며 탐욕에 연단된 마음을 가진 자들이니 저주의 자식이라"

유다서 10절입니다.

"이 사람들은 무엇이든지 그 알지 못하는 것을 훼방하는도다 또 저희는 이성없는 짐승같이 본능으로 아는 그것으로 멸망하느니라"

베드로 후서에 있는 말씀에서 우리가 짐승에 대한 말씀을 한 두가지 요약한다면 짐승은 잡혀 죽기 위해서 태어납니다. 그 다음에 짐승은 이성이 없습니다.

유다서에 있는 말씀도 비슷한 말씀인데 하나가 더 있는 것이 무엇이냐 하면 '본능으로 아는 그것으로 멸망한다'입니다. 이 '본능으로 아는 것'이라는 것이 뭐냐 하면 '태어날 때 가진 그대로 때문에 망한다'는 말입니다. 자기가 알긴 알아요. 알기는 아는데 태어날 때 알고 있던 대로 이기 때문에 그대로 망한다 그 말씀입니다.

두 번째 '이성이 없다' 하는 것은 이성을 뭐라고 하시느냐 하면 이해한다는 단어를 사용하셨습니다. 잠언에 있는 말씀과 비교해 보겠습니다.

잠언3장 19절입니다.

"여호와께서는 지혜로 땅에 터를 놓으셨으며 명철로 하늘을 견고히 세우셨고"

이 말씀에서 '명철'이라는 단어가 바로 유다서의 '이성'과 똑같은 단어입니다. 명철은 특히 잠언에 자주 나옵니다. 명철이 뭐냐 하면 '이해한다'는 말입니다. 그런데 이 19절 말씀을 잘 생각해보면 '명철로 하늘을 굳게 펴셨고' 이때는 괜찮은데 '이해로 하늘을 굳게 세우셨고' 이렇게 되는 거예요. '이해로 하늘을 굳게 세우셨다' 이 말이예요. '이해'가 이 말씀대로 하면 그렇습니다. 그러니까 무엇인지 자세히 알 수는 없지만 '이해' 즉 알아들어야 한다는 말입니다.

이해에 관한 말씀을 잠언 8장을 1절을 보시겠습니다.

"지혜가 부르지 아니하느냐 명철이 소리를 높이지 아니하느냐"

여기서도 명철을 이해로 대체하면 '이해가 소리를 높이지 아니하느냐' 입니다. 뭔가 알아듣겠다 뭔가 이해한다 이런 말입니다.

그런데 그것이 소리를 높인다 이 말이예요.

하나님의 말씀을 이해한다 하나님의 말씀이 어렵다 뭔가 좀 속 시원하게 확 뚫렸으면 좋겠다 하나님의 말씀이 쏙쏙 누구 말처럼 꿀송이처럼 단 말씀을 나는 맛볼 수 없을까 이러다가 예배당에 마당만 밟는 꼴 되는 거 아닌가.

명철은 이해가 되어진다 알아듣는다는 말입니다.

그런데 짐승은 그것이 없어요. 그러면 '이성이 없는 짐승'이라고 하는 것이 하나님의 말씀이기 때문에 하나님과 연관되어진 측면에서만 이 말씀을 이해해야 합니다. 그러니까 짐승은 하나님의 말씀을 못 알아듣는다 그 말이예요. 그래서 베드로 후서나 유다서에서 사람을 짐승 취급한 것입니다. 하나님의 말씀을 못 알아듣는 것을 짐승 취급을 한 거예요. 그러면 그 말씀을 좁혀 들어가 보면 잡혀 죽기 위하여 태어난 인생이다. 그 말씀이예요. 뭐 처럼이요? 개처럼 소나 돼지처럼 기껏 키워 가지고 잡아먹어버리는 거예요.

그런데 그 짐승들이 가지고 있는 것 하나 더가 뭐냐 하면 본능으로 아는 대로만 행해요. 이 본능으로 하는 것이 뭐냐 하면 태어날 때 가지고 잇는 그대로 살아간다 그 말씀이예요.

전도서 말씀을 보시겠습니다. 전도서 3장 18절입니다.

"내가 심중에 이르기를 인생의 일에 대하여 하나님이 저희를 시험하시리니 저희로 자기가 짐승보다 다름이 없는 줄을 깨닫게 하려 하심이라 하였노라"

내가 짐승하고 다를 것이 없구나 그것을 하나님이 깨닫기를 원하십니다.

전도서 3장19절부터 22절까지입니다.

"인생에게 임하는 일이 짐승에게도 임하나니 이 둘에게 임하는 일이 일반이라 다 동일한 호흡이 있어서 이의 죽음같이 저도 죽으니 사람이 짐승보다 뛰어남이 없음은 모든 것이 헛됨이로다. 다 흙으로 말미암았으므로 다 흙으로 돌아가나니 다 한곳으로 가거니와 인생의 혼은 위로 올라가고 짐승의 혼은 아래 곧 땅으로 내려가는 줄울 누가 알랴 그러므로 내 소견에는 사람이 자기 일에 즐거워 하는 것보다 나은 것이 없나니 이는 그의 분복이라 그 신후사를 보게 하려고 저를 도로 데리고 올자가 누구이랴"

사람이 '분복이 있다'는 것은 '내 일이 무엇인지 잘 아는 거'예요. 더욱이나 죽고 난 후에 내가 어떻게 될까? 신후사입니다. 죽고 난 후에 내가 어떻게 될까 그것을 알게 하려고 데려다 줄 사람이 누구일까?

그런데 짐승은 땅으로 가되 인생의 혼은 위로 올라갑니다. 인생의 혼은 사람의 혼입니다.

그래서 창세기2장7절에 하나님께서 콧구멍에다가 생기를 불어넣으셨어요. 그랬더니 사람이 생 혼이 됐어요. 생령이 아니고 살아있는 혼이 됐어요. 히브리어도 정확하게 살아있는 혼입니다.

살아있는 혼을 쉽게 표현하면 지, 정, 의입니다.

인간이 하고 있는 혼 적인 활동을 함축해서 표현한다면 지, 정, 의로 표현할 수 있습니다.

짐승은 발전이 없어요 왜냐하면 지식을 축적하지 못하거든요. 인간은 가지고 있는 지식을 활용해서 발전해 나갈 수 있어요. 지식 때문에 그렇습니다.

짐승들은 태어난 그대로 살잖아요

20세기 마지막 100년 사이에 인류사회가 말할 수 없이 바뀌었습니다. 자동차가 나왔어요. 비행기가 나왔어요. 컴퓨터가 나온 지 얼마나 됐어요 50년 안팎이죠. 온 세상이 바뀌어 버렸습니다.

인간은 지식을 축적할 수 있다 이 말입니다. 그리고 그것을 재활용할 수 있어요. 짐승과 다르죠.

그리고 감정이 풍부합니다. 감정이 있어요. 슬프기도 하고 또 여러 가지 감정이 있어요.

그리고 의지가 있어서 어떤 일을 해 밀어붙일 수가 있는 담력도 있고 그렇다 이 말입니다.

그런데 문제는 이 세상에 사는 동안에 자신이 축적한 지식이나 감정 슬프고 기쁜 희로애락이 내 안에 지나갔는데 밖으로 표출이 되었든지 내재되었든지 이것도 혼에 포함이 됩니다. 더욱이나 안에는 의지가 있거든요. 한 번 해보겠다는 어떤 건데 이런 것들이 죽고나서 없어지는 것이 아닙니다. 위로 올라갑니다. 올라 무엇 합니까? 죽은 뒤에 위로 올라가서 심판을 받아야 돼요. 그러니까 이 세상에 산 자기 인생에 대해서 책임을 져야 돼요. 자기 스스로입니다. 이것은 아무도 대신해 줄 수 없고 자기 스스로 자기가 살아간 인생에 대한 책임을 져야 합니다. 아무도 대신해 줄 수 없어요. 핑계 댈 수도 없어요. 자기가 책임을 져야 돼요. 자기 흔적에 대해서. 왜? 하나님이 짐승과 다르게 만들어 놓으셨기 때문입니다.

그런데 이 세상에 태어난 그 상태로 살고 있다면 본능으로 아는 것, 다른 말로 표현한다면 자연 속에 태어난 본래대로 그 자체로 살고 있다면 그것으로 멸망해요. 저주를 받아요. 짐승과 달라져야 한다면 우선 태어난 그대로 살면 안된다는 얘기입니다.

하나님께서 인간을 만드실 때 '우리가 우리의 모양대로 사람을 만들고 그들로 모든 것을 다스리게 하자' 하시고 '사람을 남자와 여자로 창조'하셨어요. 하나님의 형상대로 창조하셨어요. 창세기 1장 26절에서 우리가 우리의 모양대로 만들자고 하셨습니다. '만들자'고 하셨습니다. 제가 '만들자'를 강조한 부분에 대해서 무슨 얘기 인지 알아야 합니다. 그런데 27절에서는 '남자와 여자를 창조'하셨다는 말씀입니다. '만드실' 때는 '모양대로 만들자' 하셨고 '창조하실' 때에는 '형상대로 창조'하셨습니다. 그러면 '모양대로 만들자'는 무엇이고 '형상대로 창조하는' 것은 무엇이냐 그것이 나에게는 어떻게 이루어졌는가 하는 문제가 남습니다.

창세기 1장26절과 27절을 다시 봉독합니다.

"하나님이 가라사대 우리의 형상을 따라 우리의 모양대로 우리가 사람을 만들고 그로 바다의 고기와 공중의 새와 육축과 온땅에 기는 모든 것을 다스리게 하자 하시고 하나님이 자기 형상 곧 하나님의 형상대로 사람을 창조 하시되 남자와 여자를 창조 하시고"

여기서 한가지 알 수 있는 것은 하나님이 사람을 창조하실 때 혼자 하신 것이 아니라 함께 하신 것을 알 수 있어요. 왜냐하면 '우리가' 이렇게 말씀하시니까요.

분명히 창세기1장 1절부처 나오는 하나님이라는 단어는 히브리어서 복수형이 쓰였습니다. 히브리어 '엘로힘'은 복수로서의 하나님입니다. 창세기 1장26절에 있는 그 하나님은 복수로서의 하나님이십니다. 두 분 이상이신 어떤 하나님이시라는 말씀입니다.

그런데 창세기 14장에 아브라함이 자기 조카 롯이 잡혀갔는데 그를 다시 찾아가지고 올 때에 하나님의 제사장이 나타나서 축복합니다. 멜기세덱이 나옵니다. 그때 하나님의 제사장이라고 하실 때 창세기에 처음으로 단수로서의 하나님이 나옵니다. 창세기 14장 14절에 '엘' 입니다.

어찌됐든 히브리어로 창세기 1장26절에서 말씀하시는 분은 한 분이 아니신 두 분 이상의 하나님께서 창조하고 계신 것을 알 수 있습니다.

잠언8장을 22절을 보시겠습니다.

"여호와께서 그 조화의 시작 곧 태초에 일하시기 전에 나를 가지셨으며"

여호와는 하나님의 이름이십니다. '여호와께서 일하시기 전에 나를 가지셨다'고 하시니까 어떤 다른 분입니다.

23절부터 26절까지 계속 읽겠습니다.

"만세전부터 상고부터 땅이 생기기 전부터 내가 세움을 입었나니 아직 바다가 생기지 아니하였고 큰 물들이 있기 전에 내가 이미 났으며 산이 세우심을 입기 전에 언덕이 생기기 전에 내가 이미 났으니 하나님이 아직 땅도 들도 세상 진토의 근원도 짓지 아니 하셨을 때 에라"

그러니까 1장 1절 '태초' 이전에 하나님께서는 벌써 누구하고 함께 계셨습니다.

27절부터 31절까지입니다.

"그가 하늘을 지으시며 궁창으로 해면에 두르실 때에 내가 거기 있었고 그가 위로 구름 하늘을 견고하게 하시며 바다의 샘들을 힘 있게 하시며 바다의 한계를 정하여 물로 명령을 거스리지 못하게 하시며 또 땅의 기초를 정하실 때에 내가 그 곁에 있어서 창조자가 되어 날마다 그 기뻐하신 바가 되었으며 항상 그 앞에서 즐거워하였으며 사람이 거처할 땅에서 즐거워하며 인자들을 기뻐하였었느니라"

창조자가 한 분 더 계셔요. '내가 창조자가 되어' 그렇게 말씀하셨습니다. 하나님과 함께 창조하신 어떤 분이 또 계셨습니다.

그러니까 하나님께서 뭐라고 말씀하시냐 하면 '우리의 모양대로 우리

가 사람을 만들고 그로 다스리게 하자' 이렇게 말씀하셨거든요

그런데 하나님께서 사람을 남자와 여자를 창조하실 때는 하나님의 형상을 따라 창조하셨어요.

그러면 이제 질문으로 되돌아가서 이 말씀이 나에게 무슨 관계가 있느냐 이 말입니다. 어떤 한 개인에게 창세기 1장26절과 27절이 무슨 관계가 있느냐 이 말입니다.

하나님의 말씀은 전체 성경으로만 이해되어집니다. 창세기 1장1절부터 요한계시록22장21절까지 전체 안에서만 이해되어져야 합니다.

그리고 그 하나님의 말씀이 누구든지 자신에게 어떤 의미를 가지고 있느냐 그 말씀이 자신에게 이루어졌느냐 안 이루어졌느냐 그 문제입니다.

골로새서 1장15절입니다.

"그는 보이지 아니하시는 하나님의 형상이요 모든 창조물보다 먼저 나신자니"

아까 잠언 8장을 읽을 때 '땅도 짓기 전 산도 세우시기 전에 지음을 입었나니' 하신 분이 계셨습니다. 창조자가 또 한 분 더 계시다고 했습니다.

그 분이 예수이십니다.

15절 후반절에 '모든 창조물보다 먼저 나신자니' 그렇게 되어 있잖아요. 이 분이 누구이시냐 하면 13절에 '사랑의 아들의 나라로 옮기셨으니' 하시는 말씀과 14절 '그 아들 안에서' 하시는 말씀대로 그 분은 예수이십니다.

그러니까 성경을 이해하는 것은 전체를 하나로 봐야 합니다. 이것을 문맥으로 이해해야 됩니다. 이것을 어디 한 군데만 뽑아 가지고 얘기하니까 이상한 사람들이 자꾸 나타나는 거예요. 그래서 정신 바짝 차려야 합니다. 마귀한테 끌려 가는 것도 모르고 속는 겁니다. 어느 한 구절을 가지고 하나님의 말씀을 혼자 다 아는 것처럼 떠들어 대는데 어제 말씀을 드린 것처럼 '가르치는 자가 없으니 어찌 깨달으리요' 그렇죠? 그래서 어떻게 해야 합니까 '베뢰아 사람들은 더욱 신사적이어서 간절한 마음으로 받고 그런 가 하여 상고하는 중에 믿는 자가 많더라' 입니다.

제가 지금 말씀을 증거하지만 그런 가 하여 성경 말씀에서 샅샅이 뒤져 가지고 확증을 했을 때에만 믿음이 확 들어오는 거예요. 그렇지 않으면 안되는 거예요. 그래서 제가 오늘 성경 몇 페이지 읽었나 안 읽었나 물었잖아요. 읽으신 분과 안 읽은 분은 벌써 이만큼 차이가 납니다.

찬송가221장입니다.

나 가난복지 귀한성에 들어가려고 내 중한 짐을 벗어버렸네
죄 중에 다시 방황할 일 전혀 없으니 저 생명 시냇가에 살겠네
길이 살겠네 나 길이 살겠네 저 생명 시냇가에 살겠네
길이 살겠네 나 길이 살겠네 저 생명 시냇가에 살겠네

그 불과 구름기둥으로 인도하시니 나 가는 길이 형통하겠네
그 요단 강을 내가 지금 건너후에는 저 생명 시냇가에 살겠네
길이 살겠네 나 길이 살겠네 저 생명 시냇가에 살겠네
길이 살겠네 나 길이 살겠네 저 생명 시냇가에 살겠네

내 주린 영혼 만나로써 먹여 주시니 그 양식 내게 생명 되겠네
이후로 생명 양식 주와 함께 먹으며 저 생명 시냇가에 살겠네
길이 살겠네 나 길이 살겠네 저 생명 시냇가에 살겠네
길이 살겠네 나 길이 살겠네 저 생명 시냇가에 살겠네

골로새서1장15절에서 '그는 보이지 아니하시는 하나님의 형상이요 모든 창조물보다 먼저 나신 자니' 하시는 말씀은 예수이십니다. 창세기 1장 26절과 27절에서 '우리의 형상대로' 라고 하셨고 '하나님의 형상대로' 남자와 여자를 창조하셨는데 하나님의 형상이 예수이십니다.

고린도후서 4장4절 말씀입니다.

"그 중에 이 세상 신이 믿지 아니하는 자들의 마음을 혼미케하여 그리스도의 영광의 복음의 광채가 비취지 못하게 함이니 그리스도는 하나님의 형상이니라"

그 다음에 로마서8장 29절입니다.

"하나님이 미리 아신 자들로 또한 그 아들의 형상을 본받게 하기 위하

여 미리 정하셨으니 이는 그로 많은 형제 중에서 맏아들이 되게 하려 하심이니라"

하나님의 형상은 아무도 볼 수 없어요. 하나님 앞에 나아 갈 수가 없어요. 하나님을 직접 본 사람은 그대로 죽임을 당합니다. 하나님 앞에 그대로 나아갈 수 있는 사람은 아무도 없어요

그래서 우리가 기도할 때나 찬송할 때나 성경말씀을 이해할 때 조심해야 합니다. 예수께서 말씀하시기를 '나로 말미암지 않고는 아버지께로 올 자가 없느니라' 이렇게 말씀하셨습니다.

하나님을 만나기를 원합니다 하나님을 보기를 원합니다 하는 기도는 위험합니다. 왜냐하면 하나님께 바로 나아가는 길도 없고 하나님을 볼 수 있는 길도 없고 오히려 본다 하더라도 그것은 죽음입니다.

조심해야 돼요. 단어를. 하나님을 만났다 그건 큰일 날 소리입니다. 하나님을 보기 원합니다 큰일 날 소리에요. 하나님은 볼 수가 없어요. 모세에게도 안보여 주셨어요. 네가 나를 보는 날에는 죽으리라 이렇게 말씀하셨습니다. 그래서 기도할 때 조심해야 돼요. 하나님을 볼 수 있는 길은 예수님을 통해서 밖에 없어요.

그래서 혼미한 영들이 많은 거예요. 자기가 이게 죽을 소리인지도 모르고 하고 있는 거예요.

예수께서 분명히 말씀하셨습니다. 나로 말미암지 않고는 아버지께로 올 자가 없느니라. 하나님께서 예수 한 분만 앞에 세워 놓으셨어요. 왜? 그 분이 자기의 형상이기 때문입니다. 내 형상을 닮기를 원하면 이 아들에게 오라고 하십니다. 창세기 1장26-28절에 있는 말씀은 사람이 예수 그리스도의 형상을 본받기를 원하는 하나님의 심정이십니다. 그랬을 때에만 새로운 창조물로 변할 수 있어요. 그랬을 때에만 물과 성령으로 거듭났다고 얘기할 수 있어요.

그러면 하나님의 아들 예수는 누구이십니까?

잠언30장 1절부터 4절까지입니다.

"이 말씀은 야게의 아들 아굴의 잠언이니 그가 이디엘과 우갈에게 이른 것이니라 나는 다른 사람에게 비하면 짐승이라 내게는 사람의 총명이 있지 아니 하니라 나는 지혜를 배우지 못하였고 또 거룩하신 자를 아는 지식이 없거니와 하늘에 올라갔다가 내려온 자가 누구인지 바람을 그 장중에 모은 자가 누구인지 물을 옷에 싼 자가 누구인지 땅의 모든 끝을 정한자가 누구인지 그 이름이 무엇인지 그 아들의 이름이 무엇인지 너는 아느냐"

하나님의 아들이신 예수님을 당신은 아십니까? 예수님이 누구이십니까? 더욱이나 그 예수님은 당신에게 도대체 어떤 분이십니까?

하나님께서 사람을 만드시면서 형상을 따라 만들기로 하신 그 분이 바로 예수이십니다.

사람은 하나님으로부터 창조하심을 받았으나 창세기 6장에서 하나님께서 사람을 이 땅에 지으셨음을 한탄하시고 '나의 창조한 사람을 내가 지면에서 쓸어버리되 사람으로부터 육축과 기는것과 공중의 새까지 그리하리니' 이렇게 말씀하십니다.

그렇다면 내가 과연 하나님이 후회하시는 태어난 그대로의 모습인지 아니면 예수 그리스도의 형상이 내 마음에 있는지 그게 문제입니다. 한가지 확실한 사실은 어제 이사야 1장도 상고했고 여러 군데 말씀으로 상고했습니다만 예배당에 나왔다고 다 된 건 아니예요. 아닙니다. 모태 신앙이요? 웃기는 말이예요 모태 죄 라면 맞아요.

시편 51편을 읽어보세요 나의 모친이 죄악 중에 나를 잉태하였음 이여. 로마서에서도 모든 사람이 죄 중에 태어난다고 되어 있지 어디 신앙 중에 태어난다고 그럽니까? 모태신앙이라는 단어가 성경 어느 구절에 있습니까?

하나님의 일이 무엇입니까? 요한 복음6장 말씀에 떡 다섯 개와 물고기 두 마리로 5천명을 먹이고도 열 두 광주리가 남았을 때 이 사람들이 예수님을 임금을 삼으려고 하면서 주여 우리가 어찌하여야 하나님의 일을 하오리까 그랬더니 예수께서 하시는 말씀이 '하나님의 보내신자를 믿는 것이 하나님의 일이니라'.

여러분 그러면 지금까지 하신 하나님의 일 하셨어요? 하나님의 일을 하신 것이 무엇입니까? 여러분 스스로 하나님의 일을 한다고 했을 때 내용이 무엇이었냐 이 말입니다. 그게 과연 하나님의 보내신자를 믿는 것이었습니까? 아니면 어떤 눈에 보이는 일이었습니까?

성경을 몰라도 너무 몰라요. 본능대로 알고 있어요. 그래서 멸망하는 거예요.

하나님의 일이라니까 뭐 주먹을 쥐고서 빗자루로 쓸어야 되고 뭐 이런 것이 하나님의 일 인줄 알았지 않습니까?

그것은 본능대로 한 거예요 본능대로 아는 지식이었어요. 하나님께서는 그런 말씀 안 하셨어요. '아버지의 일은 하나님의 보내신자를 믿는 것이니라' 입니다.

그렇다면 문제가 심각합니다. 너는 그 아들의 이름을 아느냐? 너는 아느냐 이 말입니다. 예수님이 누구이시냐 이 말입니다.

짐승처럼 살 것입니까? 아니지요. 왜냐면 짐승은 흙으로 갑니다. 사람의 육신도 흙으로 갑니다. 문제가 하나 있는 것은 사람의 혼은 하늘로 올라가는 것이 문제가 있어요. 차라리 개나 돼지는 행복해요. 최소한 지옥은 안 가니까. 사람이 태어난 그대로 살고 있다가 죽으면 그 혼이 하늘로 올라 가기 때문에 심판을 받고 믿음이 없으면 지옥을 갑니다. 짐승은 지옥 안가요. 그래서 오히려 짐승이 나아요 그런 경우에는요.

누가 너희더러 예물을 가져오라 하더냐. 내가 지기에 곤비 하도다. 연보 많이 내서 천국간다면 이 동네는 큰일났습니다.

예수께서 오셨다고 하는 것은 그 예수 그리스도가 내 마음에 있는 자에게는 축복이지만 그 예수께서 계시지 않은 자에게는 저주입니다. 왜?

차라리 예수께서 오시지 않았더라면 하나님의 형상을 그 분에게 주시지 않았을 텐데 이제는 그 빛이 땅에 와서 비쳤기 때문에 누가 뭐라고 해도 예수 그리스도 한 분 안으로 들어가는 길 외에는 아무 길도 안 남았어요. 그 예수 그리스도 안으로 들어가지 않는다고 하면 그것은 저주예요. 예수님이 이 세상에 오신 것이 그 사람에게는 저주예요. 차라리 안 오셨으면 좋지요.

그러나 일은 이미 벌어졌습니다. 일은 이미 끝났습니다. 벌써 예수께서 이 세상에 오셨고 해를 받으시고 삼 일만에 부활하시고 하늘에 올라가셔서 하나님 우편에 앉아 계셔요. 도적같이 다시 오실 때만 기다리고 계셔요. 잠시 잠깐 후면 오시는데 벌써 예수님이 십자가에 돌아가신 일은 이미 이천 년 전에 다 이루어졌는데 내 마음에는 왜 그게 없냐 그 말입니다. 보혈의 공로, 보혈의 공로 하지만 과연 그것이 내 죄를 다 덮었다는 확실한 믿음이 있느냐 이 말이예요. 아니면 나는 이성 없는 짐승이냐 이 말이예요.

예수께서 이 세상에 인자로 오셨다는 것은 권세를 받으신 겁니다.

우선은 요한복음5장27절

"또 인자됨을 인하여 심판하는 권세를 주셨느니라."

마태복음9장6절 '그러나 인자가 세상에서 죄를 사하는 권세가 있는 줄을 너희로 알게하려 하노라 하시고'

마태복음 28장18절

"예수께서 나아와 일러 가라사대 하늘과 땅의 모든 권세를 내게 주셨으니"

에베소서 1장21절 '모든 정사와 권세와 능력과 주관하는 자와 이 세상뿐 아니라 오는 세상에 일컫는 모든 이름 위에 뛰어나게 하시고 또 만물을 발아래 복종하게 하시고 그를 만물 위에 교회의 머리로 주셨느니라' 아멘

마태복음28장 말씀에 하나님께서 하늘과 땅의 모든 권세를 예수께 주셨어요. 그러니까 이제 하늘과 땅에 있는 모든 권세는 하나님은 없어요. 제 말씀 이해하십니까? 아멘은 이해했다는 얘기입니다. 그렇다는 얘기입니다. 하늘과 땅의 모든 권세를 누구에게 주셨어요? 예수께. 그러면 하나님께 하늘과 땅에서 권세가 있어요 없어요? 있습니까 없습니까? 하나님께서 예수께 모든 권세를 주셨기 때문에 이제 하나님께는 모든 권세가 없고 이제는 예수께 있습니다.

은혜를 어떻게 받습니까? 은혜는 한번 받는 겁니다. 매일 받는 게 아니고 은혜는 한번 받는 거예요. 에베소서2장에 어떻게 되어있어요? 은혜라고 하는 단어를 잘못 사용하면 안됩니다.

'은혜'라고 하는 것은 내가 정말 새로운 피조물로 다시 태어났다고 하는 그 순간에 받는 거예요.

회개라고 하는 단어도 지금 잘못 사용하고 있어요. 뉘우칠 회 고칠

개. 무슨 말이냐 하면 회개의 대상은 하나님이십니다. 내가 잘못했구나 뉘우치고 고치는 것이예요. 어제나 오늘이나 똑같이 나쁜 짓 하고서 회개합니다 하면 그 말이 맞는 것입니까 틀리는 것입니까? 틀리죠. 고쳐야죠. 그러니까 맨날 잘못했어요 잘 좀 봐주세요 그래요.

아니 말을 잘못 알고 있잖아요. 회개의 뜻은 잘못했습니다 라는 뜻이 아니예요. 잘못한 것을 뉘우치고 고쳤다는 얘기예요. repent는 말이 그렇잖아요 remind 할 때 그 "re"가 왜 붙어요? 다시라는 말이잖아요. 그렇죠? 방향을 바꾼다는 말 아닙니까? repent는 가던 방향을 바꾼다는 말 아니예요? 그런데 맨날 같은 방향으로 가면서 회개한다고 합니다. 그래서 다 지옥 가는 거예요. 그런 것을 보고 하나님을 망령되이 일컫는다고 그러는 거예요.

더군다나 하나님께서 무엇을 원하셨느냐 하면 만물이 예수 그리스도의 발 밑에 무릎 꿇기를 원하셨습니다. 발 밑에 엎드리는 거예요. 예수 그리스도의 발 밑에요. 완전히 복종한다는 소리예요. 만물이.

그런데 잠언30장에 있는 말씀대로 '그 아들의 이름을 너는 아느냐'고 물으십니다.

예수께 지금까지 그렇게 해 오셨어요? 예수님 발 밑에 엎드렸어요? 그 분이 하늘과 땅에 권세를 가진 분으로 알고 지내셨습니까? 그 분에게 권세가 주어졌어요. 그것도 하나님 아버지께서 예수께 모든 권세를 주셨다니까요. 그런데 그 분에게 복종하셨습니까? 발 밑에. 안 했다면 그것을 믿음이 있다고 얘기할 수 있습니까?

믿음은 우선 있다 없다입니다. 믿음이 연약하다? 믿음이 시작이 된 적이 있어야 합니다. 믿음은 있다 없다에서 시작하는 겁니다. 맨날 똑같이 살면서 믿음을 주시옵소서 주시옵소서 하면 얼굴에 뭐 깐 겁니다. 챙피하지도 않아요? 하나님께 미안하지도 않아요? 맨날. 맨날 똑같은 일로 믿음 없음을 회개하옵나이다 해요 울지나 말던지.

기도할 때마다 울어요. 매일 똑같은 소리하면서 우는 사람 보면 깨워주고 싶어요. 습관적으로 울지 말라고. 분별력 없는 사람은 울기만 하면 성령 충만한 줄 아는데 그렇지 않습니다. 맨날 똑같은 소리하면서 우는데 그게 하나님께 상달이 되겠어요? 그냥 아버지 아버지 하고 우는데 신세타령하고 있는거예요. 도대체 믿음이 하나님의 말씀을 배경으로 하고 있는 건지 모르겠어요. 하나님께서 기뻐하실 줄로 믿으십니까? 제 말씀 이해하십니까? 뭐가 확증이 되어야지 어세나 오늘이나 변함없이 맨날 똑같아요.

회개는 절대로 잘못했다고 얘기 하는 게 회개가 아닙니다. 고쳤어야 됩니다.

이제 온 세상이 끝나고 심판이 시작됩니다. 보좌가 있습니다. 흰 보좌입니다. 그 위에 누가 앉으십니까? 그 위에 예수께서 계십니다. 그러면 심판하십니다. 만물이 예수 앞에 서게 됩니다.

흰 보좌에 앉으신 분은 하나님이 아니시고 예수이십니다.

어떤 예수이십니까?

사람이신 예수이십니다.

만약에 하나님께서 심판하시면 사람이 전능하신 분 앞이라 변명의 여지 가 있을지 모르지만 사람이신 예수 앞에서는 피할 길이 없어요. 예수께서 인자로 오셨거든요. 핑계를 댈 순 없습니다.

그래서 하나님 말씀에 '인자 됨을 인하여 세상에서 죄를 사하는 권세가 있다'고 하십니다.

요한 복음 8장을 보시죠. 1절부터 11절까지입니다.

"예수는 감람 산으로 가시다 아침에 다시 성전으로 들어오시니 백성이 다 나오는지라 앉으사 저희를 가르치시더니 서기관들과 바리새인들이 간음 중에 잡힌 여자를 끌고 와서 가운데 세우고 예수께 말하되 선생이여 이 여자가 간음하다가 현장에서 잡혔나이다 모세는 율법에 이러한 여자를 돌로 치라 명하였거니와 선생은 어떻게 말하겠나이까 저희가 이렇게 말함은 고소할 조건을 얻고자 하여 예수를 시험함이러라 예수께서 몸을 굽히사 손가락으로 땅에 쓰시니 저희가 묻기를 마지 아니하는지라 이에 일어나 가라사대 너희 중에 죄 없는 자가 먼저 돌로 치라 하시고 다시 몸을 굽히사 손가락으로 땅에 쓰시니 저희가 이 말씀을 듣고 양심의 가책을 받아 어른으로 시작하여 젊은이까지 하나씩 하나씩 나가고 오직 예수와 그 가운데 섰는 여자만 남았더라 예수께서 일어나사 여자 외에 아무도 없는 것을 보시고 이르시되 여자여 너를 고소하던 그들이 어디 있느냐 너를 정죄한 자가 없느냐 대답하되 주여 없나이다 예수께서 가라사대 나도 너를 정죄하지 아니하노니 가서 다시는 죄를 범치 말라 하시니라"

이 여자는 죄 사함을 받았습니까 못 받았습니까? 확실히 받았습니까?

율법으로 고소를 했어요. 더군다나 간음하다가 현장에서 잡혔습니다. 여기 간음하다가 현장에서 잡히신 분 손 좀 한 번 들어보세요. 상상만 해도 보통 일이 아니에요. 그런데 그것도 서기관들과 바리새인들한테 붙잡혔어요. 현장에서요. 그러면 죄 진 사람이 천국 갑니까? 죄 안진 사람이 천국 갑니까? 죄진 사람이 갑니다. 그렇죠? 얼마나 감사한지 모르죠. 그 현장에서 잡히기를 다행이죠, 안 잡혔으면 이 여자는 큰일 날 뻔했어요.

제가 그러잖아요. 저 사람은 차라리 솔직한 사람이라고. 술 먹고 왔으니까. 저 사람은 당당하게 걸어 들어왔거든요. 그런데 뒤에서는 술 마시고 예배당에 올 때에는 맑은 정신으로 오는 사람은요?

제가 여기 간음하다 잡히신 분 없냐고 그러니까 다들 웃으셨는데. 여기서는 간음 안하고 나가서는 간음하면 그건 뭡니까? 똑같이 간음을 했는데 안 잡힌 사람이 있습니다. 그냥 슬쩍 넘어갈 줄 알았습니다. 그 사람은 죄를 진 사람입니까 안 진 사람입니까? 어! 내 말을 못 알아들으시네. 여기 지금 앉아 계신 분 중에는 현장에서 잡힌 분이 한 분도 없다구요. 그러면 여기는 죄 진 분이 하나도 없습니다. 제가 질문 했잖습니까? 죄를 져야 천국 갑니까 죄 안 져야 천국 갑니까 질문했습니다. 여기 있는 분들은 한 번도 현장에서 잡힌 적이 없다니까요. 그러니까 죄 안 진 겁니다. 제 말 알아들으시는지 모르겠습니다.

왜냐구요? 잘 숨기고 있거든요. 무슨 말인지 아세요? 하나님을 속일 수 있는 줄 알고 있거든요. 빤히 쳐다보는 거예요. 하나님을 속일 수 있는 줄 알고 그러구 있거든요. 누구하고 똑같아요? 아담하고 그 여자가 숨었거든요.

여러분은 그래서 문제입니다. 안 잡혔어요. 아직까지도. 그냥 숨으면 되는 줄 알아요. 그런데 이 여자는 그대로 잡혔어요. 현장에서 간음하던 중에 잡힌 거예요. 현장에서 잡혔다니깐요. 그것도 간음하다가.

간음이 뭡니까? 간음은 정식으로 결혼한 남편과 아내 이 외에 동침한 것은 다 간음입니다. 남편과 아내가 아닌 사람의 동침은 모두 간음입니다. 그런데 한번도 안 잡혔어요. 그 현장을 누가 다 사진을 찍어 놓았냐? 하나님께서 다 찍어 놓으셨거든요 그러니까 하나님은 증거가 충분히 있으십니다. 그런데 사람들이 딱 현장 증거를 다 잡고 계시는 분께 살려주세요 이래야 되잖아요? 그런데 이렇게 빤히 쳐다보고 이렇게 저렇게 살살 피해 다니는 거예요. 하나님의 눈을 피해 다니고 있습니다.

예배당에 와서 거룩한 척 하나 마나입니다. 여기와서 앉아 있다고 그 증거가 없어집니까? 하나님께서 찰칵 찰칵 찍어 놓은 그 증거들이 없어지냐구요? 거짓말하는 것, 도둑질하는 것, 남을 미워하는 것, 쑤군쑤군 하는 것, 욕하는 것. 욕을 해야 속이 시원하거든. 한 시간쯤 누구 욕을 해야 잠이 오거든. 그것도 하나님께서 다 녹음해 놓으셨어요. 심판할 때 한 권의 책이 펴져 있고 또 책들이 펼쳐져 있어요. 생명책에 이름이 기록되지 않았으면 책들에 기록된 대로 행위대로 심판을 받습니다. 행위를 누가 다 보셨습니까? 예수님. 사람이신 예수님이 다 알고 계십니다.

길이 있어요. 길이 있습니다. 그 심판을 미리 받아 버리면 됩니다.

자기가 먼저 가서 '잘못했습니다' 그러는 거예요. 무슨 말인지 아세요?

끝까지 기다려서 흰 보좌의 심판까지 가지 말고 미리 심판을 받아 버립니다. 그러면 그 심판이 지나가 버리잖아요.

일반 소송에서도 일사부재리의 원칙이 있지 않습니까?

오 세이 심슨(O. J. Simpson)이 형사 소송에서 무죄 선고를 받았습니다. 일단 무죄 선고받으면 끝입니다. 다시는 형사법으로 처벌되지 않습니다. 그러나 민사 소송 때에는 졌어요. 그게 이상하잖아요. 한 쪽에서는 무죄이고 한쪽에서는 유죄이니까. 빌 클린턴(Bill Clinton) 대통령도 변호사 출신이니까 '우리 나라는 민사소송과 형사소송은 그 소송절차가 다르기 때문에 이것은 민사소송도 맞고 형사소송도 맞다'고 발표했습니다. '우리는 국가를 위해서 할 일이 많으니까 이 얘기는 더 이상하지 말고 국가를 위해서 전념하자' 이렇게 대통령이 성명서를 냈다구요. 심슨은 형사 재판에서 무죄 선고를 받았기 때문에 그 사건은 끝나 버렸어요. 그게 하늘나라에 대한 그림자입니다.

이 여자는 현장에서 딱 잡혀서 예수님 앞으로 잡혀 왔습니다. 얼마나 다행인지 몰라요. 이 여자는 잡혀서 딱 끌려왔는데 이 여자는 지금 죽었습니까 살았습니까? 이 여자는 죽은 여자입니다. 왜냐하면 이스라엘 사람들은 두 사람의 증인만 있으면 간음한 사람을 돌로 쳐 죽일 수 있거든요. 그리고 예수께 고소한 거예요. 자기네들 법으로 끌고 온 거예요. 율법을 가지고 온 겁니다. 그리고는 이 여자를 가운데 세워 놓았거든요.

지금 누가 재판장이지요? 예수님. 거 봐요. 이상하죠? 사람들이 우연히 하는 일 같은데 재판이 진행중이잖아요? 지금 재판을 하고 있잖아요? 예수께서 심판하는 권세를 가지고 계시잖아요.

그래서 지금 어떤 상황입니까? 가운데 서 있는 사람은 누구예요? 죄인? 아니예요. 사형수예요. 사형수. 율법에서는 돌로 쳐 죽이게 되어 있어요. 더군다나 증인이 둘만 되어도 죽일 수 있는데 서기관들과 바리새인들은 율법에는 흠이 없는 사람들이예요. 그 사람들이 고소하는 거예요.

이 여자는 산 거예요 죽은 거예요? 죽은 거예요.

율법에 의해서는 죽은 거예요. 뭐라고 말만 떨어지면, 예수님이 돌로 치라고 하면 끝나는 거예요. 율법대로 하면 그래요. 이 여자는 죽은 거라구요.

그런데 이 여자와 같이 간음하던 이 남자는 어디 갔어요? 간음은 둘이 한 건데 그 여자만 딱 데려온 거예요. 그 남자도 와서 죄사함 받아야 하는데 도망갔어요. 그러니까 거기 없지요. 그러니까 발 빠른 것이 좋은

게 아니예요. 성경에서는 도망 잘 치는 게 좋은 게 아닙니다. 도망도 못 가고 꼼작 없이 잡혀 왔는데 이 여자는 얼마나 행복한 여자인지 몰라요.

이게 여러분에 대한 비유입니다. 그냥 꼭꼭 감추고 힐끔힐끔 눈치나 보고 지금까지 예배당에 다닌 겁니다. 그러니까 찜찜하지요. 이게 해결이 안 되거든. 더군다나 증거가 있는데 말입니다.

'나 여호와는 중심을 보느니라. 나 여호와는 너희의 행동을 달아 보느니라'. 하나님께서는 이 성경 책에 빽빽하게 증거 자료를 다 가지고 계십니다. 무엇까지 포함하느냐 하면 혼도 포함됩니다. 혼은 어디로 간다고 했습니까? 하늘로 올라 간다고 하셨으니까 마음 속에 가졌던 미움도, 분함도, 거짓말도, 겉으로 한 그 간음도, 남에게 피해 준 것도, 안 밖으로 보이는 것 안 보이는 것 다 포함되어 있어요. 심판하실 때 쓰실 증거를 다 가지고 계십니다.

그러니까'아이고 안 됩니다 하며 살려 달라고 매달려야지요. '하나님 제가 하나님 아버지께 죄를 얻었사오니 이제 아버지 집의 품꾼으로 라도 좋사오니 나를 용서하여 주옵소서' 해야지요.

예수께서 고소하는 사람들을 보시고 손가락으로 땅에 쓰셨어요. 뭘 쓰셨을 것 같으세요? '십계명을 두 돌판에 새기셨다'라고 할 때 손가락으로 쓰셨다 '친수로 쓰셨다' 이 말씀입니다. 하나님께서 십계명 돌판을 손가락으로 쓰셨어요. 예수께서도 손가락으로 땅에다 쓰셨어요. 그러면서 하시는 말씀이 '죄 없는 자가 먼저 돌로 쳐라'. 그러니까 사람들이 양심의 가책을 받았어요. 그래서 어른으로부터 시작하여 아이까지 다 떠났어요.

하나님께 지은 죄를 얘기할 때 양심의 가책은 하나님 앞에 죄가 아닙니다. '내가 잘못했는데, 내가 오늘 또 거짓말했는데, 내가 간음했는데, 아이고 큰일 났구나' 이것은 양심의 가책입니다.

'하나님께 지은 죄'라고 하는 것은 '아, 하나님께서 거짓말하지 말라고 그러셨지, 하나님께서 간음하지 말라고 그러셨는데, 하나님께서 형제를 사랑하라고 그러셨는데, 하나님께서 하지 말라, 하라' 하신 말씀을 나는 못 지켰구나. 하면서 하나님께 애통하는 것입니다. 양심의 가책을 느끼고 잘못했구나, 잘못했구나 라고 느끼는 것은 아니예요. 그것은 대상이 없잖아요.

'하나님께 내가 죄를 범했구나. 내가 예배당만 들락날락 했지 지금까지 하나님의 뜻하고는 전혀 상관없이 내 멋대로 육체를 따라 살았구나' 하며 '하나님 잘못했습니다. 하나님 제가 하나님 말씀을 어겼습니다'하는 그것이 하나님께 지은 죄입니다.

양심의 가책을 가진 그 사람들은 다 떠납니다. 그 사람들도 그 자리에 엎드려서 '예수님, 나도 잘못했습니다. 나도 용서해 주십시오'라고 해야 되는데 심판자 앞을 떠나고 있습니다. 이 예수의 심판 앞에서 무죄를 받으면 되는데 그 앞을 떠나면 어디 가서 이 분을 다시 만나요? 흰 보좌의 심판에서 다시 만나거든요. 그 자리에서 양심의 가책을 느끼고 떠났다 해서 안 만나는 게 아니라 최후의 심판에서 만나서 영원한 불못에 던지움을 당한다 이 말입니다. 그러니까 이 여자는 얼마나 행복한 여자예요? '죄가 많은 곳에 은혜가 넘치는도다'. 이 여자는 살았어요. '여자여, 너를 정죄하던 자들이 없느냐? 주여 없나이다'.

예수께 '주여 없나이다' 하는 그 감격적인 순간을 저에게도 주셨습니다. '주여 없나이다'이잖아요. '너를 정죄하던 자들이 없느냐? 없나이다'. 그러면 이 사람은 무죄 판결을 받은 거예요. 그러니까 이 사람은 영원히 무죄입니다.

요한복음 5장을 보시지요, 24절부터 27절까지입니다.

"내가 진실로 진실로 너희에게 이르노니 내 말을 듣고 또 나 보내신 이를 믿는 자는 영생을 얻었고 심판에 이르지 아니하나니 사망에서 생명으로 옮겼느니라 진실로 진실로 너희에게 이르노니 죽은 자들이 하나님의 아들의 음성을 들을 때가 오나니 곧 이때라 듣는 자는 살아나리라 아버지께서 자기 속에 생명이 있음 같이 아들에게도 생명을 주어 그 속에 있게 하셨고 또 인자됨을 인하여 심판하는 권세를 주셨느니라."

이 여자는 그 자리에서 심판이 지나가 버렸어요. 그러니까 저 흰 보좌에 앉아서 심판할 그 심판대는 이 여자에게는 관계가 없어요. 심판이 지나가 버렸으니까요. 또 다시 심판하지 않으시거든요. 예수께서 하나님의 아들이시라면 그 분에게는 거짓이 없으시다구요. 그 분에게는 회전하는 그림자도 없으시다구요.

'너를 정죄하는 자들이 없느냐?' 이 여자가 '주여 없나이다' 했습니다. 그러니까 예수께서 뭐라고 말씀하셨어요? '나도 너를 정죄하지 않노니' 이러셨거든요. 그러니까 이 여자는 끝. 끝났어요. 왜? 예수께서 심판하는 권세를 가지고 계시니까 예수께서 정죄하지 않는다면 심판은 끝난 겁니다. 이 여자는 살아난 거예요. 왜? 그 직전까지 죽은 여자였습니다. 모세의 율법으로 죽은 여자였습니다. 이 여자는 심판이 끝이 났지요. 끝이 났어요. 이 여자는 인제 심판이 없습니다. 끝이 나버렸어요. 왜요? 예수님이 심판하는 권세를 가지셨는데 그분이 아니라고 그랬거든요. '나도 너를 정죄하지 않는다' 그러셨거든요. 끝났어요. 주여 없나이다. 끝났어요. 이제는 더 이상 나를 정죄하던, 나를 고소하던 자들이 없나이다. 죄와 사망의 법에서 해방을 시켜주셨습니다. 지금까지는 육체 때문에 육체의 소욕에 끌려 살아왔어요. 그러나 이제 이 여자는 '나도 너를 정죄하지 않노니'하시는 그 말씀으로 끝이 나 버렸어요. 왜? 예수께서 정죄 안 한다고 그러셨으시니까 심판을 더 이상 받지 않고 이제는 사망에서 생명으로 옮겨져 버린 예요. 끝났어요.

'가서 다시는 죄를 범치 말라' 이 말씀을 우리가 어떻게 이해할 것인가?

하나님으로부터 모든 권세를 물려받으신, 그중에 더욱이나 심판하는 권세와 죄를 사하는 권세를 받으신 예수 그리스도로 말미암아 심판도 지나갔고 죄 사함도 받았으니까 자유입니다. 그렇죠?

그러니까 나오자마자 수소문해. 무슨 수소문 중이지요? 지금. 뭐 하겠어요? 이 여자가 나와 가지고. 예수 앞에서 딱 나오자마자.

이 여자가 나가서 전도하겠죠. 뭐라구요?

수가성 여인이 '나의 행한 모든 일을 내게 말한 사람을 와 보라. 이는 그리스도가 아니냐' 한 것 처럼 예수를 전합니다.

제가 그러잖아요? 아니 목사가 맨날 중학교 2 학년 때부터 술만 먹었대. 물론 사람의 눈으로 봤을 때 잘못한 것이고, 하나님의 앞에서도 잘못한 것이지만 그 죄사함을 받고 보니 그 때 그 일이 그렇게 부끄러운 거예요. 그러니까 이제는 그 일을 다시는 안 해요. 저 이제는 술 안 마시고 담배 안 피웁니다. TV 안 봐요. 우리집 TV없어요. 갖다 버렸어요. TV안 본지 오래 됐어요.

그런데 이 여자가 딱 나가자마자 찾는 게 그 남자 어디 갔지? 외롭고 쓸쓸하여라. 그 남자 어디 갔지? 죄 사함 받았으니 자유인데 이제 마음 놓고 간음할 수 있는데 그 여자가 그럽니까? 무슨 소리입니까? 오늘날 그런 사람들이 예배당에 꽉 찼어요. 예수 보혈의 공로로 죄 사함 얻었네 그래 놓고 나가서 나쁜 짓 하잖아요. 그 사람이 죄 사함 받은 거예요? 똑같은 짓 계속 하고 있잖아요.

그래서 예수께서 딱 한 말씀 더 하신 거예요. '가서 다시는 죄를 짓지 말라'. 내가 도와 줄게.

예수님 말씀은 '내가 지켜 줄 테니 다시는 죄를 범치 말라'입니다. 이 여자의 마음 속에는 새로운 마음이 들어왔습니다. 새로운 창조물이 되었습니다. '보라 예전 것은 지나가고 새 것이 되었도다'. 새로운 피조물이 되었거든요. 그러니까 이제는 지나간 모든 것을 배설물로 여기는 거예요. 그리고 이제는 예수님 한 분 만으로 족해요. 오직 예수 한 분으로요. 왜요? 생각을 해 보세요. 간음하다 현장에서 잡혔는데 죽은 개 같은 내 모습을 보시고서도 그것을 용서해 주셨으니 그분을 위해서 살아야 되잖아요? 그 분 한 분으로 만족한데 그 때 아, 하나님이 자기 아들을 이 세상에 보내신 것, 이것이 하나님의 사랑이구나. 고맙습니다. 이제는 예수님 한 분 밖에는 아무것도 만족한 것이 없는 겁니다. 오직 그 분 한 분을 위해서만 내 목숨 버리겠다고 하는 것이 그대로 이 마음 안에서 나오는 거예요. 그러니까 이제는 이전 것을 다 버리는 거예요.

예수님의 말씀이 이전 것을 버리게 해 주시는 겁니다. 무슨 말이냐? 그래서 성령 받았다고 그러는 거예요. 성령을 받으면 신비 체험하는 줄 아시는데 요한복음 14장 25절을 보십시오.

"내가 아직 너희와 함께 있어서 이 말을 너희에게 하였거니와 보혜사 곧 아버지께서 내 이름으로 보내실 성령, 그가 너희에게 모든 것을 가르치시고 내가 너희에게 말한 모든 것을 생각나게 하시리라"

예수님 말씀이 생각나는 거예요. 예수님 말씀을 생각나게 하는 것이 성령입니다. 귀신 물구나무서는 것이 성령이 아닙니다. 요즘 성령 받았다고 별 미친 짓들 다 하고 돌아다녀요. 예배당이 아주 마귀 소굴입니다.

성령이 오셨다는 첫 번째 증거는 예수께서 하신 말씀이 생각이 나서 더러운 행실을 막으시는 거예요. 실족하더라도 그분이 때리시고 어루만져 주시는 거예요. 그래서 그분이 나를 이끌어 가시는 것을 알 수 있습니다. 그것이 성령 받았다는 것입니다.

죽을 수밖에 없는 나 같은 죄인을 예수 그리스도의 말씀 한 마디로 사함을 받을 수 있는 이 극진하신 사랑을 하나님은 보여 주셨습니다.

찬송가 404장입니다.

그 크신 하나님의 사랑 말로 다 형용 못하네
저 높고 높은 별을 넘어 이 낮고 낮은 땅 위에
죄 범한 영혼 구하려 그 아들 보내사
화목제로 삼으시고 죄 용서하셨네
하나님 크신 사랑은 측량 다 못하며
영원히 변치 않는 사랑 성도여 찬양 하세

맺는말

맺는말

지휘학을 전공한 조소연 박사가 사람들에게 한 말이 생각난다. 학생을 정중하게 대하던 나이 드신 백인 교수를 존경하는 얘기도 하고 음악회 중간에 지휘봉을 잠간 일찍 든 일이 면구하다며 되뇌기도 하던 분이다. 어느 성가대가 부르는 '갈보리 산 위에 십자가 섰으니 주가 고난을 당한 표라' 하는 찬양을 들으며 얼마나 가슴이 뭉클한 감동이 밀려왔는지 아느냐고 자문하듯 회상하는 말을 하던 분이다. 어느 날 '창세기 1장을 공부해보고 싶다'고 했다. 의외의 주제였다. 어디서 무슨 내용을 어떻게 공부할 계획인지 궁금했다. 한편으로는 막연하다는 느낌도 있었다. 얼마나 오랫동안 갖고 있던 생각인지 얼마나 많은 시간을 기다려 왔는지 왜 실천하지 않고 지금까지 왔는지 궁금한 게 많았다. 심지어는 그냥 희망으로만 존재하는지 일시적인 발상인지 알고 싶었다. 갑자기 떠나고 소식이 끊겨 다시 대화할 기회가 없어져 지금까지도 아쉽다.

미국인 중에 과학의 증거를 바탕으로 창조에 관한 내용을 정기적으로 발표하는 분이 계셨다. '탄소연대측정법'과 같은 많은 과학 이론을 창조론과 비교하며 설명했다. 고도의 과학 내용도 포함했다. 열심히 들었다. 어느 날 이런 얘기를 했다. "비기독교인은 창세기 1장을 공격하는데 왜 기독교인들은 정면으로 설명하지 않고 우회적인 설교를 하느냐"고 했다. 동의하면서도 과연 창조론과 진화론의 대척점에서 설명되어야 할까 하는 질문도 있었다. 그런 갑론을박으로 과연 가시적인 성과를 기대할 수 있을까 하는 생각도 들었다. 어쨌던 사실을 지적한다고 생각했다.

신학대학원의 프랭크 교수님은 조용한 분이셨다. 학생들에게 늘 진지하게 대하셨다. 과정 중에 창세기 수업이 있었는데 프랭크 목사님께서 담당하셨다. 기대되는 과목이었다. 대학원은 흠정역을 정식 성경으로 인정했다. 히브리어 성경과 사전은 매번 소지할 필요는 없었지만 늘 들고 다녔다. 수업 시간에 창세기 근원을 공부했다. 문서설을 배우며 구전(口傳, oral tradition)을 공부했다. 구전에 관한 실문을 느꼈다. "첫째 날부터 다섯째 날까지 본 사람이 없는데 어떻게 말로 전하는 구전이 가능합니까". 교수님께서 어떤 설명을 하셨는지 정확한 기억이 없다.

메시야성경원에서 창세기 1장 성경강좌를 시작했다. 금요일 저녁에 한 시간 반 동안 진행되는 강좌를 위해서 흠정역 영어성경을 단어 하나까지 세심히 읽었다. 히브리어 성경을 사전을 찾으며 읽었다. 히브리어 성구 사전으로 구약성경 안에 쓰인 내용을 하나도 빠짐없이 찾아봤다. 문제는 신약성경과 관계를 파악하기가 쉽지 않았다. 우선 연결된 내용을 확인하기 위해서 인용된 구절을 찾았다. 다음에 칠십인 역을 찾았다. 칠십인 역은 유대인들이 구약성경을 헬라어로 번역한 성경이라서 창세기 1장을 헬라어로 확인할 수 있는 좋은 성경이다. 창세기 1장의 단어를 헬라어로 찾아서 헬라어 성구사전을 찾으면 신약성경의 구석 구석에 있는 내용과 연결이 된다. 어둠속에서 밝은 빛을 본 듯했다. 흠정역 성경의 성구를 정리한 스트롱스 성구사전도 신구약 연결 구절을 찾는데 큰 도움이 되었다. 지금 생각해 보면 어떻게 그런 리서치가 가능했는지 신기하다. 은행에서 바쁘게 일을 하면서도 집에 돌아오면 시간이 나는 대로 성경을 찾으면서 창세기 1장을 사십 주 동안 가르쳤다. 전도하는 일, 설교하는 일, 주말에 모임을 이끄는 일, 정원을 돌보고 청소하는 집안 일을 하면서다. 매주 리서치 노트를 나누어 주었는데 모두 171페이지였다. 금요일 저녁에 성경 강좌를 마치면 바로 녹음된 테이프를 모두에게 나눠주고 참석하지 못한 사람에게도 전해주는 분이 계셨다. 주 중에 삼삼오오 모여서 창세기 1장 얘기에 시간 가는 줄 모르고 모였다고 한다. 나는 당연히 참석할 수 없었다.

진광교회에서 사경회를 할 기회가 생겼다. 서울의 장로교회에서 시무하신 장로께서 주선하셨다. 나로서는 처음으로 사경회에 불려간 강사였다. 마침 창세기 1장으로 박사 학위를 받은 참이었다. 칼 맥킨타이어 학장님께서 논문을 통과시켜 주셨다. 프린스톤 신학대학원에서 교수생활을 하시다가 자유주의 신학으로 흐르자 근본주의 신학대학원을 설립하신 분이다. 사경회를 새벽기도회 없이 낮과 저녁 집회를 인도하니까 교인들이 오히려 좋아하는 눈치였다. 집회를 하면서 웃기도 하고 심각하기도 하고 교인들의 실상을 적나라하게 들춰 내기도 하면서 창세기 1장에 계신 예수 그리스도를 설교했다. 목사님께서 두 분이 새벽에 기도하러 왔었다고 하셨다. 올케와 나이 어린 시누이 였다고 한다. 올케는 약사라고 했다. 마지막 집회를 마치고 입구에서 인사를 하는데 "목사님, 저는 예수님이 그러신 분인 줄 몰랐어요" 하면서 반갑게 인사를 하셨다. 그 약사 분이었다. 간단하게 간증을 하시는데 평소에 믿음에 관한 많은 생각을 하셨다고 한다. 그런데 사경회를 참석하면서 더욱 생각이 깊어 졌고 하나님께 간구하려고 새벽에 기도하러 왔었다고 한다. 너무 기쁘다고 하셨다. 나중에 사모님께서 설명하시는데 비기독교인으로 기독교 시댁에 결혼해서 바로 적응하지 못한 기간이 있었다고 한다. 사경회를 마치고 며칠 뒤에 목사님들과 모였는데 최목사님께서 교인 한 분에 관한 소식을 전하셨다. 군대에서 중령으로 예편하신 분인데 예배당에 시간을 맞춰와서 맨 뒷자리에 앉았다가 끝나면 바로 돌아 가시곤 하는 분이라고 했다. 사경회 중에도 맨 뒷자리에 앉아 계셨던 분인데 나도 기억이 나는 분이다. 내가 미국에서 사경회를 오려고 이발을 했는데 마치 육군 대위처럼 머리를 깎아 놨다고 했더니 웃으시던 분이다. 나는 그 분이 군인이었던 사실을 모르고 한 말이었다. 그런데 그 분이 사경회를 마치고 매일 예배당에 오신다는 것이나. 붓글씨로 성경 구절을 써 가지고 여기저기 부치신다는 것이다. 예배당에도 일찍이 참석하신다는 것이다. 마지막 날 설교할 때 맨 뒷자리에 앉아서 그렇게 밝은 모습으로 웃으며 설교를 들으시던 모습이 기억난다. 학생회 회장 생각도 난다. 기도를 인도하면서 큰 소리로 하나님을 만나고 싶다고 했는데 어떻게 지내는지 궁금하다.

이들에게 "태초에(In the beginning) 사람을 지으신 하나님"의 보시기에 좋은 "그리스도 예수 안의 시작(beginning)"이라면 무엇을 바라겠는가.